창조적인 삶을 위한 자기 진단치료 노트

마음을 변화시키는 긍정의 심리학

창조적인 삶을 위한 자기 진단치료 노트

마음을 변화시키는 긍정의 심리학

지은이 앨버트 엘리스 · 로버트 A. 하퍼 | 옮긴이 이은희

초판 1쇄 인쇄 2007년 6월 25일 | 초판 2쇄 발행 2008년 6월 30일 | 펴낸곳 황금비늘 | 펴낸이 손상열 | 디자인 이선애 | 등록번호 제 315-2003-19호 | 등록일자 | 2003년 11월 1일 | 주소 서울시 구로구 구로5동 107-8 미주오피스텔 2동 808호 | 전화 02)323-7243 | 팩스 02)323-7244 | e-mail foxshe@hanmail.net | ISBN 978-89-91013-07-0 13320

창조적인 삶을 위한 자기 진단치료 노트

마음을 변화시키는 긍정의 심리학

앨버트 엘리스 · 로버트 A. 하퍼 지음 | 이은희 옮김

황금비늘

멜빈 파워스 윌셔북컴퍼니 발행인

20년 동안 일에 파묻혀 지내다 몇 년 전, 나는 지금은 심리학 분야의 고전이 된 보물을 발견했다. 그 보물은 바로 이 *A Guide to Rational Living*이었고, 이 책에는 두 저자가 주장한 것의 모든 장점이 담겨 있었다. 자기 분석을 할 만큼 자신이 솔직하다고 생각하는 독자라면, 이 책은 기존의 어떤 책보다 중요해질 것이다. 또 값비싼 개인 치료비가 부담스러운 이들에게도 큰 도움을 줄 것이다.

두 번 개정한 이 책이 지금까지 110만 부나 판매되어 대단히 기쁘다. 수많은 독자가 좋은 책을 만들어주어 고맙다며 이 책이 그들의 인생에 큰 영향을 주었다고 했다. 이 세 번째 개정판도 일상에서 난관에 부딪힌 독자들에게 대단히 유익할 것이다. 재미있고 교훈적인 책을 여러 권 읽고도 영구적인 효과를 거두지 못한 이들이라면 *A Guide to Rational Living*의 진가를 한눈에 알아볼 것이다. 이 한 권의 책은 다른 모든 책을 합친 것보다 큰 도움을 줄 것이다.

앨버트 엘리스와 로버트 A. 하퍼 박사는 이 개정판 1장에서 "우리가 실용적 가치가 없다고 외면당했던 과거의 진부하고 낙천적인 메시지를 주장한다고 속단하지 말라"고 독자에게 당부한다. 두 저자는 이 책에 '창조성', '행복', '사랑', '성숙', '문제 해결' 같은 용어가 나온다고 해서 이 책이 모든 사람을 쉽고 빠르게, 부유하고 행복하며 유능하고 정서적으로 성숙하게 만들어준다고 장담하는 기존의 무수한 책들과 비슷하다는 오해를 받을까봐 걱정했다.

하지만 그건 기우였다. 엘리스와 하퍼 박사는 독단적 인생 공식이 난무하는 이 시대에도 겸손함을 잃지 않은 채 '영원한 행복은 달빛처럼 붙잡기 힘들다'고 생각한다. 행복을 다룬 장에 '지독한 불행을 느끼지 않는 법'이라는 제목을 붙인 것이 바로 그 증거다. 이 얼마나 현실적인 접근 방법인가!

사실 그들의 동료는 이 두 저명한 심리학자들에게 합리적·정서적 행동치료(Rational Emotive Behavior Therapy; 이하 REBT)에 대한 이 원전을 집필하라고 말할 수밖에 없었고, 이 책이 출판되기 전부터 REBT가 사람들에게 실질적인 도움을 주리라는 것을 알고 있었다. 그들은 지금도 심각한 환자의 경우에는 집중적 개인 치료가 가장 바람직하다고 믿지만, 솔직하게 자신을 평가할 수 있는 일부 사람들에게는 책이 유용할 것이라 믿고 있다.

다른 책과 달리 이 책에는 심리학이나 정신의학 전문 용어가 없기 때문에, 지금까지 집필된 대중적 정신치료 관련 책 중 가장 탁월하다는 사실이 입증될 것이다. 또한 이 책은 정서장애를 지닌 이들에게 그들이 구하는 답을 주고, 모든 사람이 자기 자신을 더욱 사랑하고 인생에 보다 효율적으로 대처하게 해줄 것이다.

두 저자는 평범한 문제에 대해 독특한 해결 방법을 제시한다. 가령 자신을 무능하다고 생각하고 자신감이 없는 이들은 '두 번째 불합리한 믿음 : 완벽하게 유능하고 성공해야 한다는 생각' 때문에 괴로워한다고 지적한다.

엘리스와 하퍼 박사는 이 같은 열 가지 생각으로 심리치료에 대한 자신들의 범위를 밝히면서 풍부한 치료 경험을 통해 해결 방법을 제시한다. 수많은 치료사 교육 및 상담 사례가 이들의 조언을 뒷받침하고 있다. 이 풍부한 사례는 독자에게 A Guide to Rational Living를 읽는 재미뿐 아니라 임상적으로 효과가 입증된 이 책의 치료 기법에 믿음을 준다.

해당 분야에서 괄목할 만한 성과를 거둔 성(性)과학자 해블록 엘리스(Havelock Ellis) 박사를 아는 독자가 많을 것이다. 비평가들은 해블록 엘리스 박사와 이 책의 저자인 앨버트 엘리스 박사를 자주 비교한다. REBT 분야에서 앨버트 엘리스 박사의 책은 대단히 중요한 성과를 거두었고, 특히 사람들을 환경에서 비롯된 죄책감에서 벗어나게 했다.

비슷한 배경을 가진 하퍼 박사는 심리학에 유용한 인류학과 사회학도 공부했다. 그는 전에도 엘리스 박사와 함께 일했고 합리적 치료 분야에 대한 여러 권의 책을 공동 집필한 바 있다. 엘리스와 하퍼 박사는 초판과 마찬가지로 이 개정판 A Guide to Rational Living에서도 많은 이들의 정서적 문제를 분석하고 포괄적이면서도 탁월하게 자신들의 생각을 나타낸다. 사실 너무나 탁월해서, 나는 독자들이 전보다 더 많은 답을 스스로 찾아내리라 감히 단언한다. 두 저자는 이 책이 개인 치료를 대신할 수는 없다고 하지만 말이다.

우선, 이 책은 지금까지도 많은 심리학자와 정신과 의사들이 이용하는, 치료사와의 수동적이고 비지시적인 상담만큼 화를 돋우지 않는다. 그런 치료를 받을 때에는 어떤 질문에 대해서도 "당신이 말씀해 보십시오"라는 대답을 듣는다.

엘리스와 하퍼 박사는 "삼가 우리와 의견이 전혀 다른…… 정통파 정신분석학자"로서 상담하지 않는다는 점을 분명히 밝히고 있다. 두 치료사는 상담 초기에 전통적인 프로이트식 침묵을 지키기보다는 정서장애자의 문제를 지시한다. 문제의 핵심을 짚어내는 이들의 직접적 방식은 환자가 자신의 상황을 정확히 모른 채 지루하게 계속되는 전통적 치료와의 큰 차이를 나타낸다. 내 생각에는 심신의 건강에 도움을 주고자 하는 심리치료사라면 이들이 제시하는 방향에 따를 것이다.

이 책이 다룬 탁월한 여러 기법을 좀더 자세하게 얘기하고 싶지만, 이미 두 저자가 충분히 말했기에 자제해야 할 듯하다. 당신이 초판 이래 *A Guide to Rational Living*을 읽고 큰 도움을 받았던 1백만 독자와 함께 하기를 진심으로 기원한다. 당신이 선택한 이 책은 이미 표준이 되었고, 앞으로도 오랜 동안 표준으로 남을 것이다.

로버트 A. 하퍼와 앨버트 엘리스

우리는 지금도 *A Guide to Rational Living*을 혁신적인 책이라고 생각한다. 1961년에 처음 출간된 이 책은, 유명하고 풍부한 경험을 지닌 심리치료사가 사람들에게 자신의 문제에 효과적으로 대처하는 방법을 보여준 최초의 책 중 하나였다. 오래 전 출판된 『당신의 결점 *Your Erroneous Zones*』과 『인적 드문 길 *The Road Less Travel-ed*』 같은 대중 서적처럼 말이다.

이 책이 출판되기 직전, 우리는 대중적인 자기 정신치료 관련 도서가 유행하리라 예상했다. 우리 중 한 사람(엘리스 박사)이 1957년에는 『신경증 환자와 함께 사는 법 *How to live with a 'Neurotic'*』을, 그리고 1960년에는 『사랑의 예술과 과학 *The Art and Science of Love*』을 출판했고, *A Guide to Rational Living*을 쓰기 직전인 1961년에 우리가 『성공적인 결혼을 위한 입문서 *A Guide to Successful Marriage*』를 공동 집필했기 때문이다. 하지만 우리의 이전 책들은 정서장애의 일부만 다룰 뿐, 폭넓은 문제에 대해 충분히 말하지 못했다. 더욱이 1955년 초에 나 엘리스가 시작한 합리적·정서적 행동치료(REBT)라는 새로운 치료법도 부분적으로만 소개했다.

*A Guide to Rational Living*은 우리가 공동 집필한 첫 번째 책보다 훨씬 풍부한 내용을 담고 있으며, 일반 독자를 위한 가장 권위적이고 가장 유명한 REBT 관련 도서가 되었다. 이 책은 전문 치료사를 주독자층으로 한 『심리치료의 이성과 감성 *Reason and Emotion in Psychotherapy*』과 함께 이 분야의 명저(名著)가 되었다. 몇 년 동안 우리는 이 책의 효과를 입증하는 수천 통의 감사 편지와 인사말을 들었다. 수백 명의 심리치료사들은 환자들에게 이 책을 읽어보라고 권한다. 수많은 책들이 출처를 밝히거나 밝히지 않은 채 이 책의 수많은 제안을 베끼거나 인용하고 있다. 좋은 현상이다! 우리의 목표는 여전히 '인간의 본성'을 바꿀 최고의 지혜를 깨달아 그것을 고통스러워하는 현대인들에게 널리 전하는 것이기 때문이다.

우리는 또한 REBT 이론과 치료의 일부로서 심리치료의 교육적 측면도 믿고 있다. 우리는 일반적인 치료법을 따르지 않는다. 이 방법은 정서 문제가 질환이나 이상(異常)이기에 반드시 고쳐야 한다고 말하는 타인(치료사)을 통해 치료할 수 있다고 주장한다. 또한 조건화 방법(심리분석학자와 고전적 행동주의자들이 주장하는)을 따르지도 않는다. 이 방법은 정서장애가 유년기의 영향으로 발생하기에 새로운 행동 양식을 강요하는 치료사(부모 같은)를 통해서 원상태로 돌아가야 한다고 주장한다.

그 대신 우리는 인본주의적이고 교육적인 방법을 따른다. 이 방법은 인간에게는(유아에게도) 생각보다 훨씬 많은 선택의 기회가 있다고 주장한다. 그들의 '조건화'는 대부분 사실 자기 조건화로 이루어진다. 따라서 치료사나 교사, 심지어 책도 그들에게 건강한 대안을 바라보고 자기 자신을 재교육하여 스스로 만들어낸 정서장애를 낮추겠노라 '선택'하게 할 수 있다. 그 결과 REBT는 사람들이 어떻게 자기 파괴적인 행동을 하고 어떻게 스스로를 격려할 수 있는지를 보여줄 수 있는 여러 교육적 방법을 개발하고 있다. REBT는 처음부터 일반적인 개인 치료와 집단 치료 방법을 이용했다. 하지만 그 밖의 대규모 워크숍과 집중 치료, 강연, 세미나, 공개 치료 시연, 테이프, 필름, 소설, 책, 팸플릿, 그 밖의 대중 매체를 통해 자신을 혼란스럽게 하는 행동이 무엇이며 정서적으로 강해지기 위해 어떤 일을 할 수 있는지를 가르치기도 한다.

전 세계 수천 명의 치료사들이 현재 REBT 방식을 이용하고 있으며 40여 년 동안 수십만 명의 사람들을 도와주었지만, 이 책과 그 외 REBT에 대한 팸플릿과 관련 도서를 읽고 신경과민 증상을 줄인 환자도 많은 듯하다. 이 역시 좋은 현상이다. 우리와 다른 저자들이 계속 이 같은 도움을 줄 수 있고 치료사들에게 환자를 좀더 빠르고 효과적으로 치료할 방법을 알려줄 수 있다면, 그 역시 좋은 것이다. 이를 위해 계속 노력할 것이다.

다시 이 *A Guide to Rational Living*의 개정판에 대해 얘기해 보자. 우리는 이 책에 혁신적인 면을 새로 추가했다. REBT는 처음부터 '의미론적 치료' 형식이었다. 도널드 마이켄바움(Donald Meichenbaum) 박사와 다른 연구자들은 REBT의 이러한 면을 강조했고, 우리도 동의한다. 의미론적인 치료는 인간이 동물과 달리 자기 자신에게 현명하거나 어리석은 말을 한다고 주장한다. 그들의 믿음과 태도, 의

견, 생각은 내면화된 말이나 자신과의 대화 형식으로 이루어진다. 때문에 내적 생각을 명확하게 이해하고, 의심하고, 여기에 저항함으로써 자기 파괴적인 정서와 행동을 바꿀 수 있다. *A Guide to Rational Living* 초판에서 우리가 주장한 이 이론은 당시 대단히 혁신적이었다. 이후 수백 편의 연구 논문이 이 이론을 뒷받침했고, 그 중 대부분 논문이 어떤 믿음이나 생각을 바꾸면 정서와 행동도 크게 바뀐다는 사실을 입증했다. REBT는 최초의 현대적 인지행동치료(cognitive behavior therapy; CBT)의 형성을 통해 이루어졌고, 지금은 REBT와 CBT가 전 세계에서 가장 대중적인 치료 방식일 것이다.

좋다! 하지만 우리는 20년 간 REBT 방식을 시행하고 알프레드 코르지프스키(Alfred Korzybski)와 전반적인 의미학자들의 일부 교훈을 수용한 후, 더 나아가 이제는 환자(그리고 이 책의 독자)들이 자신과의 대화에서 나타나는 장애의 측면, 즉 지나친 일반화를 인식할 수 있도록 도와주고 있다.

예를 들어, 우리가 지나친 일반화를 중단하도록 환자들을 도와주었던 몇 가지 사례를 얘기해 보자.

환자들이 "걱정하지 않을 수 없어요"라거나 "다이어트는 불가능한 것 같아요"라고 말할 때마다, 우리는 그 믿음을 '걱정하지 않을 수도 있었지만, 그렇게 하지 않았다.', 혹은 '다이어트가 힘든 일이기는 해도 불가능하지는 않다' 는 생각으로 바꾸도록 도우려 한다.

환자들이 "전 언제나 사람을 잘 사귀지 못해요"라고 말하면, 우리는 '사람을 잘 사귀지 못하는 경우가 많다' 라는 믿음으로 바꾸도록 도우려 한다.

"직장을 잃는다는 건 정말 무서운 일이에요!"라거나 "퇴짜 맞는 게 얼마나 무서운 일인지 몰라요!"라고 환자가 말하면, '직장을 잃으면 대단히 불편할 것이다'라거나 '퇴짜를 맞으면 조금 힘들 것이다'라고 생각하게 하려 한다.

환자들이 "전 무능하기 때문에 사회에 적응하지 못합니다"라거나 "스미스에게 못되게 굴었으니 전 나쁜 사람이에요"라고 말하면, '무능한 행동을 보인 건 대단히 잘못된 일이지만, 그렇다고 내가 열등한 것은 아니다'라거나 '스미스에게는 부도덕하고 못된 행동을 했지만, 그 행동만으로 나 자신의 가치를 평가할 수는 없다'라고 생각하도록 돕는다.

"전 계산에 약해요"라고 말하는 환자에게는 "지금까지는 계산에 약했다. 그렇다고 앞으로도 계속 계산을 못한다고는 할 수 없다"라고 말하게 한다.

"전 사랑이 필요해요!"라고 주장하는 환자라면, "많이 사랑받고는 싶지만, 사랑받지 않고는 살아가지 못하거나 불행해질 이유는 없다"라고 말하도록 도우려 한다. 그리고 환자가 "전 부자가 돼야 해요. 안 그러면 견딜 수가 없어요"라고 말하면, 우리는 '가난하면 불편할 테니 부자가 되면 좋을 것이다. 하지만 부자가 아니어도 상관없다!'라고 생각하도록 노력한다.

"합리적으로 생각해야만 한다"라는 말은 '합리적으로 생각하면 기분이 좋아질 것이다'라는 생각으로 바꾸게 한다. "'그것' 때문에 불안합니다"라거나 "당신 때문에 화가 납니다"라고 환자가 말하면, 우리는 그들이 "나는 그것에 대해 불안감을 느낀다", "당신의 행동에 대해 나 스스로 화가 났다"라고 바꿀 수 있도록 돕는다.

*A Guide to Rational Living*의 2판에서 우리는 코진스키의 후계

자 데이비드 부어랜드 2세(David Bourland Jr.)를 따라 어떤 대상을 '~이다'라고 규정하지 않았다. 그래서 "나는 패배자다"라는 말은 "난 실패했다"라고, "우리 부모님은 나쁜 사람이다"라는 말은 "우리 부모님은 남을 비난하고 비열하게 행동하곤 한다"라고 바꾸어 표현했다. '~이다'라고 단정적으로 표현하지 않으면 지나치게 일반화된 절대적 사고를 고칠 수 있다. 하지만 이 단정적이지 않은 표현 자체가 지나친 일반화를 방지할 수 있는 것은 아니다. 그것이 많은 독자에게 도움을 주기는 했지만, 이 같은 표현 때문에 문장이 대단히 어색하고 지나치게 복잡해졌기 때문이다. 따라서 이 세 번째 개정판에서는 간혹 어떤 대상을 '~이다'라고 표현하기도 했다.

동시에 새로운 내용을 더하고 현대식으로 수정한 이 세 번째 개정판이 자기 정신치료에 유용한 합리적·정서적 행동치료의 기본 원리를 좀더 명확히 보여주길 바란다. 부디 독자들이 이 책을 재미있게 읽고 행복하게 살아가기를!

| 차례 |

A Guide to Rational Living

01
자기 치료를 할 수 있을까?

"합리적·정서적 행동치료의 원리가 정말 효과적이라고 가정해봅시다. 그리고 당신이 주장한 것처럼 지적인 사람들이 비참해하지 않도록 가르칠 수 있다고 해보죠. 정말 그렇다면 왜 그 이론을 책으로 쓰지 않나요? 그러면 많은 사람들이 정신과 치료를 받는 데 드는 시간이나 돈, 노력을 낭비하지 않을 텐데요." 사람들은 이렇게 말하곤 한다.

우리는 평소 그 말에 반대했다. 자기 치료에는 명백한 한계가 있다. 자기 정신치료의 원리를 아무리 정확하게 제시해도, 그것을 오해하거나 왜곡하는 이가 많다. 사람들은 우리의 제안을 읽고 싶은 대로 해석하고 몇 가지 핵심을 무시하기도 한다. 우리의 가설과 설명, 이의를 지나치게 단순화하거나 외면하고, 조심스럽게 말한 개념을 상황에 관계없이, 아무에게나 무분별하게 적용한다.

더욱이 우리의 충고를 믿는다고 강조하면서 괜한 공치사하는 독자들도 많다. "좋은 책을 써주셔서 어떻게 감사드려야 할지 모르겠습니다! 몇 번이고 다시 읽고 있고요, 아주 큰 도움을 받았습니다"라고 말한다. 하지만 계속 얘기를 나누다 보면 그들이 그 '좋은 책'을 실천에 옮기지 않거나 우리 주장과 정반대로 행동하고 있음을 알게 된다.

규칙적인 정신치료는 환자가 치료사의 뜻을 제대로 이해했는지를 체계적이고 정기적으로 확인한다. 적극적이고 지시적인 REBT 치료사는 환자에게 정서적 문제가 있을 뿐 아니라, 문제를 극복하고자 하는 환자라면 그 스스로 자기 파괴적으로 생각하고 행동했음을 깨닫고 좀더 합리적으로 행동하는 것이 좋다는 것을 명확하게 보여준다. 치료사는 환자에게 변화를 촉구한다.

환자는 REBT 상담을 처음 몇 번 받은 후 이렇게 말한다. "그래요, 무슨 말씀인지 알 것 같습니다. 자기 파괴적인 생각과 정서장애를 일으키는 요인을 찾아내 없애도록 노력하겠습니다." 실제로 노력하고 얼마 지나지 않아(바로 다음 상담 시간인 경우도 있다) 중요한 발전이 있었다고 전한다. 톰 V.라는 환자는 이렇게 말했다. "찾았어요! 선생님께서 말씀하신 대로 해보았습니다. 그러자 아내가 괜히 값비싼 치료비를 쓴다며 저를 욕할 때 평소처럼 비굴하게 구는 대신, 선생님 말씀을 떠올렸습니다. '아내는 화를 내는 게 무슨 이익이라고 생각할까? 엘리스 박사님 말씀처럼 자기가 나약하다는 사실을 감추고 나를 때려서 힘이 세다고 생각하려는지도 모르지. 하지만 이번엔 아내를 심각하게 생각하지 않겠어. 나약한 그녀 때문에 화를 내지 않을 거야'라고요. 그리고 실제로 그렇게 했습니다. 그녀 때문에 괴로워하지 않았어요."

"잘 하셨습니다!" 나(앨버트 엘리스)는 이 환자가 자기 자신과 아내에 대한 믿음을 의심하고 보다 합리적으로 행동하는 법을 배우기 시작한 것 같다는 느낌을 받았다. "그때, 그러니까 부인 때문에 괴로워하지 않을 때 어떻게 했습니까? 부인을 어떻게 대하셨지요?"

"간단하더군요! 그냥 속으로 중얼거렸어요. 선생님께서 말씀하신 것처럼 말입니다. '자, 이 신경쇠약에 걸린 여자가 더는 이런 짓을 못하게 해야지. 지금까지 너무 오래 참았어. 이제 충분해!' 그리고는 실제로 그렇게 했지요. 예전과 달리 무섭지 않더군요. 제가 그녀를 어떻게 생각하는지에 대해, 그녀가 얼마나 바보같이 구는지에 대해, 그리고 박사님도 그녀가 계속 저를 괴롭힌다는 제 말에 공감한다고, 계속 그러면 저도 화를 내겠다고 말했습니다. 선생님 말씀대로요."

"제가요? 제가 그랬다고요?" 나는 깜짝 놀랐다. 그 다음 몇 차례 상담을 하는 동안, 나는 톰이 쉽게 이해할 수 있는 사례를 들어 그가 내 말뜻을 제대로 파악할 수 있도록 도와주었다. 그렇다. 그는 아내가 화를 내는 이유에 대해 의심을 품었고 그녀의 비난을 심각하게 받아들이지 않았다. 하지만 또한 아내의 분노를 비난하지 않고 그 분노를 받아들이면서 아내가 극복할 수 있도록 도와주는 법을 배울 수도 있었다. 어느 정도 시간이 지났을 때 그의 노력이 허사라는 것이 드러나면, 톰은 아내의 나쁜 행동이 계속되리라는 점을 현실적으로 인정하고 결혼 생활을 지속할 것인지 아닌지를 결정할 것이다.

결국 톰은 좀더 현명하게 생각하고 행동하는 법을 배웠다. 하지만 그건 REBT의 학설을 더 배우고 조금은 주춤거리다가 다시 실천에 옮긴 다음의 일이었다.

정신치료는 반복적이고 경험을 바탕으로 하며 복습을 하기 때문에 효과적이다. 그 어떤 책이나 카세트, 강연도 정신치료를 대신할 수는 없다. 때문에 우리는 개인 치료와 집단 치료를 실시하고 다른 치료사를 훈련한다. 유능한 치료사에게서 집중 치료를 받지 않은 채 심각한 정서적 문제를 극복할 수 있는 사람은 많지 않다. 그럴 수 있다면 얼마나 좋겠는가. 하지만 아주 드물게 그런 사람도 있다.

이번엔 반대쪽을 살펴보자. 정서장애를 가진 사람들은 대부분 자기 치료 관련 자료를 통해 약간의 도움을 받지만, 대단히 큰 도움을 받는 이들도 있다. 내 책 『신경증 환자와 함께 사는 법』을 읽고 나(엘리스)를 찾아온 55세의 엔지니어 스탠의 경우를 생각해 보자. 스탠의 아내에겐 문제가 있었다. 그녀는 28년의 결혼 생활을 몹시 힘겨워 했다. 스탠은 내 책을 읽기 전까지는 계속 그녀에게 화를 냈다고 했다. 하지만 책을 두 번 읽고 나자 거의 모든 분노가 잦아들었고, 아주 행복하다고는 할 수 없지만 그럭저럭 아내와 평화롭게 지내면서 그녀의 괴팍한 행동으로부터 세 자녀를 좀더 효과적으로 보호할 수 있었다.

"특히 책의 한 구절이 제게 도움을 주었습니다. 그 부분을 여러 번 읽으니 아내에 대한 분노가 눈 녹듯 사라지는 것 같았어요. 대단히 인상적이었지요." 스탠이 말했다.

"어떤 부분이었나요?"

"'중증 정서장애를 가진 사람과 함께 사는 법'이라는 장에서 '괜찮다. 존스는 밤마다 술에 취해 광폭한 행동을 했다. 술 취한 사람이 어떻게 행동하겠는가? 멀쩡하게?'라고 말씀하셨지요. 그 말이 제게 깊은 인상을 주었습니다. 그리고 저 자신에게 물어 보았습니다. '미친 아내가 어떻게 행동하겠는가? 멀쩡하게?' 그랬습니다. 그 후 전 다르게 행동했습니다. 훨씬 분별 있게 말이지요."

내가 아는 한, 스탠은 내 말을 마음에 새기고 나서 훨씬 합리적으로 행동했다. 엄밀히 말하면 그도, 책도 조금은 틀렸지만 말이다. 주정뱅이 같은 사람은 없기 때문이다. 그저 술을 자주 마시거나 취한 듯 행동하는 사람만 있을 뿐이다. 그리고 미친 사람도 없다. 그저 가끔씩 미친 듯 행동하는 사람만 있을 뿐이다. 주정뱅이나 미치광이 같은 단어는 지나친 일반화다. 그 말은 술을 많이 마시는 사람은 언제나 술만 마실 것이고, 미친 듯 행동하는 사람은 항상 미친 듯 행동할 것이라는 의미를 담고 있다. 그렇지 않다. '주정뱅이'도 술에서 깰 수 있다. 아니, 영원히 술을 끊을 수도 있다. 그리고 '미친 사람'도 덜 미친 듯 행동하도록 자기 훈련을 할 수 있다.

어쨌든 『신경증 환자와 함께 사는 법』을 읽은 스탠은 한 가지 사실을 정확하게 이해하고 있었다. 간혹 취한 듯 행동하는 사람이 취하지 않은 사람처럼 행동하리라 기대하지는 말라는 사실을 말이다. 그리고 자주 미친 듯 행동하는 사람이 멀쩡하게 행동하리라 기대해선 안 된다. 내가 환자들에게 자주 다짐하는 것처럼, 지옥으로 가는 길은 비현실적인 기대로 포장되어 있다.

다른 사례는 더욱 놀라웠다. 나(로버트 A. 하퍼)의 환자였던 밥은 편집적 정신분열증이라는 진단을 받고 주립병원에 1년 반 동안 입원해 있었다. 그 후 5년 간 지역 사회에서 일했고 분열증은 크게 호전되었다. 가족을 부양하는 한편, 정서장애를 가진 많은 사람에게 도움을 주었다.

하지만 여전히 문제가 남아 있었다. 2년 동안 부모님(아마 그들에게도 개인적 문제가 있을 것이다)과 말을 하지 않았고, 아내와 이혼할 뻔했으며, 사생활이나 '난처한' 이야기를 하게 될까봐 사람들의 접근을 두려워했다. 그는 여러 모로 방어적이고 거칠게 행동했다.

그러나 서서히 희망이 보이기 시작했다. 인습타파를 지향하는 잡지

〈리얼리스트 *The Realist*〉에서 '앨버트 엘리스와의 편안한 인터뷰'라는 기사를 우연히 본 후, 다른 잡지에 실린 합리적·정서적 행동 치료 관련 글들을 찾아본 밥은 "전에는 느껴본 적 없는" 정신적 변화를 겪었다. 이후 그는 아주 단순한 사실을 받아들였다. "어떤 사람이나 사물이 나를 화나게 만드는 것이 아니라, 그들이 나를 화나게 하리라는 생각 때문에 내가 나를 화나게 한다."

이 중요한 '두려움 반대 공식'은 밥의 인생을 크게 바꾸었다. 그는 즉시 부모님과 얘기했고, 아내와 사이가 좋아졌으며, 몇 년 동안 말하기 두려워했던 문제에 대해 얘기하기 시작했다.

밥은 자기 생각과 행동의 장막을 거두었을 뿐 아니라 사람들과 대화를 나누고, 편지를 쓰고, 합리적 인생에 유익한 일들을 했다. 밥은 세 달 동안 나를 만나면서 계속 REBT 관련 자료를 읽은 후, 정치가가 어떤 사람이나 사건이 아니라 그 스스로 자신을 화나게 만든다는 사실을 인정한다면 세계 평화가 한층 가까워지리라 믿기 시작했다. 옳든 그르든, 밥은 올바르게 생각하려 노력했고 지금은 좀더 생산적이고 평화롭게 살고 있다.

당신도 그럴 수 있다. 새로운 생각을 읽거나 듣고서 그것을 자신의 생각과 행동에 효과적으로 이용할 수 있다면 인생에 놀라운 변화가 일어날 것이다. 물론 모두가 그럴 수는 없다. 하지만 많은 사람이 그럴 수 있다. 실제로 그런 사람도 있다. 그렇다면 당신은 어떠한가?

역사를 보면, 자기 자신을 바꾸고 냉철한 생각으로 다른 사람을 도와준 위인을 볼 수 있다. 기원전 3세기에 활동하면서 그리스 스토아학파를 세웠던 키티움의 제논이나 그리스 철학자 에피쿠로스, 그리스의 에픽테투스, 로마 황제 마르쿠스 아우렐리우스, 독일계 유대인 스피노

자 등이 그러했다. 유명한 합리적 사상가들은 초기 사상가(특히 헤라클레이토스와 데모크리토스)의 학설을 읽고 깊이 생각한 후, 원래 믿음과는 전혀 다른 생각을 적극적으로 받아들였다. 지금 이 책의 목적처럼, 그들은 실제로 그러한 생각에 따라 살고 그에 따라 행동하기 시작했다.

이들 모두 오늘날 정신치료라 하는 것의 혜택을 받지 못했다. 이들은 물론 인류 역사상 극소수에 지나지 않는다. 하지만 이성의 빛을 보고 그 빛을 건전한 삶에 이용했다.

그렇다면 집중 치료가 아닌 다른 것으로 기본적 성품을 바꿀 수 있을까? 대부분의 현대 권위자들은 강하게 부정한다. 따라서 지그문트 프로이트(Sigmund Freud), 오토 랑크(Otto Rank), 빌헬름 라이히(Wilhelm Reich), 칼 로저스(Carl Rogers), 그리고 해리 설리번(Harry Sullivan) 등은 모두 기본 성품이 바뀔 때까지 개인 치료를 계속해야 한다고 주장한다. 하지만 그들의 주장이 지속적 치료의 필요성을 뒷받침하는 확실한 증거는 아니다.

우리는 어떤 입장인가? 오랫동안 계속되고 뿌리 깊은 문제를 가진 정서장애자는 지속적으로 심리치료를 받아야 한다. 하지만 이 말이 항상 맞다고는 할 수 없다. 태도와 행동의 커다란 변화는 다양한 조건과 경험에서 비롯된다. 정서적으로 불안한 사람이 어떤 식으로든 중요한 삶의 경험을 하거나, 타인의 경험을 배우거나, 자기 자신을 솔직하게 분석하거나, 좋은 치료사와 얘기를 나눌 때에도 정서적 치유가 이루어진다.

그렇다면 다소 한계가 있긴 해도 자기 치료는 효과적일 수 있다. 실제로 기본 성품을 바꾸기 위해선 자기 분석이 필요하다. 유능한 치료사의 도움을 받았다 해도 지속적이고 효과적으로 자신을 분석하지 않는다면, 정서적 치유는 피상적일 뿐 오래 지속되지 못할 것이다. 우리가 심리치료와 결혼 상담을 받는 이들에게 설명하는 것처럼, REBT는 사람들이 이 학설을 실천할 때에만 효과를 나타낸다.

좀더 구체적으로 말해 보자. 치료사가 더 좋은 생각을 하도록 도울 수는 있지만, 환자 '대신' 생각해줄 수는 없다. 치료사는 어떤 상황에서는 어떻게 하라고 조언을 해줄 수 있지만, 근본적으로는 환자 스스로 생각하도록 돕는다. 그렇지 않으면 환자는 언제까지나 치료사에게 의존할 것이기 때문이다.

특히 REBT 상담을 할 때, 우리는 환자들에게 모험을 하라거나, 합리적 · 정서적 상상을 하라거나, 비합리적 믿음을 없애라는 등의 숙제를 낸다. 또한 자기 관리법, 기술 교육, 강화 기법도 가르친다. REBT에는 당연히 자기 치료가 포함된다.

심리치료와 결혼 및 가족 상담을 할 때, 환자들은 "또 다른 좋은 자료가 있습니까? 상담을 받으면서 참고할 만한 책이나 테이프가 있나요?"라는 질문을 자주 한다. 그럴 때 우리는 적당한 자료를 권하는데, 이는 이 책 뒷 부분에 수록되어 있다.

우리는 특정 치료 방법(REBT)을 이용하기 때문에, 그리고 대부분의 자기 정신치료 관련 자료에는 그 원리가 부분적으로만 포함되어 있기 때문에, 일반 독자를 위해 이 책을 집필했다. 치료사를 위해서는 『정신치료의 이성과 감성 *Reason and Emotion in Psychotherapy*』, 『합리적 · 정서적 행동치료 방법 *The Practice of Rational Emotive Behavior Therapy*』, 『더 좋은, 더 깊은, 더 지속적이고 간단한 치료 *Better, Deeper, and More Enduring Brief Therapy*』

등 전문 서적에서 합리적 · 정서적 행동 치료에 대해 폭넓게 다루었다.

이 책에서 구체적인 도움을 받고자 하는 독자에겐 다시 한 번 경고의 말을 해야겠다. 이 책뿐 아니라 그 어떤 책도 정서 문제를 완벽하게 치료해주지 못한다. 사람은 누구나 이 세상에 하나밖에 없는 존재이기 때문에, 책이 개인 상담을 대신하지 못한다. 하지만 이 책이 치료를 보충하거나 강화할 수는 있다.

또 다른 경고. 말에는 그 자체의 한계가 있음을 기억하라. 정신건강 분야의 다른 저자들처럼 우리가 '창조성', '행복', '사랑', '성숙', '문제 해결' 같은 단어를 쓴다고 해서, 실용적 가치가 없다고 외면당했던 진부하고 낙천적인 메시지를 주장한다고 속단하지 말라. 우리가 말하는 내용 중에는 '긍정적 사고 방식'이나 최고 지향주의, 엄격한 금욕주의, 그 밖의 이상적 신조처럼 들리는 말도 있을 것이다. 하지만 사실은 그렇지 않다. 이 책의 '두려움 반대 공식'을 읽어 보라. 그 다음 그 원리에 대해 생각하고 거기에 따라 행동하라. 그 원리를 시험해 보라. 직접 시도해 보라.

우리의 주장을 신중하게 읽기 바란다. 어쩔 수 없는 우리의 한계와 당신의 한계를 참작하라. 우리가 말하는 삶의 규칙이 대단히 간단하다고 생각할지도 모르겠다. 하지만 쉬운 일은 아니다. 우리의 조언을 읽기만 하면 놀라운 변화가 일어나리라 생각지 말라. 그렇지 않다. 변화를 위해서는 자기 파괴적 행동을 직시하고, 적극적으로 도전하며, 자기 성공적인 새로운 사고 방식과 지각 방식, 행동 방식을 배워야 한다는 커다란 목표가 남아 있다.

즐겁게 생각하고 행동하기를!

02
생각하는 대로 느낀다

"하퍼 박사님, 말씀은 그럴 듯하게 하시는군요. 그리고 선생님 말씀대로 해서 사람들이 효과를 보았다니, 다행입니다. 하지만 솔직히 박사님과 엘리스 박사님이 합리적·정서적 치료라고 하신 것을 잘 살펴보면, 피상적이고 반정신분석학적이고 그럴싸한 자기 정신치료 심리학의 자가 성공법같이 들립니다."

내가 교육학자들을 대상으로 한 REBT 강연 도중 B 박사가 이렇게 말했다. 그의 말이 완전히 틀렸다고는 할 수 없다. REBT에 대한 우리 생각 중 일부는 사실 피상적인 것처럼 들릴 것이다. 그리고 전통적 정신분석학의 견해와 정반대된다. 물론 알프레트 아들러(Alfred Adler), 카렌 호니(Karen Horney), 해리 설리번, 에리히 프롬(Erich Fromm), 에릭 번(Eric Berne), 그 밖에 '자아 심리학'을 강조한 정신분석학자들의 학설과 중복되기도 하지만 말이다.

그래도 난 내게 야유를 보내는 그 사람에게 누가 숙련된 정신치료사의 편견을 없앨 수 있느냐고 비난할 수밖에 없었다. 내가 그의 마음을 바꿀 수 있다고 생각했기 때문은 아니었다. 그리고 내가 그에게 분수를 지키도록 해야 하기 때문이 아니라, 다른 청중에게 REBT의 중요한 원리를 설명하는 데 그의 반론을 이용할 수 있다고 생각했기 때문이었다.

"당신은 인간의 감정이 생각과 상당 부분 일치한다는 우리 견해에 이의를 제기하고, 제 말과 달리 생각을 바꾼다고 해도 불안한 정서 상태를 바꿀 수는 없다고 생각하시는군요. 맞습니까?"

"그렇습니다. 백 년 넘게 계속된 실험 결과와 임상 결과가 있지 않습니까."

"그럴지도 모르지요. 하지만 잠시 그 점을 잊고 지난 몇 초의 역사에 초점을 맞춰봅시다. 제가 REBT에 대해 강연하던 바로 조금 전, 당신은 강한 느낌을 받았습니다. 맞습니까?"

"그랬습니다! 바보 같은 당신이 그런 헛소리를 지껄이는 걸 도저히 용납할 수 없었습니다."

그러자 청중은 웃음을 터뜨렸다.

"좋습니다. 하지만 일어서서 제게 반론을 제기할 때 다른 감정도 갖고 있었습니다. 그렇지요?"

"제가요? 무슨 감정 말씀이시죠?"

"말씀하실 때 목소리 톤이 높고 불안한 걸 보면, 많은 사람들 속에서 일어나 하퍼와 반대 의견을 내놓는다는 걸 조금 불안해하신 것 같아서요. 틀렸습니까?"

"저기……." 그는 한참을 망설였다(그 동안 청중의 입가엔 내 편이라는 의미심장한 미소가 떠올랐다). "아니요. 맞는 것 같군요. 말하기 직전에나 처음 말을 꺼냈을 때 조금 불안했습니다. 지금은 그렇지 않지만요."

"좋습니다. 짐작대로군요. 제가 얘기할 때 당신은 두 가지 감정을 가졌습니다. 분노와 불안 말입니다. 그런데 지금은 둘 다 느끼지 않는 것 같군요. 맞습니까?"

"예, 그래요. 더 이상 불안하지도 화가 나지도 않습니다. 하지만 박사님이 계속 어리석은 입장을 고수하시니, 이제는 동정심마저 드는군요." 졌다! 이번엔 사람들의 미소가 그의 편을 들고 있었다.

"좋습니다. 동정심에 대해선 이따 얘기해 보기로 하지요. 잠시 당신의 불안과 분노에 대해 계속 얘기해봅시다. 당신은 분노를 느끼면서 '하퍼, 저 바보가 멍청한 녀석 엘리스 옆에서 허풍을 떨고 있군! 다른 세미나에 가서도 저 시답지 않은 말을 지껄이지 말아야 할 텐데' 같은 생각을 했을 것 같은데, 아닌가요?"

"맞아요! 어떻게 아셨죠?" 또 다시 키득거리는 소리가 들렸다. 그 소리는 B 박사를 확실하게 지지하고 있었다. 나는 말을 이었다.

"치료사의 직관으로 알았죠! 어쨌든 당신은 그렇게 생각했고, 그 생각으로 당신 자신을 화나게 했습니다. REBT의 주제가 바로 그것입니다. '하퍼 박사는 허풍 떨지 말아야 한다'는 생각이 당신이 느낀 분노의 주된 원인입니다. 나아가 지금 이 순간에는 분노를 느끼지 않으신다고 알고 있습니다. 조금 전과는 전혀 다른 생각을 하고 있으니까요. '하퍼가 바보같이 이 엉터리 얘기를 믿는다면, 그리고 저 불쌍한 녀석이 계속 믿고 싶어한다면, 이 문제에 대해서 공격해야지'라고 말입니다. 엘리스 박사와 제가 주장하는 이 새로운 생각이 당신의 현재 감정 상태의 핵심에 있지요. 정확하게 말씀하신 '동정심'이란 감정 상태 말입니다."

내 적수가 뭐라 말하기 전에, 또 다른 청중이 불쑥 끼어들었다. "B 박사님의 분노와 동정심에 대한 말씀이 맞다면, 불안감은 뭡니까?"

"이번에도 REBT 이론에 따르면, B 박사의 불안감은 이렇게 일어 났겠지요. 제가 얘기할 때, 그리고 저 분이 제 행동이 대단히 나쁘다고, 그런 행동을 하면 안 된다고 확신하면서 자신을 화나게 만들었습니다. 그러면서 '하퍼의 말이 끝날 때까지 기다려 보자! 어떻게 말해야 저 녀석이 얼마나 어리석은지, 저 녀석의 결점을 찾아낸 내가 얼마나 똑똑한지를 사람들에게 증명할 수 있을까? 어디 보자, 기회가 생기면 저 녀석 코를 납작하게 해주어야 할 텐데, 뭐라고 말하지?' 같은 생각을 했습니다.

그리고 나서 B 박사님은 속으로 이말 저말 골라보고, 재빨리 몇 가지 표현은 무시하고, 다른 사람들은 어떻게 말을 꺼낼까 생각해 보고, 저를 제압하기에 가장 좋은 말을 계속 생각하고 있었습니다. 하지만 저를 공격할 말을 찾는 한편, 또 계속 다른 생각을 하고 있었습니다. '다른 사람들은 어떻게 생각할까? 나도 하퍼처럼 어리석다고 생각하지 않을까? 사람들이 하퍼를 좋아하는 건 아닐까? 혹시 내가 하퍼와 엘리스의 성공을 질투한다고 생각하면 어떡하지? 저 사람을 공격하는 게 내게 이익일까?' 라고 말이죠.

제 생각엔 B 박사님이 스스로 만들어낸 이런 의구심 때문에 불안했던 것 같은데요. 어떻습니까, B 박사님?"

"비슷합니다." 그는 당황해서 벌겋게 달아오른 얼굴로 내 말에 수 긍했다. "하지만 누구나 많은 사람들 앞에서 말할 때 그런 생각을 하지 않습니까?"

"거의 누구나 그렇습니다." 나는 진심으로 그의 말에 동감했다. "그리고 제가 당신의 내면화된 믿음을 예로 든 이유는, 실제로 누구나 그런 믿음을 갖기 때문입니다. 하지만 그 점이 제 말의 핵심입니다. 우리가 그런 생각을 계속 자신에게 속삭이기 때문에 대중 앞에서 말하기 전에 불안감을 느낀다는 게 제 말의 핵심이지요. 처음에는 '실수를 저질러 동료들 앞에서 창피를 당할지도 몰라'라고 확신하는 경우가 많습니다. 그 다음이 더 중요한데요, 그 다음엔 이렇게 확신합니다. '실수를 저질러 창피를 당해선 절대로 안 돼! 그러면 정말 끔찍한 일이야!'

바로 이렇게 끔찍한 믿음을 갖기 때문에, 그 즉시 불안감을 느끼기 시작하지요. 하지만 실수를 저질러 동료들 앞에서 창피를 당할지 모른다고만 생각할 수도 있고, 반대로 '잘 못해서 창피를 당하는 건 정말 싫어. 하지만 그래도 끔찍하다고만 생각할 필요는 없지'라고 생각할 수도 있습니다. 이렇게 생각하고 믿는다면, 실제로 불안감을 느끼지 않겠지요."

"하지만 하퍼 박사님, B 박사가 자기 자신을 불안하게 만들었다는 말씀이 맞다고 칩시다. 그렇다면 박사님이 말씀하시는 REBT 이론에서는 나중에 그 불안감이 사라진 것을 어떻게 설명합니까?" B 박사의 불안감에 대해 물었던 교육학자가 질문했다.

"그 역시 간단합니다. 스스로 불안감을 조성하고도 발언을 하겠다고 용기를 낸 B 박사는 조금 창피를 당한다 한들 이 세상이 끝나지도 않고 그렇게 두려워했던 일이 일어나지도 않았음을 알게 되었습니다. 제가 그의 비난에 맞서고 제 편을 드는 청중도 있지만, 그를 편드는 청중도 있다는 걸 알게 되었지요. 그래서 내면화된 믿음을 바꾸었습니다. '저런, 하퍼가 아직도 내 말을 이해하지 못하고 자기 잘못을 인정하지 않는군. 그리고 여전히 그의 편을 드는 사람도 있어. 제기랄! 저 자식, 계속 사람들을 속이겠지. 틀림없이 그럴 거야. 하지만 때를 기다리면서 계속 저 바보 같은 생각에 동의할 수 없다는 걸 보여주겠어. 내가 세상 모든 사람들을 상대로 이길 수는 없다 해도 하퍼가 얼마나 불쌍한지 보여줄 수는 있잖아?' 같은 것으로요.

B 박사는 이 새로운 믿음으로 아까 만들어냈던 불안감을 떨쳐내고 그의 말마따나 분노보다는 동정심을 더 많이 느낀 것입니다. 맞습니까?"

B 박사는 이번에도 잠시 머뭇거리다가 대답했다. "조금은 맞는 것 같다고 대답할 수밖에 없군요. 꼭 맞는지는 잘 모르겠습니다."

"저도 그러리라 생각하진 않습니다. 그저 당신의 예를 이용해 당신과 다른 분들 모두 이 문제에 대해 좀더 생각해 보도록 권하고 싶었을 뿐입니다. 말씀하신 것처럼 REBT가 피상적이고 겉만 번드르르 할지도 모릅니다. 그저 REBT가 정말 효과적인지를 교육학자인 여러분이 직접 공평하게 시험해 보시길 부탁드리는 바입니다."

내가 아는 한, 나는 내 적수에게 REBT의 효과를 납득시키지 못했다. 하지만 청중의 일부는 불안한 정서가 태어날 때부터 존재하지 않으며 인간의 무의식적 욕구와 욕망에서 비롯되지 않았음을 깨닫기 시작했다.

1950년대 후반, 우리가 처음 REBT에 대해 생각하고 글을 쓰기 시작했을 때에는 사람들이 어떤 사건 때문에 화를 내는 것이 아니라 자신에게 일어난 일-선행(先行) 경험이나 불행(Activating Experiences or Adversities of their lives)-에 대해 불합리한 믿음을 갖기 때문에 자기 자신을 화나게 만든다는 개념을 뒷받침하는 데 인용할 만한 자료가 거의 없었다. 당시 초기 단계였던 인지심리학 분야에서는 마그다 아널드(Magda Arnold)와 루돌프 아른하임(Rudolf Arnheim) 등 소수의 심리학자들이 활동하고 있었고, 그 중 아른하임은 1960년대에 정서가 사고와 밀접하게 연결되어 있다고 보았다. 이후 수백 년-그렇다, 수백 년-에 걸친 연구 결과는 이러한 관점을 뒷받침했다. 더욱이 정서장애자가 자기 파괴적인 비합리적 믿음을 바꾸는 방법을 알게 되면 정서와 행동을 크게 개선할 수도 있다는 사실이 아론 벡(Aaron Beck), 하워드 발로(Howard Barlow), 제리 디펜바허(Jerry Deffenbacher), 레이몬드 디주세페(Raymond DiGiuseppe), 윈디 드라이든(Windy Dryden), 이레네 엘킨(Irene Elkin), 앨버트 엘리스(Albert Ellis), 마빈 골드프리드(Marvin Goldfried), 하워드 카시노브(Howard Kassinove), 아널드 라자러스(Arnold Lazarus), 리처드 라자러스(Richard Lazarus), 도널드 마이켄바움(Donald Meichenbaum), 폴 우즈(Paul Woods) 등의 연구를 통해 입증되었다.

그 덕에 사람들은 보통 생각하는 대로 느낀다는 수많은 증거가 나왔다. REBT의 기본 이론은 1955년에 처음 시작되어 10년간 지속됐던 대부분의 다른 인지행동치료(Cognitive Behavior Therapies ; CBT)의 기본 개념처럼, 인간에겐 기본 목표와 가치 기준(Goals and values ; Gs)이 있으며 그러한 기본 목표와 가치 기준이 방해받고 좌절되면 다음과 같은 정서장애와 행동장애의 ABC에 따라 자주-늘 그런 것은 아니다-건설적이면서도 파괴적으로(자기 파괴적으로) 행동한다고 주장한다.

Gs(Goals and values ; 목표와 가치 기준) - (1) 혼자서 (2) 다른

사람과의 관계에서 (3) 생산과 목적 달성을 통해 (4) 독창적이고 창조적인 존재가 됨으로써 (5) 육체적, 정서적, 정신적 활동을 즐김으로써, 행복하거나 만족감을 느끼며 살기

A's(Activating Experiences or Adversities ; 선행 경험과 불행) – 목표(Gs) 달성을 방해하거나 저해하는 사건이나 만남, 경험, 혹은 생각. 예 : 중요한 목표 달성 실패, 타인에게 무시당하는 것, 즐거움을 느끼지 못하는 것, 병들거나 불구가 되는 것.

Bs(Beliefs, ideas, and philosophies about Adversities[A's] ; 불행에 대한 믿음과 생각, 태도)

RBs(Rational Beliefs about Adversities ; 불행에 대한 합리적 믿음. 불행이 일어나지 않기를 바라고 소망한다) – 예 : "승진에서 누락되는 게 싫어.", "사람들에게서 부당한 대접을 받는 건 견딜 수 없어.", "테니스를 치게 비가 그쳤으면 좋겠어.", "감기에 걸려서 몸이 아픈 건 정말 끔찍한 일이야."

IBs(Irrational Beliefs about Adversities ; 불행에 대한 비합리적 믿음. 절대로 불행이 일어나선 안 된다는 강한 요구) – 예 : "절대로 승진에서 누락되선 안 돼. 그러면 쓸모없는 인간으로 전락할 거야!", "그 누구도 날 부당하게 대해선 안 돼. 그러면 난 정말 슬프단 말야!", "테니스를 치게 비가 빨리 그쳐야 할 텐데. 비가 안 그치면 정말 큰일이야!", "난 절대 감기에 걸리면 안 돼. 몸이 아픈 건 정말 참을 수 없어!"

Cs(Consequences or results of Adversities and Beliefs about Adversities ; 불행과 불행에 대한 믿음의 결과. A's와 Bs의 상호작용에서 비롯된 감정과 행동)

HCs(Heathy Consequences or constructive feelings and behaviors that stem from the interactions among A's and RBs ; A's와 RBs의 상호작용에서 비롯된 건전한 결과나 건설적인 감정과 행동) - 예 : 승진에서 누락됐을 때 느끼는 슬픔이나 실망. 능력을 개발하겠다고 결심하고 행동한다. 사람들에게서 부당한 대접을 받았을 때 느끼는 불쾌감과 실망감. 사람들이 자신을 정당하게, 혹은 부당하게 대접하지 못하도록 노력한다. 비 때문에 테니스를 치지 못할 때 느끼는 좌절과 슬픔. 다른 오락거리를 찾기 위해 노력한다. 감기에 걸려 몸이 아플 때 느끼는 슬픔과 좌절. 고통을 완화하고 감기를 치료하기 위해 노력하면서 그래도 삶을 즐기려 한다.

UCs(Unhealthy Consequences or destructive feelings and behaviors that stem from the interactions among A's and IBs. ; A's와 IBs의 상호작용에서 비롯된 불건전한 결과나 파괴적 감정과 행동) - 예 : 승진에서 누락됐을 때 느끼는 두려움과 자기 비하. 능력을 개발하거나 다른 직장을 알아보지 않는다. 부당한 대접을 받았을 때 느끼는 분노와 앙심. 부당한 대접을 받았다는 데 집착하고 복수를 계획한다. 비 때문에 테니스를 치지 못했다는 데 대한 격분과 좌절감을 억누르지 못한다. 하늘을 욕하고 다른 오락거리를 찾지 않는다. 감기에 걸렸다는 데 대한 좌절감과 자기 연민. 고통에 대한 두려움에 집중해 좌절감과 자기 연민을 심화시킨다.

이는 다시 이 책의 핵심과 연결된다. 누구나 좀더 자기 성취적이고 창조적이며 안정된 삶을 살아가는 법을 배울 수 있을 것이다. 다음 장에선 이 중요한 REBT의 관점을 자세히 살펴보기로 하자.

03
올바로 생각하면 기분도 좋아진다

"합리적으로 생각을 다듬고 정리한다는 게 무슨 뜻인가요?" 내 환자와 친구, 동료들은 자주 이렇게 묻는다.

"말 그대로입니다."

"합리적이고 현실적으로 생각하면 자기 성취적이고 창조적이면서도 정서적으로 만족스럽게 살 수 있다고 말씀하시는데요, 그렇게 되면 사람들의 '인생'이 황량하고, 기계적이고, 재미없을 것 같습니다."

"그럴지도 모르죠. 하지만 '정서적인' 경험을 통해서만 '가장 좋은 삶'을 살 수 있다고 부모님과 선생님(그리고 치료사)들로부터 교육받았기 때문에 그렇게 들리는 건 아닐까요? 조울증으로 절망의 수렁에 빠지지 않으면 정말로 '살아 있다'고 말할 수 없다는 생각을 소설가나 극작가들이 종종 퍼뜨리곤 하지 않던가요?"

"무슨 말씀이세요? 과장 아닌가요?"

"그럴 수도 있겠지요. 하지만 당신도 그렇게 생각하지 않나요?"

"물론이죠, 선생님도 슬픔과 고통, 즐거움 없이 항상 냉정하게, 감정을 억누르며 살아오진 않으셨을 텐데요. 아닌가요?"

"그러지 않았기를 바랍니다. 우리가 그렇게 살아오지 않았다는 건 아내, 연인, 친구, 동료들이 증언해줄 것입니다. 하지만 언제부터 잘 정리된 합리적 생각이 강렬한 감정과 양립할 수 없게 되었나요?"

"그래도 당신네 합리적 치료사들은 우리를 납득시키지 못합니다. 합리성이 인간을 너무 냉정하게 만든다는 우리의 믿음을 어떻게 바꾸실 거죠?"

"그 가설에 반박할 이유가 없습니다. 당신은 이성이 강렬한 감정과 대립된다고, 틀림없이 그럴 것이라는 추측만으로 이성은 감성을 차단해야만 한다고 생각합니다. 그 추측을 언제, 어떻게 증명하실 건가요?"

그러자 사람들은 솔직히 인정했다. "일리가 있군요. 이상이 강렬한 감정과 정면으로 대립할 필요는 없지요. 하지만 보통 그러는 게 정상 아닙니까?"

"그런 경우는 본 적이 없습니다. 이성은 보통 불건전하고 자기 파괴적인 감정을 차단합니다. 실제로 감정에는 생각이 포함되어 있기 때문에 합리적인 사람일수록 좀처럼 파괴적인 감정을 만들어내지 않지요."

이렇게 말하면 상대방은 갑자기 끼어들곤 한다. "그렇다면 사실 박사님은 제 말을 인정하신 거네요. 합리적 생각이 강렬한 감정을 몰아낸다고 방금 말씀하셨잖아요."

"천만에요! 왜 '불건전하고 자기 파괴적'이라는 말을 제가 하지도 않은 '강렬한'이라는 단어로 바꾸십니까?"

"말장난 아닌가요? 다 똑같은 의미 아닙니까?"

"그렇지 않습니다. 강렬한 감정은 중요한 가치를 달성하게 합니다. 사랑을 갈구하고, 이상형의 사람을 찾고, 그 사람을 열렬히 사랑하게 합니다. 연인을 다정하게 대하고 계속 사귀겠다는 허락을 받아 당신의 감정을 건설적으로 표현하지요. 그러면 사랑의 감정 때문에 당신은 더 열심히 일하거나 시를 쓰거나 그 밖에 생산적인 일을 하게 되지요. 하지만 자기 파괴적이거나 무분별한 사랑이 그런 결과를 낳는 경우는 거의 없습니다."

"그렇다면 무분별한 감정은 대부분 합리적 생각과 양립할 수 없지만, 건전한 감정과 합리성은 양립할 수 있다는 말씀이군요. 맞나요?"

"그렇습니다. 우리는 합리적인 생각은 대부분 즐거운 감정을 고조시킨다고 주장합니다. 제대로 사용된 인간의 이성은 파괴적인 감정, 특히 부분별한 공포와 분노를 최소화합니다. 그러면 즐거운 감정과 현상이 나타나곤 하지요. 깊은 슬픔과 후회 같은 불쾌한 감정도 인생에 도움을 줄 수 있습니다. 그 감정을, 무언가 잘못되고 있으니 바로 잡는 게 좋다는 신호로 활용하면 원치 않는 경험(실패나 거부 같은)을 최소화하는 데 도움이 되지요."

"재미있군요. 그렇다면 박사님의 가설이 남는데요. 그 가설을 입증하셔야죠."

"그래야죠. 이 책에서 우리는 수많은 임상 자료와 실험 자료, 직간접적인 보조 자료를 제시할 것입니다. 하지만 가장 중요한 증거는 당신이 제시할 수 있습니다."

"누구요? 제가요?"

"그렇습니다. 당신이요. 정말로 우리 이론이 가치 있는지 알고 싶다면, 반드시 계속 의심해야 합니다. 그러면서도 가끔은 실험 삼아 의구심을 한쪽으로 밀어놓고, 직접 우리의 합리적 관점을 시도해 보십시오. 우리의 사고 방식, 감정 방식, 행동 방식으로 당신의 감정적 고통―자신을 파괴하는 분노나 수치심, 절망감―을 줄이도록 시도해 보십시오. 우리가 믿는 것을 받아들이라는 말이 아닙니다. 그저 우리 생각을 시험해 보세요. 그 다음 어떤 결과가 나오는지 살펴보십시오."

"괜찮은 것 같군요. 한번 시도해 보겠습니다."

"좋습니다. 합리적 생각과 건전한 감정 표현에 대한 우리의 이론을 당신이 뒷받침할 수 있는지 살펴봅시다."

이 시점에서 우리는 보통 생각과 감정에 대한 REBT의 몇 가지 주요 개념을 간단히 이야기한다.

인간의 감정은 대부분 생각에서 비롯된다. 그렇다면 이성으로 모든 감정을 통제할 수 있거나 그래야 하는가? 꼭 그런 것은 아니다.

인간의 생존과 행복에 도움을 주는 네 가지 기본적인 작용이 있다.

(1) 지각하거나 감지한다 ― 시각, 후각, 청각, 미각, 촉각.
(2) 느끼거나 감정을 표현한다 ―사랑, 미움, 두려움, 기쁨, 슬픔.
(3) 움직이거나 행동한다 ―걷기, 먹기, 수영, 등산, 유희.
(4) 판단하거나 생각한다 ―기억, 상상, 가정, 결론, 문제 해결.

일반적으로 사람들은 이 네 가지 기본 과정을 한꺼번에 경험한다. 우선 지각에 대해 얘기해 보자. 어떤 것을 지각하거나 감지할 때(예를 들어 사과를 봤을 때), 그와 동시에 그것에 대해 생각하곤 한다(그 쓰임새를 계산한다). 그리고 그것에 대해 어떤 행동을 한다(잡거나 던진다). 마찬가지로 움직이거나 어떤 행동을 할 때(지팡이를 들 때), 그와 동시에 자신의 행동을 지각하곤 한다(지팡이를 만지는 자신을 본다). 자신의 행동에 대해 생각하고(이 지팡이로 무엇을 할 수 있을까 상상한다), 그것을 느낀다(좋다거나 싫다거나).

또한 어떤 것에 대해 생각할 때(예를 들어 크로스워드 퍼즐을 할 때), 동시에 그것을 지각하고(보고), 느끼고(호오好惡의 반응), 그것과 관련해 움직인다(연필로 글씨를 쓴다). 마지막으로 어떤 것에 대한 감정을 표현할 때(가령 다른 사람을 싫어할 때), 동시에 그것을 지각하고(보고 듣는다), 그것에 대해 생각하고(그들을 기억하거나 피하는 법을 생각해낸다), 그와 관련해 어떤 행동을 취한다(자리를 피한다).

인간은 전체적으로 기능한다. 지각하는 동시에 행동하고, 생각하고, 감정을 표현한다. 세상에 대한 인간의 기본적 반응 방식은 분리된 것이 아니라 인간 존재의 다양한 측면을 중복시키고 포함한다. 따라서 두뇌에서 일어나는 생체 전기적 변화뿐 아니라 기억, 학습, 문제 해결과 관련된 생각도 감각적, 운동적, 그리고 감성적 행동에 영향을 미친다.

그러므로 "존스가 퀴즈에 대해 생각한다"라고 막연하게 말하기보다는, "존스가 퀴즈에 대해 생각하고 지각하고, 행동하고, 느낀다"라고 좀더 정확하게 표현할 수 있다. 하지만 존스는 대부분 퀴즈를 푸는 데 집중할 것이고, 퀴즈를 보고 행동하고 감정을 표현하는 것은 부수적인 일이기 때문에, 굳이 '퀴즈를 지각하고 행동하고 느낀다'고 하지 않고, 그저 '퀴즈에 대해 생각하고 있다'고만 이야기한다. 하지만 존스(누구나 그렇듯)가 다른 작용 없이 그저 퍼즐만 생각할 수는 없음을 잊지 말아야 한다.

질문 : 인간에겐 기본적인 삶의 네 가지 작용이 있고 생각을 지각, 운동, 감정과 분리할 수 없다면, 왜 REBT에서는 생각을 가장 중요하게 다루는가?

대답 : 그 이유는 잠시 후에 드러날 것이다. 하지만 먼저 현대인들에게는 생각보다 감정 표현이 중요한 문제일 경우가 많다는 점을 지적해야겠다. 다른 동물과 경쟁하던 과거에는 살아남기 위해 동물보다 더 잘 보고, 움직이고, 생각해야 했다. 하지만 안경과 레이더, 비행기, 컴퓨터, 그 밖에 지각-운동-사고의 보조도구가 발명된 오늘날에는 인간이 세계를 완벽하게 정복하고자 한다.

하지만 상대적으로 정서적인 면에서는 별다른 진보가 이루어지지 못했다. 눈부신 물질적 발전에 비하면, 정서적 성숙이나 행복은 과거 수백 년과 별반 다르지 않다. 사실 어떤 면에서는 그 어느 때보다 유치하고, 잔인하며, 정서적으로 불안하게 행동하고 있다.

물론 약간의 진전이 있었다. 정신 치료와 원인분석 분야에서는 정서장애에 대한 상당한 이해가 이루어졌다. 생화학 분야에서는 약물과 물리치료, 신경생리학적 방법을 통해 인간이 어떻게 화를 내고, 정서적 균형을 회복하려면 어떻게 도와줘야 하는지를 알아냈다.

하지만 여전히 가장 중요한 문제는, 어떻게 감정을 통제하거나 바꾸어 만연한 정서장애를 해결하느냐이다. 그렇다면 어떻게 인간의 감정을 이해하고, 그것을 인간의 목표에 이익이 되도록 만들 것인가? 어떻게!

O4
감정을 만드는 법

정서를 어떻게 이해하고 통제할 수 있을까?

수많은 책과 논문이 이 질문에 답하려 시도했다. 하지만 그 무엇도 확실한 답을 주진 못했다. 이번엔 정답을 목표로 삼지 말고 어떻게 이 까다로운 문제를 밝힐 수 있는지 살펴보기로 하자.

감정은 지각과 운동, 생각을 포함한 삶의 과정이다. 이는 언뜻 보면 분리된 것 같지만 사실은 밀접하게 연관된 여러 가지 요소의 결합이다. 저명한 신경학자 스탠리 콥(Stanley Cobb)은 감정에는 다음과 같은 것이 포함되어 있다고 지적했다.

1. 내적 감정 상태. 보통 사건에 대한 해석(생각)에 수반된다.
2. 전반적인 생리적 변화. 주위 환경에서 균형을 유지, 지속할 수 있게 한다.
3. 다양한 패턴의 능동적 행동. 환경으로부터 자극을 받고, 끊임없

이 상호작용하며, 자극받은 생리적 상태와 다소 흥분된 심리적 반응을 표현한다.

사람은 주로 다른 사람에게 반응하기 때문에, 감정은 생리적이면서 동시에 심리적, 사회적이다.

질문 : 모든 심리학자와 정신의학자가 감정에 대한 콥 박사의 정의를 인정하는가?

답변 : 그렇지 않다. 호레이스 잉글리시(Horace English)와 에바 잉글리시(Eva English)가 『심리학 용어 사전 *Comprehensive Dictionary of Psychological Terms*』에서 지적한 것처럼, 다양한 갈등 이론을 언급하지 않고서 감정을 정의할 수 없다. 감정의 원인이나 결과가 하나만 있는 것은 아니다. 감정은 세 가지 작용을 통해 일어난다. 첫째, 두뇌의 특수한 감정중추(시상하부)와 신체의 신경망(자율신경계)과 관련된 일종의 물리적 자극을 통해. 둘째, 지각 작용과 운동 작용(전문 용어로는 감각 운동이라 한다)을 통해. 셋째, 욕망과 생각(능동과 인식 작용)을 통해.

일반적으로 감정중추뿐 아니라 지각중추, 운동중추, 사고중추는 반응적이고 수용적이다. 따라서 자극은 이들 중추에 영향을 미친다. 직접 감정중추에 자극을 줄 수도 있다(다소 드문 경우). 예를 들어 두뇌를 전기적으로 자극하거나 중추 및 자율 신경계에 작용하는 흥분제나 안정제를 복용해서 말이다. 혹은 지각과 운동, 사고를 통해 간접적으로 자극하여 중추신경계와 두뇌 경로에 영향을 줄 수 있으며, 이는 다시 감정중추에 영향을 미친다(좀더 흔한 경우).

따라서 감정을 통제하는 데에는 세 가지 주된 방법이 있다. 몹시 흥분해 마음을 진정시키고 싶다고 가정해 보자. 직접 전기나 생화학적 수단(안정제 복용 등)을 이용할 수 있다. 혹은 두 번째로 이완 운동이나 춤, 요가, 호흡법 등 지각-운동(감각 운동) 방식을 이용할 수 있다. 셋째, 고요한 풍경을 상상하거나 차분한 생각에 정신을 집중하는 등, 자발적인 사고 작용을 이용할 수 있다.

이 세 방식의 어떤 조합이 가장 효과적인가? 이는 감정이 어떻게 흐트러져 있으며, 어떤 방식으로 감정을 바꾸거나 통제하고자 하느냐에 따라 크게 좌우된다.

질문 : 감정을 통제하는 데에 세 가지 효과적인 방법이 있다면, 왜 REBT에서는 그 중 하나를 강조하는가?

답변 : 여러 가지 이유가 있다. 첫째, 우리는 약물과 생물물리학 전문이 아니고, 따라서 약물이나 생체 전기적이거나 그 밖의 물리적 방법을 강조하지 않는다. 우리는 간혹 환자들에게 내과 의사나 물리치료사, 마사지사, 그 외 전문가를 추천하기도 한다. 우리는 이들 방법과 REBT의 결합을 좋아한다. 하지만 그러한 방법은 우리 소관이 아니다.

둘째, 우리는 긴장을 완화하고 인간의 행동을 바꾸는 물리적 방법-요가나 춤, 마사지 같은-으로 좋은 효과를 거둘 수 있다는 데 동의한다. 하지만 이러한 기법들의 주장에 대해선 회의적이다. 이 기법은 주로 기분을 전환하고 괴로운 생각과 망상보다는 육체에 집중하도록 도와준다. 따라서 안정을 주긴 하지만 근본적인 치료는 이루어지지 않는다. 기분을 좋아지게는 하지만, 자기 비하나 두려움처럼 정서장애를 일으키는 핵심적 믿음을 근본적으로 바꾸는 이성적 변화를 일으키는 경우는 거의 없다. 생각과 욕망을 같이 다루는 방식과 결합되지 않는 한, 이들 기법에는 한계가 있다. 따라서 약이나 이완법으로 좌절감을 해소하려 해도 불합리한 믿음에 대해 좀더 정확하게 생각하고 저버리지 않는다면, 약이나 운동을 중단했을 때 다시 좌절할 것이다. 영구적이고 근본적인 회복을 위해서는 이성적 변화가 가장 좋은 방법인 듯하다.

다시 말하지만, 우리는 종종 환자에게 약물이나 이완법, 물리치료, 요가, 그 밖의 물리적 방법을 이용하라고 권한다. 이들 기법이 도움이 된다고 믿기 때문이다. 그리고 나중에 자세히 설명하겠지만, 우리는 여러 정서 기법이나 연극, 공상, 자기 관리, 행동 개선 기법을 가르친다. REBT는 대부분의 다른 치료법 이상으로 포괄적이고 통합적으로 치료한다.

그래도 정서장애를 근본적이고 영원히 바꾸고자 한다면, 이성을 활용하는 게 좋다고 주장한다. 파괴적인 감정을 유발하는 대부분의(전부는 아니지만) 요인은 비현실적이고 비논리적이며 자기 파괴적인 생각에서 비롯되기 때문이다.

질문 : 생물학적이고 감각 운동적 치료에 한계가 있다고 하자. 하지만 의식에 대한 합리적 접근 방법 역시 피상적이지 않은가? 오래 전 정신분석학자들이 무의식적 과정이 대다수 정서적 행동을 낳는다는 사실을 밝히지 않았는가? 그런 생각이 무의식적 정신에 깊이 묻혀 있는데 어떻게 감정 뒤에 있는 생각을 통제하고 바꿀 수 있는가?

답변 : 그렇다. 하지만 그 질문에 한 마디로 답할 수는 없다. 그리고 이 책에서 전반적으로 제시하는 것처럼, 정신분석학자들이 '무의식적'이라고 했던 것은 대부분 프로이트가 원래 '전의식(前意識,

preconscious)'이라 했던 것이다. 이러한 생각과 감정은 바로 의식되지 않지만 다시 살펴보면 비교적 쉽게 발견할 수 있다.

정서적 문제가 무엇이든, REBT는 그 기저에 놓인 생각을 찾아내어 당신이 자기 자신에게 전달하는 '무의식적' 메시지를 해독할 방법을 보여준다. 불건전한 감정에 따른 불합리한 믿음을 살펴보고, 이해하고, 저항하기 시작하면, '무의식적' 생각을 의식하고 그 생각을 바꿀 엄청난 힘을 갖게 되며 혼란을 줄인다.

'감정'이라는 것의 대부분은 특정한-편파적이고 편협하며 대단히 평가적인-생각에서 비롯된다는 점에 다시 주목해 보자. 보통 '생각'이라 하는 것은 비교적 침착한 상황 판단과 냉정한 분석, 그리고 합리적 결론으로 이루어진다.

따라서 침착하게 생각할 때는 빵을 관찰하고, 한 쪽에 핀 곰팡이를 보고, 전에 곰팡이를 먹어 아팠던 일을 떠올리고, 곰팡이가 있는 부분을 잘라낸 다음 나머지를 먹는다. 하지만 불안한 상태에서는 똑같은 빵을 보고도 과거 곰팡이가 핀 빵을 먹었을 때의 경험을 격렬하게 떠올리며 구역질을 하고 빵을 통째로 버려 배를 곯을 것이다.

이 예에서 감정을 표현할 때도 건전하게 생각할 때만큼 빵에 대해 많이 생각한다. 하지만 생각의 종류가 전혀 다르다. 불쾌했던 과거의 경험에 치우쳐서 편협하고 지나치게 일반화시키며 비효율적으로 생각한다. 흥분하지 않은 상태에서 생각할 때에는 정보를 최대한 이용한다. 곰팡이가 핀 빵은 맛이 없고, 곰팡이가 없는 빵은 맛이 좋다는 정보를. 하지만 극도로 흥분한 상태에서는 정보의 일부만을 이용한다. 곰팡이가 핀 빵은 역겹고 절대로 먹으면 안 된다는 정보를 말이다.

생각이 비정서적이라는 의미는 아니다. 또한 정서적이라고 해서 생각을 안 한다는 의미가 아니다. 생각을 할 때에는 보통 '정서적'으로 느낄 때보다 과거의 경험과 편견에 덜 치우친다. 따라서 정보를 더 많이 이용하고 지나친 일반화에 덜 빠져드는 경향이 있다.

　질문 : 아까와 말이 다른 것 같다. 처음에는 인간의 행동을 지각 행위, 운동 행위, 사고 행위, 감정 행위, 이렇게 네 가지로 구분하더니, 이번엔 또 엉뚱하게 '생각하는' 인간과 '정서적인' 인간으로 구분한다.

　답변 : 그렇다! 오로지 생각만 하는 사람도, 정서적이기만 한 사람도 없다. 누구나 지각하는 동시에 움직이고, 생각하고, 느끼기 때문이다. 하지만 앞에서 말한 대로, 지각하고, 움직이고, 느끼면서도 생각을 더 많이 하는 사람도 있고, 지각하고, 움직이고, 생각하면서도 더 많이 느끼는 사람도 있다. 후자는 전자와는 다른 종류의 생각을 하는 경우가 많고, 따라서 지배적으로 감정을 느낀다. 반면 전자는 침착하고 편견 없는 지각을 통해 지배적으로 사고하는 경우가 많다. 하지만 혼수 상태에 빠지지 않는 한, 누구나 생각하면서 감정을 표현한다.

　가장 중요한 점은, 누구나 감정을 느끼지만 많은 이들이 거의 언제나 불건전한 감정을 느끼는 반면, 거의 언제나 건전한 감정을 느끼는 이들도 있다는 점이다. 아무리 감정을 솔직하고 강렬하게 느낀다 해도, 감정은 신성하지 않다. 일부 치료사는 환자에게 감정이 신성하다고 오해하게 한다. 그들은 확실하고 강렬한 감정은 모두 '좋다'고 주장한다. 전혀 그렇지 않다. 그건 목표에 좌우된다.

　감정은 막연히 느껴지는 것이 아니다. 그보다는 사물을 주로 자신이 선택한 목표에 대해 '좋다' 혹은 '나쁘다'고, 이롭거나 해롭다고 평가하기 때문에 느낀다. 감정은 살아 있는 동안 행복을 느끼도록 자극한다.

예를 들어, 살아 있은 것은 좋아하고, 죽는 것은 싫어한다. 이러한 감정 때문에 먼 바다까지 수영하거나, 자동차를 시속 200킬로미터로 운전하거나, 절벽에서 뛰어내리거나, 불량식품을 먹으려 하지 않는다. 이런 느낌이 없다면 장수할 수 있을까?

또한 살기로 '선택'했다면, 다른 종류의 즐거움을 '선호'한다. 그리고 백수보다는 일하기를 '원'하며, 쓸모없는 사람보다는 유능한 사람이기를 '선택'하며, 창조성을 '좋아'하고, 원대한 일(사업을 하거나 소설을 쓰는 것처럼)에 몰두하기를 '즐기'고, 사람들과 친해지기를 '원'한다. 여기서 강조한 모든 단어가 감정과 관련되며, 감정 없이는 즐거움과 기쁨, 창조성, 사랑 등을 경험할 수 없다. 감정은 사람을 살아 있게 하고, 또한 행복하게 한다.

그렇다면 감정은 자신의 가치 기준과 목적, 특히 생존 및 행복과 관련된다. 감정이 이러한 목표를 달성하도록 도와줄 때, 그것을 '건전한' 감정이라 한다. 감정이 기본적인 목표를 방해할 때, '불건전한' 감정이라 한다. REBT는 건전한 부정적 감정(원하는 것을 갖지 못했을 때의 깊은 슬픔이나 괴로움 등)과 불건전하거나 자기 파괴적인 감정(원하는 것을 갖지 못했을 때의 좌절감이나 자기 비하, 분노 같은)을 정확하게 구별하는 법을 가르쳐준다.

마찬가지로, REBT는 합리적인 생각과 비합리적인 생각을 구별하도록 돕는다. 이는 합리적인 생각은 보통 건전한 감정을 낳고, 비합리적인 생각은 불건전한 감정을 낳는다고 주장한다. 합리적인 생각이란 무엇인가? 그것은 (1) 당신이 생존하고 (2) 즐겁거나 가치 있는 삶을 위해 당신이 '선택'한 목표나 가치 기준을 충족하는 데 도움이 되는 생각이다. 선택? 그렇다. 개인적으로, 사회적으로 선택한 것이다.

합리적·정서적 행동 정신의학자인 맥시 몰츠비(Maxie Maultsby) 박사는 우리가 합리적 생각의 네 가지 기본 특징을 다음과 같이 조절한다고 설명한다.

1. 합리적 믿음은 사회적 현실―그 안에서 살겠다고 선택한 사회의 '사실'과 규칙―을 인정하고 대부분 따른다. 이러한 '사실'과 규칙이 싫어도 대부분 합리적으로 따른다.
2. 그에 따라 행동하면, 합리적 믿음은 당신의 생명과 몸을 보호하는 데 도움을 줄 것이다.
3. 합리적 믿음에 따라 행동하면, 자신이 선택한 목표를 가장 빠르고 효과적으로 달성할 수 있게 한다.
4. 합리적 믿음에 따라 행동하면, 내적 갈등과 환경의 방해를 최소한으로 줄인다.

   이러한 합리적 믿음은 상식적인 것처럼 보이지만, 어느 정도는 개인적이다. REBT는 개인을 행복하게 만들어주지만, 아들러의 말처럼 사회적 상호작용도 강조한다. 따라서 우리는 한 가지를 덧붙일 수 있다.
5. 합리적 믿음―그리고 건전한 감정과 행동―은 사회와 관련이 있으며, 자신이 살아가기로 선택한 집단과 인류 전체의 행복을 유지하고 드높인다.

그렇다면 '감정'이라 하는 것에는 첫째, 특정한 종류의 확고한 생각(자신의 생리와 과거의 지각 및 경험으로부터 강한 영향을 받은)과

둘째, 기쁨이나 혐오감 같은 강렬한 육체적 반응, 셋째, 확고한 생각과 감정을 수반하는 사건과 관련된 긍정적 행동이나 부정적 행동 성향이 포함되는 듯하다.

다시 말해, '감정'은 확고하거나 치우쳤거나 '뜨거운' 생각과 함께 일어난다. '차가운' 생각은 비교적 침착하고, 치우치지 않은 반성적 판단인 경우가 많다. 따라서 사과를 비교하여 선택할 때 더 단단하고 상처가 적으며 색깔이 좋은 것, 그래서 '좋은' 느낌의 사과를 신중하게 선택한다. 하지만 상처 난 사과와 관련된 유쾌한 경험을 한 적이 있거나(가령 매달린 사과 베어 먹기 대회에서 이겨 매력적인 이성의 입맞춤을 그 상으로 받았던 것 같은), 상처 하나 없는 사과와 관련된 불쾌한 경험을 한 적이 있다면 (너무 많이 먹어 배탈이 난 것 같은) 흥분 상태에서 분별력을 잃고 편견에 사로잡혀—즉, '감정적으로'—전혀 다른 반응을 보일 것이다.

생각과 감정은 밀접하게 연관되어 있지만 간혹 그렇지 않을 때도 있다. 생각이라 하는 것은 조용하고 활동을 지향하지 않는 판단 양식이기 때문이다. 하지만 감정이라 하는 것은 조용하지 않고 육체와 관련된 행위 지향적 행동 양식이다.

질문 : 진심으로 모든 감정이 생각에 이어서 일어나고, 어떤 상황에서도 생각 없이는 존재할 수 없다고 주장하는가?

답변 : 그렇지 않다. 우리는 그렇게 생각하지도, 말하지도 않는다. '아주 잠시' 생각 없이도 감정이 존재할 수 있다. 가령 어떤 사람이 괴롭히면, 무의식적으로 화가 치솟을 것이다. 아니면 어떤 음악을 듣자마자 갑자기 흥분되기 시작할 수도 있다. 친한 친구가 죽었다는 소식

을 들으면 갑자기 슬퍼질 것이다. 이런 상황에서는 생각과 무관하거나 거의 관계없이 감정을 느낀다.

하지만 이 경우에도 바로 그 다음 순간, 생각하기 시작한다. '날 괴롭히다니, 이 나쁜 자식!' 이라거나 '이 음악, 정말 좋은걸!', 혹은 '내 친구가 세상을 뜨다니!' 라고 말이다. 이 순간적이고 '무의식적인' 생각이 떠오르자마자 바로 감정을 느끼기 시작한다.

처음에는 감정과 함께 일어나는 의식적인 생각이나 무의식적 생각을 하지 않았다고 가정해 보자. 이 경우에는 사실상 어떤 생각의 도움없이 그 격한 감정을 유지할 수 없다. '날 괴롭힌 저 인간 쓰레기는 저런 짓을 하면 안 돼!' 라거나 '어떻게 나한테 그 따위 행동을 할 수 있는 거야!' 처럼 계속 중얼거리지 않는 한, 괴롭힘을 당한 데 따른 고통은 곧 사라지고 그와 함께 정서적 반응도 잦아들 것이다.

물론 계속해서 괴롭힘을 당하고 그 계속된 고통이 분노를 지속시킬 수도 있다. 하지만 고통이 중단되면, 대게는 어떤 생각을 통해 감정적 반응을 지속시킨다.

유쾌한 감정도 비슷하다. 어떤 음악을 계속 듣고 감흥을 지속시키면, 흥분이 계속될 것이다. 하지만 그 경우에도 '이 음악 정말 좋은걸!', '이 선율이 정말 마음에 들어!' 라고 계속 중얼거리지 않는 한, 그 감정을 지속시키기 힘들 것이다.

친한 친구나 친지가 죽었을 때에는 진심으로 사랑하는 사람을 잃었기 때문에 쉽게 좌절감에 빠질 것이다. 하지만 이 경우에도 '그 친구가 죽다니!' 혹은 '그녀가 그렇게 일찍 죽을 줄이야!' 라고 한없이 되뇌지 않는 한, 좌절감이 계속되진 않을 것이다.

지속적인 감정에는 보통 반복적 평가가 필요하다. '보통' 이라고 말한 이유는 감정 회로가 육체적이거나 심리적 자극에 반응하기 시작하면, 저절로 계속 울려퍼질 수 있기 때문이다.

약물이나 전기적 충격도 감정을 전달하는 신경 회로(시상하부와 자율신경 세포 같은)에 직접 작용하여 감정을 지속시킬 수 있다. 하지만 대게 감정을 낳는 중추에 대한 지속적이고 직접적인 자극은 일어나지 않는다. 격앙된 생각으로 자신을 거듭 자극하여 그 감정을 다시 만들어내는 것이다.

질문 : 생각이 대부분 감정보다 앞서 일어나고 감정을 지속시킨다고 가정한다면, 그런 생각은 말 그대로 사람들이 '자기 자신에게 말하는' 단어와 문장으로 이루어져야만 하는가? 모든 생각은 언어로 이루어지는가?

답변 : 그렇지 않다. 이미지와 상징, 그 밖의 비언어적 과정으로 이루어질 수도 있다. 하지만 사실 대부분의 사람들은 성인 무렵 혼잣말이나 내면화된 문장으로 중요한 생각을 하고 감정을 표현하는 듯하다. 유일하게 언어를 가진 동물인 인간은 어릴 적부터 단어와 구문, 문장으로 자신의 생각과 지각, 감정을 표현하는 법을 배운다. 그리고 대게는 생각을 언어로 표현하기가 그림이나 소리, 또 다른 방법으로 표현하기보다 쉽다고 느낀다.

취직을 위해 면접(선행경험)을 보던 빌의 경우를 얘기해 보자. 면접 전, 그는 이렇게 중얼거릴 것이다(믿음 체계).

'취직 되면 정말 좋을 거야……. 하지만 면접 같은 건 안 했으면 좋겠어. 정말 싫어. 떨어지면 어떻게 하냐고……. 하지만 면접을 안 보면 취직을 못하겠지……. 게다가 떨어진다고 해도 무슨 상관이야? 손해

날 것도 없는데……. 취직하려고 노력하지 않으면 잃는 게 더 많을 거야……. 그러면 일단은 면접을 보고, 그 다음에 합격했는지 보지, 뭐.'

빌은 이런 말을 중얼거리면서 생각한다. 그의 생각은 합리적 믿음(RBs)이라 할 수 있다. 빌이 소중하게 여기거나 원하는 것-취직자리-을 얻는 데 도움이 되었기 때문이다. 따라서 그는 건전한 정서적 결과를 느낀다. 즉, 취직하겠다는 결심하고, 면접을 보겠다는 긍정적 행동을 했으며, 불합격할지 모른다는 실망감과 불안감을 느낀다.

하지만 빌이 불건전한 정서적 결론을 내린다면, 불합리한 믿음(IBs)을 포함한 전혀 다른 생각 때문일 것이다.

'면접을 받았다가 창피만 당하고 취직도 못하면 어떻게 하지……. 무서워!……. 아니면 면접을 받고 취직을 했다 해도, 일하다가 무능하다는 말을 들으면 어떻게 하지……. 끔찍해! 그러면 얼마나 비참할까!'

빌은 이렇게 중얼거리고 '무서워!' 라거나 '끔찍해! 그러면 얼마나 비참할까!' 라는 불합리한 부정적 평가를 내림으로써, 자신의 구직 상황에 대한 합리적 믿음(RBs)을 불합리한 믿음(IBs)으로 바꾼다. 내면화된 평가적 믿음은 정서적 반응을 야기한다. 빌은 본능적으로, 몸으로 느끼지만, 그 감정은 빌의 머릿속에서 만들어진다.

사랑이나 자신감 같은 긍정적인 감정은 '괜찮아!' 같은 긍정적인 내면의 믿음과 함께 일어나거나 거기서 비롯된다. 건전한 부정적 감정(불쾌감이나 실망감 같은)은 '실망스러워' 같은 합리적 믿음과 함께 일어난다. 마찬가지로, 불건전한 부정적 감정(좌절이나 분노)은 '끔찍해! 그러면 얼마나 비참할까!' 같은 불합리한 믿음과 함께 일어난다. 의식적으로나 무의식적으로 이 확고한 믿음을 갖지 않는다면, 강렬한 감정을 느끼지 않을 것이다.

질문 : 그 말이 사실이라면, 왜 정신건강 분야의 전문가를 비롯해서 생각과 감정이 함께 일어나고 그 대부분이 내적 믿음에서 비롯된다는 것을 정확하게 이해하는 사람이 그리도 적은가? 그저 무지해서인가?

답변 : 부분적으로는 그렇다. 정신건강 분야의 전문가를 포함해 많은 이들이 애써 감정을, 그리고 감정과 함께 일어나는 생각을 자세히 살펴보려 하지 않는다. 자세히 살펴보는 사람도 있지만, 그저 고전적 정신분석학 같은 편견을 갖고 바라볼 뿐이다. 엄밀한 프로이트주의자는 자신의 믿음을 관찰하고 바꾸면 감정을 이해하고 바꿀 수 있다는 가능성을 고려하지 않을 것이다. 에릭 호퍼(Eric Hoffer)가 지적한 것처럼, 독실한 신자가 '실재'에 대한 자신의 편협한 해석 외에 다른 것을 생각지 않는 것과 같다.

우리는 융통성 있게 주장한다. 자신의 강한 믿음을 발견해서 바꾸면 그와 함께 일어나는 생각과 감정을 바꿀 수 있다고 말이다. 그리고 당연히 누구나 불건전한 감정-좌절감, 불안감, 분노, 하찮은 존재라는 느낌 등-을 자주 만들어내며, 생각을 바꾸고 구체적인 행동으로 뒷받침할 수 있다면 그러한 감정을 고칠 수 있다. 이 점이 더욱 중요하다.

질문 : 생각을 통제하면 부정적 감정을 모두 없앨 수 있는가?

답변 : 힘들 것이다. 극심한 공포나 슬픔 같이 강렬한 느낌은 대부분 필연적으로 위험이나 상실에 다음에 일어난다. 따라서 부모나 자녀가 죽으면, 그 즉시 커다란 슬픔이나 불행을 느낄 것이다.

행복에 대한 현실적 위험에서 비롯된 이 감정은 생물학적 뿌리를 갖고 있으며, 이러한 감정 없이는 살아가지 못할 것이다. 몇몇 부정적 감정은 생존에 대단히 중요하다. 따라서 굶주리거나 다쳤을 때, 혹은 실패를 경험했을 때 불쾌감이나 슬픔, 후회, 분노, 괴로움, 좌절, 실망 감을 느끼지 않는다면, 해로운 일을 피할 수 있을까? 혹은 진심으로 원하는 것을 얻기 위해 열심히 노력할까?

나아가 건강과 행복을 높이는 데 도움을 주는 감정이 많다. 아름다운 음악을 듣거나 황홀한 석양을 볼 때, 혹은 어려운 임무를 완수했을 때의 기쁨이 목숨을 유지시키지는 않는다. 하지만 그러한 감정이 없는 인생은 지루하고 허무할 것이다.

따라서 감정을 모두 없애려는 노력은 무익한 일이다. 감정이 없으면 자신과, 사랑하는 사람을 기계로 만들 것이다. 건전하고 행복한 사람이 되기 위해서는 인생의 의미, 즉 정서적 의미를 찾아야 한다. 감정적이거나 '어리석은' 감정을 배제한 지적 상태만 강요하는 철학자들은 인간을 로봇으로 만들 것이다. 이 '우월한' 상태가 되면, 초강력 컴퓨터처럼 어떤 문제를 효율적으로 해결할 것이다. 하지만 만족감이나 즐거움을 느낄 수 있을까? 절대 불가능하다!

질문 : 그렇다면 감정의 세계를 만들거나 지성을 완벽하게 감성으로 대신한다는 게 두렵지 않은가?

답변 : 결코 두렵지 않다! 우리는 억압되어 있고 생기 없는 이들이 감정에 좀더 솔직하고 고조된 감정을 느끼도록 돕고 싶다. 우리는 열정적인 경험을 좋아한다. 생존과 즐거움이라는 목표를 방해하는, 부정적이고 자기 파괴적이며 과장된 감정적 언동에 반대할 뿐이다.

또한 솔직하게, 숨김없이, 그리고 개인적 판단 없이 감정을 느끼도록 격려한다. 물론 감정을 완벽하게 느껴야 한다고 생각하지 않는 한 말이다. 자신의 실제 느낌이 무엇인지 정확히 단정할 수 없는 경우가 많기 때문이다. 예를 들어, 친구에게 실망해 화가 났다고 가정해 보자. 그러다가 친구를 미워하기 때문에 죄책감을 갖는다. 그리고는 격한 상태에서 친구가 저지른 '잘못'을 떠올리고 계속 친구에게 화를 내면서 자신의 죄책감을 은폐하거나 떨쳐낸다. 이 경우 실제로 느끼는 감정은 무엇일까? 분노? 죄책감? 방어적 증오? 슬픔? 서운함? 자기혐오?

아주 정확하게 말할 사람이 있을까? 그렇다, 인간이라면 누구나 말할 수 있을 것이다. 그렇다, 누구나 쉽게 자신의 감정을 감추거나 과장할 수 있다. 그렇다, 기분은 술이나 약물, 음식, 다른 사람의 말과 분위기 등 수많은 요인으로부터 영향을 받을 수 있다. 이러한 사실은 매 순간, 당신이 어떻게 느끼겠노라 선택하거나 선택하지 않은 대로 느낄 수 있음을 입증한다. 모든 감정(당신이 솔직하게 느끼기 때문에)은 진실하다. 하지만 그 무엇도 절대적으로 '확실'하지 않다.

어쨌든 가능한 한 솔직하고 정확하게 자신의 기본적인 감정을 인식하는 것이 좋다. 어느 순간 사랑이나 증오를 느끼거나 무관심한가? 화가 나는가? 불안하거나 아무렇지 않은가? 어떻게 말할 수 있을까? 어떤 감정이든 있는 그대로 받아들이고, '당신'의 선악을 '당신 감정'의 선악과 정확하게 구별할 때 말할 수 있다.

REBT는 특히 어떤 감정을 느꼈다(혹은 느끼지 않았다)는 이유로 자기 자신을 평가하지 않는 방법을 제시함으로써 감정을 솔직하게 느끼도록 한다. 합리적으로 생각하는 사람은 우선 감정(절망이나 증오처럼 해로운 감정이라 해도)과 함께 자기 자신을 인정하겠노라 할 수 있다. 그러면 실제로 자신의 감정에 대한 관심이나 호기심을 나타낼 수 있다. '나같이 이지적인 사람도 그렇게 어리석고 부정적인 행동을 한다는 건 얼마나 재미있는 일인가(얼마나 두렵단 말인가, 대신)!' 라고 생각할 수 있다. 주로 자신을 비하하는 감정을 만들겠노라 '선택' 했으며, 진심으로 원한다면 그렇게 하지 않겠노라 선택할 수도 있음을 알게 될 것이다.

또한 건전한(자아 실현적인) 감정과 불건전한(자아 파괴적인) 감정을 구분할 수도 있다. 자기 행동에 대한 건설적인 불쾌감과 자기 행동에 대한 파괴적인 혐오감의 차이를 알 수 있다. 타인의 행동에 대한 실망감과 타인의 행동에 대한 당신의 분노 및 그 행동을 바꾸라는 강요를 구별할 수 있다.

다시 말해 REBT는 감정을 좀더 솔직하고 완벽하게 관찰하고, 그 존재를 인정하고, 그 감정과 함께 자기 자신을 인정하고, 그 쓰임새를 결정하고, 마침내 자신이 느끼고 싶은 대로 느끼고 인생에서 원하는 것을 더 많이 차지하는 데 유익한 느낌을 선택하게 한다. 역설적이게도, 대단히 합리적인 REBT 방법이 감정에 더욱 충실하고 보다 정서적으로 반응할 수 있게 한다.

○5
정서적 혼란에서 벗어나 스스로 생각하라

까다로운 환자는 많지만, 그 중 다나라는 환자는 특히 심했다. 나(엘리스)는 그녀가 가능성을 믿기만 하면 스스로 감정을 통제할 수 있음을 가르쳐주려 했지만, 다나는 갖가지 핑계와 변명을 댔다.

"선생님께서 여러 환자들에게 감정 통제 방법을 가르치셨다는 건 잘 알아요. 하지만 저는 못할 것 같아요. 다른 사람들이 갖고 있는 게 제게 없는 것 같거든요."

다나의 말에 나도 수긍했다.

"그래요, 다른 사람들은 당신에겐 없는 것을 갖고 있는지도 모릅니다. 전 얼마 전 사람들의 머리 구멍을 틀어막고 있던 코르크를 뽑아냈습니다. 그리고 그 코르크가 어디 있었는지 알려주었지요. 그런데 왜 당신에게 보여주는 건 그리고 힘들까요?"

"왜 안 보여주셨는데요? 맹세코 전 선생님 말씀을 이해하려 했다구요."

"맹세코 이해하려 했다고 '생각' 했다는 뜻이겠지요. 당신이 왜 괴로워하는지를 이해하려 노력한다고 확신하는 게 문제일지도 모릅니다. 그렇게 확신하고 있으니 실제로 노력해야 할 이유를 알 수 없지요. 그래서 금세 포기하고 사실은 거의 노력하지 않습니다. 하지만 제가 자기 파괴적 믿음을 찾아 바꾸도록 도울 수만 있다면, 어머니와 오빠에 대한 당신의 엄청난 분노는 대부분 사라질 것입니다."

"어떻게 그럴 수 있겠어요? 제 믿음은 뚜렷하지 않은걸요."

"그렇게 보일 뿐입니다. 당신의 믿음을 이해하려고, 즉 그것을 자세히 살펴보려고 노력하지 않았기 때문이지요. 사실 자신의 생각과 감정을 살펴본다는 건, 언젠가 당신이 잘한다고 했던 피아노 연주나 테니스와 비슷합니다."

"무슨 말씀이세요? 전혀 달라요. 테니스는 육체적이잖아요. 생각하거나 화내는 것과는 전혀 달라요."

"이제 알겠군요!"

"무슨 말씀이세요?" 다나가 물었다. 그녀는 내게 질까봐, 그리고 화를 낼까봐 두려워하고 있었다. 그것을 눈치 챈 나는 웃음을 터뜨릴 뻔했다.

"당신은 테니스를 육체적이라 했습니다. 사실 언뜻 보면 그렇지요. 당신은 눈과 팔, 손의 근육을 움직여 어떻게든 공을 넘깁니다. 그리고 근육 운동과 공의 이동을 보면서 그 모든 과정을 육체적이라고, 거의 기계적이라고 생각하지요."

"틀렸나요?"

"그렇습니다. 상대 선수가 서브를 넣는다고 해봅시다. 당신은 공을 네트 너머로, 상대방이 쉽게 받아칠 수 없는 곳으로 넘기려 하겠지요.

그래서 공을 쫓아가(다리를 이용해서) 손을 뻗어서(이때는 팔을 이용하겠지요) 라켓을 휘두르지요(팔과 손목으로 말입니다). 하지만 당신을 이리저리 달리게 하고 팔을 뻗거나 구부리게 하고 손목을 좌우로 비트는 것은 무엇일까요?"

"저를 그렇게 만드는 거요? 글쎄요, 눈 아닐까요? 이쪽으로 오거나 저쪽으로 가는 공을 보지요. 그리고 공을 보내고 싶은 곳을 보고, 그에 따라 공을 날리니까요."

"좋습니다. 하지만 어떤 불가사의한 힘으로 보나요? 다리가 이쪽으로 향하고, 팔이 저쪽으로, 손목이 또 다른 방향으로 움직이는 것을 불가사의하게 봅니까?"

"아니오. 그건……." 다나는 난처한 듯 아무 말도 하지 못했다.

"생각으로 공의 방향을 정할 수 없습니까? 이쪽저쪽으로 넘어오는 상대의 공을 보고 어느 쪽으로 공을 넘기는 게 가장 좋다고 생각하지 않습니까? 다시 말해, 공을 향해 팔을 이쪽으로, 손목을 저쪽으로 돌릴 수 있다고 생각하지 않습니까?"

"사실은 생각만큼 기계적이고 육체적으로 테니스를 치는 건 아니라는 말씀인가요? 사실은 생각으로 행동을 결정한다고요? 제가 게임을 하는 내내 이렇게 저렇게 움직이라고, 팔을 이쪽으로 뻗고 손목을 이렇게 돌리라고 저 자신에게 속삭인다는 말씀인가요? 그런 뜻입니까?"

"그래야 소위 테니스라는 육체적인 게임을 할 때의 행동을 설명할 수 있지 않을까요? 게임을 하는 매 순간마다 끊임없이 팔을 이쪽으로 뻗고 손목을 저쪽으로 돌리라고 명령하지 않습니까? 현실적이고 신중한 생각으로 그렇게 명령하지 않나요?"

"생각해 보니 정말 그런 것 같네요. 솔직히 전에는 한 번도 생각해 보지 않았습니다. 정말 몰랐어요. 정말로 사실은 전부 다 정신적이었군요! 놀라워요!"

"그렇지요, 놀랍습니다! 이 고도의 '육체적인' 게임조차 정신적으로 이루어집니다. 당신은 달리고, 팔을 뻗고, 손목을 돌릴 뿐 아니라, 해야 할 일을 생각하면서 게임을 하지요. 사실은 생각이 좋은 경기를 만듭니다. 실제로 테니스 경기는 대부분 생각으로 이루어집니다. 맞습니까?"

"그리 말씀하시니 정말 그런 것 같네요. 재미있어요! 전 육체적으로만 경기를 한다고 생각했었어요. 믿음과 감정을 바꾼다는 게 무슨 말씀인지 이제 알 수 있을 것 같아요. 테니스를 칠 때는 자세와 타법, 그 밖의 움직임을 바꾸는데, 사실은 단순히 기계적으로 그러는 게 아니라 생각으로 그렇다는 거죠?"

"맞습니다. 테니스를 칠 때 혼란스러운 감정 뒤에 있는 믿음을 바꾸는 것과 똑같은 방식을 인생이라는 게임에 적용하면, 테니스를 칠 때처럼 그 즉시 인생이 나아지기 시작할 것입니다."

이러한 돌파구를 지나자, 다나에게 믿음과 감정을 바꾸라고 설득하기가 한결 쉬워졌다.

다시 원래 주제로 돌아가 보자. 인간의 감정을 바람직하다고 인정하면, 중요한 문제가 남는다. 지속적인 불안감이나 적개심 같은 불건전한 감정을 계속 느껴야 하는가?

대부분은 그렇지 않다. 건전하고 지속적인 부정적 감정을 느낄 것이다. 예를 들어 계속해서 불쾌함이나 고통을 경험하면 계속해서 섭섭하거나 애석해하거나 짜증스러울 것이다. 그러한 상황에서는 건강하게 즐거워하거나 무관심할 수 없다.

지속적인 부정적 감정은 힘든 일이나 고통에서 비롯된다. 가령 자녀가 죽으면 몇 주, 혹은 몇 달 동안 건전하게 아이의 죽음을 슬퍼할 것이다. 하지만 몇 주, 몇 달, 몇 년이 지나도록 슬픔에 매몰되어 계속 중얼거릴 수도 있다. "내 아이가 죽다니! 그렇게 순수한 아이가 그 어린 나이에 죽었어. 무슨 놈의 세상이 이래? 정말 무서운 일이야! 그 아이는 죽어선 안 되는 거였어! 더는 세상에 없는 그 아이를 생각하면 정말 참을 수가 없어!"

이렇게 생각하면 당연히 아이의 죽음에 대한 충격에서 벗어날 수가 없다. 상실감에 매몰되어 살아갈 가치가 없다며 세상이 준 시련에 대해 탄식한다. 건강한 슬픔뿐 아니라, 극심한 절망을 느낄 것이다. 이러한 종류의 혼란스러운 부정적인 감정은 당신이 과장한 것이다. 이는 어떤 일이 반드시 일어나야 하거나 반대로 절대 일어나선 안 된다는 주장에서 비롯된다. 이는 부분적으로는 당신이 만들어낸 것이고, 올바로 생각하면 바꿀 수 있는 것이다.

어떻게 이 '이상한' 결론에 이른 것일까? 생각과 감정에 대한 앞의 개념을 확대시켰기 때문이다. 불건전하고 부정적인 감정이 대부분 생각에서 비롯된다면, 생각과 감정도 선택할 수 있다. 그것은 인간이 누릴 수 있는 중요한 이익 중 하나다. 대게는 이것을 생각할 것인지, 혹은 저것을 생각할 것인지를 선택할 수 있다. 그리고 즐겁게 사는 것이 목표라면, 이 목표에 도움이 되는 생각을 할 수도 있고 방해가 될 생각을 할 수도 있다. 당연히 도움이 되는 생각을 선택하는 것이 좋다.

물론 부정적인 생각을 모두 바꾸거나, 외면하거나, 숨기거나, 억누를 수도 있다. 하지만 그러면 현명하거나 합리적인 사람이 될 수 있을까? 예를 들어 대부분의 범죄와 환경 오염, 인구 과잉이 존재한다는 사실을 외면하는 선택을 할 수도 있다. 그리하여 이 불행한 현상에 대한 건전한 슬픔과 좌절을 회피할 것이다. 하지만 불행한 상황에 슬퍼하는 건전한 부정적 생각을 거부하면, 자신과 사랑하는 사람의 생존과 행복에 진심으로 도움을 줄 수 있을까? 혹은 지역 사회의 다른 사람들을 도울 수 있을까? 우리는 그 점에 대해서는 회의적이다.

따라서 '많은' 부정적인 생각과 감정은 자기 자신을 보호하고 즐겁게 살아가는 데 도움이 된다. 다른 것들은 그렇지 않다. 이 둘을 구분하고 적절히 선택하는 법을 배워라!

지속적인 감정이 자신의 의식적인 생각과 무의식적인 생각에서 비롯된다면, 단순히 외부의 사건 때문에 기쁨이나 슬픔을 느끼는 경우는 거의 없을 것이다. 그보다는 외부의 사건에 대한 인식과 태도, 그리고 생각으로 인해 행복이나 불행을 느낄 것이다. 우리가 환자 수천 명과의 상담에서 재발견한 이 원칙은 원래 여러 고대 철학자들이 지적한 것이다. 그 중 가장 유명한 1세기의 스토아학파 철학자 에픽테투스는 『입문서 *Enchiridion*』에서 "인간은 사실이 아니라 그 사실을 받아들이는 관점 때문에 혼란스러워한다"고 했다. 그리고 수백 년 후, 윌리엄 셰익스피어(William Shakespeare)는 『햄릿 *Hamlet*』에서 "이 세상에는 나쁜 것도, 좋은 것도 없다. 생각이 그렇게 만들 뿐이다"라고 말했다. 100퍼센트 진리는 아니지만, 충분히 진리라 할 수 있다. 최근 포스트모던 철학은 이러한 견해를 다시 강조하면서 절대적인 '옳음'이나 '그름'은 없으며, 그저 인간이 '적당하다'거나 '부적당하다'라고 생각할 뿐임을 지적했다. '합리'와 '비합리' 역시 그 어떤 상황에서도 완벽하게 정의할 수 없다. 그저 어느 정도 상대적일 뿐이다. '합리적인 믿음'이라는 말은 일반적인 상황에서 대부분 효과적이라는—

즉, 원하는 결과를 낳는다는-의미다. 합리적 행동은 결코 절대적인 것이 아니다.

제럴딘의 경우를 예로 들어보자. 대단히 지적이고 유능한 서른세 살의 그녀는 이혼한 지 6개월이 되었을 때 정서장애로 나(하퍼)를 찾아왔다. 결혼 생활 내내 무책임하고 의존적인 남편 때문에 불행했지만, 이혼 후에도 행복을 느끼지 못했다. 남편 톰은 술고래에 바람을 피웠으며 여러 번 실직했다. 하지만 나를 찾은 제럴딘은 괜히 이혼한 게 아니었을까 생각했다.

"왜 톰과 헤어진 게 잘못이라고 생각하나요?" 내가 물었다.

"이혼을 죄라고 생각하니까요. 일단 결혼한 사람은 이혼해선 안 된다고 생각하거든요."

"하지만 이혼을 금지하는 종교를 믿는 것도 아니고, 하늘이 결혼을 성사시킨다고 믿는 것도 아니지 않습니까. 아닌가요?"

"그래요. 어떤 종교를 믿지는 않아요. 그냥 이혼이 죄악인 것 같아요. 그래서 자책하고 있어요. 톰과 같이 살 때보다 헤어진 다음이 더 불행한 것 같아요."

"왜 이혼을 죄라고 생각하시지요? 태어날 때부터 그렇게 생각했습니까? 쓴맛이나 단맛을 구분하는 맛봉오리를 갖고 태어나는 것처럼, 옳고 그름을 구분하는 선천적 감정이 있다고 생각하시나요? 당신의 감정이 옳고 그른 것을 말해주나요?"

젊은 이혼녀는 웃음을 터뜨렸다. "무슨 말씀을 하시는 거예요? 아뇨, 옳고 그르다는 감정을 갖고 태어난다고는 생각하지 않아요. 그런 느낌을 배워야 했으니까요."

좋은 출발이었다. 나는 비지시적 치료사들이 꺼리는 곳으로 발을 내딛었다. "맞습니다. 당신은 그렇게 느끼도록 배워야 했습니다. 다들 그렇듯, 당신에겐 선천적인 학습 성향이 있습니다. 이혼에 대한 것처럼 편견까지도 학습하는 성향이 있지요. 하지만 한 번 학습한 것은 새로 배우거나 바로잡을 수 있습니다. 따라서 이혼이 항상 나쁘다는 것을 증명하지 못하면서도 쉽게 부모나 교사, 소설, 영화 따위를 통해 그런 생각을 배울 수 있지요. 그리고는 그 생각을 법칙으로 바꿉니다. '나쁜 사람들이나 이혼을 하는 거야. 난 이혼했어. 그러니까 난 나쁜 사람이 틀림없어. 그래, 정말 나빠! 난 정말 형편없는 사람이야!' 라고 말이지요."

"소름끼칠 정도로 익숙한 얘기네요." 그녀는 씁쓸한 미소를 지었다.

"그렇습니다. 당신은 이 같은 믿음을 배우거나 만들어냈습니다. 그렇지 않았다면 지금처럼 혼란스러워하지 않았겠지요. 계속해서 그렇게 생각하면서 또 다른 말도 덧붙였지요. '이혼이라는 무서운 짓을 저질렀으니 나는 욕을 먹어도 싸. 그 형편없는 남편과 같이 살 때보다 더 불행하고 비참한 건 당연한 거야!'"

제럴딘은 다시금 씁쓸한 미소를 지었다. "그 말도 맞아요."

"그러니 당연히 좌절감을 느끼지요. 자신은 형편없는 사람이기 때문에 불행한 게 당연하다고 생각한다면 십중팔구 좌절감을 느낄 것입니다. 가령 제가 바이올린이나 스케이트, 혹은 트럼프 게임에서 이기는 법을 못 배웠다는 이유로 자신을 쓸모없는 인간이라고 생각한다면, 금세 낙심하겠지요.

또한 당신처럼 바이올린이나 스케이트, 트럼프를 배울 기회가 없었고 그런 기회를 놓쳤으니 불행한 게 당연하다고 생각할 수도 있습니다. 나란 인간은 정말 얼마나 쓸모없단 말인가! 세상에 뭐 이딴 자식이다 있지!"

내가 냉소적으로 운명을 강조하자 제럴딘은 웃음을 터뜨렸다. 나는 말했다. "제가 바보 같은 말을 했군요. 하지만 이유가 있었습니다. 이혼 때문에 자책하는 게 얼마나 바보 같은지 알려드리기 위해서였지요."

"무슨 뜻인지 알 것 같아요. 정말로 그런 생각을 했거든요. 하지만 어떻게 그런 생각을 중단할 수 있나요? 이혼하는 것과 트럼프에서 지는 것은 전혀 다르잖아요?"

"그렇습니다. 하지만 이혼했다고 해서 트럼프 챔피언이 되지 못한 저보다 당신이 더 형편없고 쓸모없는 사람입니까?"

"애초에 톰처럼 무책임한 사람과 결혼한 게 잘못이잖아요. 제가 좀 더 현명했다면, 그를 도울 수 있었을 거예요."

"맞습니다. 톰과 결혼한 건 잘못입니다. 결혼 당시 당신이 어려서 그랬을 수도 있지요. 그래요, 잘못을 저질렀습니다. 하지만 그런 잘못을 저질렀다고 해서 언제까지나 자책해야 한다고 할 수 있을까요?"

"아뇨, 그렇지 않아요. 하지만 남편에 대한 아내의 책임감은요? 제가 그와 함께 하면서 심각한 문제를 극복하도록 도와주었어야 한다고 생각지 않으세요?"

"대단히 좋은 생각입니다. 현실적이기도 하고요. 하지만 당신은 톰을 도우려 했는데 그가 자신에게 문제가 있다는 사실을 인정하지 않았다고 하지 않았던가요? 그래서 결혼 생활 동안 함께 상담을 받기는커녕 당신이 상담받는 것도 반대했다고 하지 않았습니까?"

"그랬지요. 톰은 정신과나 결혼 상담이라는 말만 들어도 화를 냈어요. 상담을 받는다거나 제가 상담받는다는 생각은 꿈에도 안 했으니까요."

"당신은 그에게 심리치료를 받게 하는 수밖에 없었는데, 별 효과가 없었습니다. 왜 그 때문에 힘들어하나요? 당신은 톰과 결혼하는 잘못을 저질렀고, 결혼 생활을 회복하려고 노력했어요. 하지만 대부분 남편 때문에, 또 일부는 당신의 혼란스러운 감정 때문에 그럴 수 없었습니다. 그래서 결국 결혼 생활에서 벗어났습니다. 현명한 사람이라면 당연히 그랬겠지요. 그렇다면 당신은 어떤 죄를 지은 것일까요? 왜 고집스레 자책하나요? 당신은 어리석게도 당신의 상황 때문에 불행해졌다고 생각합니다. 하지만 당신을 괴롭히는 게 지금의 처지인가요, 아니면 그 처지에 대한 당신의 생각입니까?"

"무슨 말인지 알겠습니다. 제 결혼 생활이 행복하지는 않았지만, 그 때문에 괴로워할 필요는 없다는 말씀이시군요."

"그래요. 전 그렇게 생각하길 좋아하지요. 제 인생도 그렇게 바라보고요. 하지만 지금은 제가 그렇게 생각하기 때문이 아니라, 그 생각이 당신에게 좋다고 생각하기 때문에 '당신'이 그렇게 생각하도록 도와드리고 싶습니다. 힘들었던 결혼 생활과 이혼 때문에 괴로워할 필요가 없습니다. 사실 당신이 그런 태도를 갖도록 제가 도울 수 있다면, 그것들이 당신을 심하게 괴롭히는 일은 없을 것입니다."

"정말이세요?"

"그럼요. 진심으로 전 그렇게 믿고 있습니다!"

그 후 몇 달간 REBT 상담을 받은 제럴딘은 어느 정도 내 말을 믿게 되었다. 전에는 이상적인 결혼 생활을 하지 못한 자신을 책망했지만, 결국 자책 대신 문제 해결 방법을 생각하기 시작했다. 상담을 마무리할 무렵 그녀는 이렇게 말했다. "어제 아침에는 거울을 들여다 보면서, '제럴딘, 넌 행복하고 밝고 점점 성숙해가는 아이처럼 행동하는구

나. 난 네가 정말 좋아'라고 중얼거렸어요. 그리고는 정말 기쁜 마음으로 웃었답니다."

"좋습니다. 하지만 행동이 나아졌다고 해서 자신을 높이 평가하지는 마십시오. 그러면 다시금 나쁜 행동을 했을 때 자신을 비하할 테니까요. '이렇게 좋은 행동을 한 내가 좋아'라고 생각하기보다는 '점점 좋은 행동을 하고 싶어'라고 생각하도록 하십시오."

"예. 무슨 말씀인지 알겠어요. 충고해주셔서 감사합니다. 바보같이 전 쉽게 자책하거든요. 하지만 극복할 거예요!"

제럴딘은 불행한 결혼 생활이나 이혼이 아니라 '실패'에 대한 자책 때문에 자신을 비하하고 있음을 깨달았다. 자기 파괴적인 생각을 바꾸자, 그녀의 절망감과 좌절감은 슬픔과 서운함으로 바뀌었다. 그리고 이 건강한 부정적 감정은 그녀에게 모든 상황을 극복하게 했다. 제럴딘처럼 모든 환자가 스스로 이혼에 대한 절망감을 만들어낸다는 것을 빨리 깨닫고 자신을 있는 그대로 인정하겠노라 결심하지는 못한다. 이런 생각을 하기까지 오랜 시간이 걸리기도 한다. 하지만 환자 자신과 치료사의 인내심이 큰 도움을 준다.

이론적으로는 혼란스러운 생각과 감정을 바꿀 수 있지만 사실 바꾸려 하지 않고 계속 불행하게 한다면, 왜? 무엇 때문에 건전하게 생각하고 느끼지 못하는 것일까? 건설적인 생각과 감정 표현을 방해하는 걸림돌은 주로 다음과 같다. (1) 정확하게 생각하지 못할 경우. (2) 올바로 생각할 수 있을 만큼 지적인 사람이지만 방법을 모를 경우. (3) 대단히 지적이고 교육 수준이 높지만, 지성이나 지식을 제대로 이용하기에는 지나치게 정서가 불안한 경우. 우리가 전에 집필한 『'신경증 환자'와 함께 사는 법』에서 지적한 것처럼, 신경증은 본질적으로 현명한 사람의 어리석은 행동으로 이루어져 있다.

달리 표현하면, 정서장애자는 자신이 어떻게 자기 파괴적으로 행동하는지를 깨달을 수 있으나 깨닫지 못하는 이들이다. 혹은 자신이 스스로를 어떻게 괴롭히는지를 알고 있지만 불합리한 몇몇 이유 때문에 계속 자신을 괴롭히는 이들이다. 우리는 당신과 다른 독자들이 어리석지 않은 지성인이지만 자기 자신을 그만 괴롭히는 법을 모르거나 그 방법은 알지만 그만둘 만큼 노력하지 않았다고 예상한다.

그렇다면 어떻게 해야 할까? 다음 장에서는 자신의 신경증적 행동을 인식하고 줄이는 방법을 살펴보기로 하자.

06
신경증적 행동을 인식하고 바꾸는 방법

합리적인 생각이 건강한 감정을 낳는다. 무지, 우매, 불안감은 올바른 사고를 방해하고 지나치게 감정적이거나 냉담한 감정을 낳는다. 몇 가지 사례를 얘기해 보자.

스물두 살의 앨런은 몇몇 과목이 싫고 공부하기가 힘들기 때문에 치과의사 수련 과정을 마치고 싶지 않다고 말했다. 그래서 학교를 그만두고 사업을 시작하기로 결심했다.

앨런의 동기를 자세히 살펴본 우리는 그가 사실은 치의학을 좋아하면서도 치과의사가 되려하지 않는 이유를 알게 되었다. 첫째는 치과의사가 되기를 강요하는 부모님 때문이었고, 둘째는 동급생들과 사이가 좋지 않아 따돌림을 당하는 것 같기 때문이었으며, 셋째는 자신에겐 훌륭한 치과의사의 필수 조건인 손재주가 없다고 생각하기 때문이었다.

앨런은 스스로 자신의 목표를 방해하고 있었다. 자신의 무의식적인 생각을 간파하지 못했기 때문이었다. 그래서 '괜히' 몇몇 치의학 과목이 싫다는 의식적 개념으로 출발했다. 하지만 직접적으로 몇 가지 질문을 하자, 앨런은 부모님의 강요에 화가 났고, 친구들에게서 인정받고 싶으며, 치과의사로서 성공하지 못할까봐 두렵다고 고백했다. 몇몇 교과목이 싫은 것은 '내가 부모님으로부터 독립하고, 친구들 사이에서 인기가 있고, 유능하지 않다면 난 정말 바보 같을 거야!' 라고 생각하기 때문이었다.

REBT 상담을 통해 이 비합리적인 믿음을 깨닫고 그러한 믿음에 의문을 품은 앨런은 다시 학교로 돌아가 자신이 만들어낸 부모와 친구, 능력에 대한 두려움을 극복하겠노라 결심했다. 따라서 이렇게 자문할 수 있었다. '내가 부모님의 강요를 거부한다면, 부모님이 날 억압할 수 있을까? 왜 부모님이 날 억압하게 내버려두고는 그걸 두려워하면서 내가 바보라고 생각하는 걸까?' 그는 또한 자신의 두려움에 맞설 수 있었다. '동기들 사이에서 인기가 없거나 일류 치과의사로 인정받지 못한다는 게 왜 무서운 일이지? 하긴, 그러면 좀 불편할지도 모르지. 하지만 그게 그렇게 무서운 일이야?' 앨런은 그의 자기 파괴적인 믿음에 맞서고 도전함으로써 자신의 어리석은 생각과 그에 대해 지나치게 감정적인 반응(쓸데없는 불안감과 치과학으로부터의 도피)을 바꿀 수 있었다.

나오미라는 환자는 앨런과 비슷한 문제를 갖고 있었지만, 그보다는 많은 것을 통찰하고 있었다. 그녀는 교사가 되기를 원하면서도 교원자격 시험 준비를 열심히 하지 않았다. 불합격할 게 뻔하다고 생각하기 때문이었다. 또 1년 전 문란한 성생활을 했다는 이유로 자책하는 것 같았다. 그녀가 자신의 감정이 공연한 것임을 알면서도 자신을 괴롭히고 신경증적으로 행동했다.

나오미는 자기 비하와 성적 죄책감이 무지와 어리석은 생각의 소산임을 깨닫지 못했다. 그녀가 자신을 비하한 이유는 언니의 생각을 받아들였기 때문이었다. 질투심이 많았던 언니는 나오미의 자신감을 비웃었다. 결국 나오미는 자신이 공부에 소질이 없다고 생각하며 학업을 게을리 했고, 그리하여 공부에 실제로 소질을 보이지 못했다. 그렇게 해서 언니가 조장한 것보다 나오미는 더욱 자신을 비하하게 되었다.

더욱이 나오미의 문란한 성생활도 그러한 자기 비하 때문이었다. 자신을 쓸모없는 사람이라 생각하고 남자들이 자신을 좋아하지 않으리라는 것을 '알고' 있던 나오미는 몸으로 남자들의 관심을 받으려는, 가장 손쉬운 방법을 선택했다. 성생활에 대한 죄책감 역시 언니가 심어준 근거 없는 생각, 즉 나오미는 난잡한 생활을 했기 때문에 부정하다는 생각에서 비롯된 것이었다.

나오미는 성적 행동에 대해 자기 자신을 비하하고 교사의 꿈을 스스로 방해하고 있음을 아는 듯했지만, 사실 그 통찰은 불완전했다. 그녀는 자신의 두 가지 전제를 인식하고 그 불합리함을 깨닫지 못했다. 그 전제란 (1) 잘 가르칠 수 없기 때문에 가치 없는 존재다, 라는 점과 (2) 문란하게 생활했으니 비난받아 마땅하다는 점이었다.

자기 파괴적인 행동을 정확히 이해하자, 나오미의 생각과 행동은 크게 바뀌었다. 우선 나(엘리스)는 그녀가 교사로서 부족할 수도 있다는 가능성과 그녀의 가치 사이의 연관 관계에 의문을 갖고 사실은 무관하다는 것을 인식하도록 도와주었다. 그녀는 인간을 평가할 수 없으며, 그러한 평가가 자신에게 해롭다는 사실을 이해하기 시작했다. 따라서 성공 여부를 떠나, 교사가 되기를 결심했다는 사실만으로 자기 자신을 인정할 수 있었다. 실패한다 해도 자신을 사랑할 수 있었다. 흔히 그렇듯, 아이로니컬하게도 이렇게 무조건적으로 자기 자신을 인정하자 나오미는 학업에 전념할 수 있었고, 좋은 성적을 받았으며, 교사 양성 과정을 시작할 수 있었다.

둘째, 나는 나오미가 문란한 성생활이라는 것에 의문을 품고, 그녀가 사랑하지 않는 남자들과 관계를 맺었다는 잘못을 저지르기는 했지만 그 때문에 자책할 필요는 없다는 사실을 이해할 수 있도록 도와주었다. 자신이 더러운 여자라는 생각을 떨쳐내자, 나오미는 더 이상 자신의 꿈을 방해하지 않고 교사라는 목표를 향해 매진할 수 있었다.

상담을 받으러 오는 대부분의 사람들처럼 나오미의 사례는 첫 번째, 두 번째, 세 번째 통찰이라는 것의 차이를 보여준다. 첫 번째 통찰은 프로이트가 가정한 관습적 인식이다. 이는 어떤 문제가 있고, 이 문제 이전에 어떤 사건이 존재한다는 것이다. 따라서 앞에서 살펴보았던 사례의 주인공 앨런은 경력에 대한 문제가 있음을 알았지만, 그 문제가 사회적, 직업적 실패에 대한 두려움이 아니라 몇몇 과목에 대한 혐오감에서 비롯된다고 생각했다. 문제 뒤에 놓여 있는 자신의 믿음을 몰랐기 때문에 충분히 '통찰' 하지 못했다.

나오미는 그보다는 많은 것을 통찰하고 있었다. 자신이 택한 직업에서 실패하리라는 것을 인식할 뿐 아니라 (1) 그녀에겐 자신감이 부족하고 (2) 과거의 문란한 성생활 때문에 스스로를 자책한다는 점을 알거나 의심했기 때문이다. 따라서 자신의 쓸데없는 행동의 동기 중 일부를 알고 있던 나오미는 첫 번째 것을 통찰했다. 하지만 애매할 뿐이었다. 나오미는 스스로 자신감이 부족하다는 것을 알았지만, 그 부족한 자신감이 훨씬 구체적으로 '비판적인 언니가 나를 무능하다고 생각하는구나. 언니 말이 맞다면 정말 끔찍한 일이야! 언니 말이 맞을

지도 몰라. 사실 나도 그렇다고 생각해. 난 절대로 잘 해내지 못할 거야!' 라고 그녀에게 속삭이기 때문이었다.

이 젊은 여인은 자신이 과거의 혼전 성관계에 죄책감을 느끼고 자학한다는 사실도 알고 있었다. 하지만 그 죄책감과 자학이 내면화된 믿음에서 비롯된다는 사실은 구체적으로 알지 못했다. "많은 사람들이 문란한 성관계를 나쁘다고 생각해. 나는 문란하게 살았어. 그러니까 난 나쁜 사람이야!" 그리고 "사람들은 나쁜 짓을 한 사람은 벌을 받아 마땅하고 하잖아. 나는 진심으로 사랑하지 않은 사람들과 놀아났어. 그러니 난 내게 벌을 내려야 해!"

또한 나오미는 상당한 첫 번째 통찰을 갖고 있긴 했지만, 애매하고 불완전했다. 두 번째 통찰은 거의 없었다. 두 번째 통찰은 어릴 적 만든 비합리적 믿음을 한없이 재주입하기 때문에 지속된다는 것을 정확히 이해하는 것이기 때문이다. 그녀는 그 믿음을 의식적으로든 무의식적으로든 영속화시키려 노력했다. 나오미는 계속 중얼거렸다. "문란한 생활을 해선 안 되는 거였어! 죄를 씻고 행복하게 살기 위해서는 내게 벌을 내리고 나를 깨끗이 하려고 노력해야만 해." 이 지속적인 자기 강화가 없었다면, 과거의 생각(언니가 주입한 것을 포함한)은 사라졌을 것이다. 따라서 두 번째 통찰-나오미가 상담을 시작할 때 막연하게 갖고 있던-은 그녀가 정신적 충격을 주는 믿음을 없애려 노력하지 않은 채 계속 집착하고 있음을 정확히 인식하는 것이다.

나오미에게 세 번째 통찰은 전혀 없었다. 세 번째 통찰이란 진심 어린 믿음, 즉 "이제 첫 번째와 두 번째 통찰을 찾았고 스스로 불합리한 믿음을 만들어 계속 강화하고 있다는 것을 이해했어. 그러니 이러한 믿음을 바꾸고 거기에 맞서기 위해 꾸준히, 지속적으로, 열심히 노력해서 내 장애를 극복하는 게 좋겠어"라는 믿음이다.

좀더 구체적으로 말하면, 나오미는 첫 번째와 두 번째 통찰을 얻었을 때 세 번째 통찰로 나아갈 수 있었다. "문란한 성생활은 절대로 하면 안 되고 잘못을 저질렀다고 해서 계속 자학해야 한다고 믿는 건 정말 우스운 일이야. 그런 엉터리 같은 얘기를 믿는 한, 좌절감에 빠질 수밖에 없잖아? 그 바보 같은 믿음을 버릴 때까지 열심히 도전하고 극복하는 게 나을 거야!"

나오미가 이 세 가지 중요한 통찰을 얻을 수 있도록 그녀와 나는 함께 노력했다. 다음 1년 동안 힘겨운 치료를 통해 그 세 가지 통찰을 얻은 나오미는 마침내 그녀의 가장 큰 문제를 해결했다. 학교에 취직해 훌륭한 교사가 되었을 뿐 아니라, 좋은 남자들과 관계를 나누었고 그에 대해 죄책감을 느끼지 않았다.

다시 말해 우리는 많은 신경증적(자기 파괴적) 행동이 기본적인 무지나 통찰 부족에 기인한다고 주장한다. 생리적 조건 때문에(신경 전달 물질 부족이나 심각한 호르몬 불균형 같은) 신경증적으로 행동할 수도 있지만, 생리화학적 이유 때문만이 아닌 경우가 많다. 대부분은 의식적으로, 그리고 무의식적으로 품은 생각으로 정서장애를 일으킨다. 아동 학대나 근친상간, 강간 같은 심각한 정신적 충격을 경험했을 때에도 불행한 사건뿐 아니라 그들의 무시무시한 반응, 즉 충격에 대한 끔찍한 믿음이 그들을 괴롭히고 정서장애를 유발시킨다.

따라서 앨런과 나오미의 사례처럼, 부모의 억압에 저항하기 위해 등교를 거부한다는 사실을 알 수도 있다. 혹은 부모의 억압에 저항하고 있음을 정확히 인식하지 못한 채, 무의식적으로 학교에 가지 않을 수도 있다. 혹은 성적 죄책감 때문에 자학하고 있다는 사실을 알 수도 있다. 혹은 죄책감 때문에 자학한다는 사실을 깨닫지 못한 채 자신을 책망할 수도 있다.

어떤 경우든, 즉 자신의 불합리한 믿음을 의식적으로 인식하든 못하든, 불합리한 믿음이 없다면 신경증적으로 행동하지는 않을 것이다. 불합리한 믿음에 휩싸여 있던 젊은 치과의사 앨런은 부모의 억압과 직업적 실패를 두려워하면서 자퇴한다는 사실을 깨닫지 못한 채 스스로는 합리적으로 행동한다고 생각했을 것이다. 반대로 예비교사였던 나오미가 성에 대한 언니의 생각을 합리적으로 받아들였다면, 문란한 성생활이 '나쁜 일'이기는 하지만 그 때문에 자신을 '나쁜 사람'으로 낙인찍지 않았을 것이다.

이러한 패배감과 쓸모없는 사람이라는 믿음, 그리고 타인의 비난에 대한 무분별한 수용을 정당화해선 안 된다. 그것은 완벽한 죄악도 우주의 법칙과 모순되기 것도 아니다. 현실적으로 생각해 볼 때, 자기 파괴적이며 욕망하는 것을 건강하게 차지하지 못하도록 방해하기 때문이다.

나아가 자아를 비하하는 믿음과 감정은 대게 과학적으로 증명할 수 없는 비현실적인 과잉 일반화에서 비롯된다. 그러한 믿음과 감정에는 증명도, 반증도 할 수 없는 신비하고 사악한 생각이 담겨 있다. 예를 들어, "이 일(어떤 사람의 사랑을 받는다거나 직장에서 성공하는 일 등)에 실패했으니 난 정말 불행한 사람이야"라는 생각은 증명할 수도, 반증할 수도 없다. 당신이 실제로 실패했는지, 그리고 그 실패로 인해 어떤 불이익(개인적 목표에 대해)이 뒤따를지를 그 누구도 알 수 없기 때문이다. 성공을 욕망하는 사람에게 실패는 '나쁜 것'이나 '쓸모없는 것'이다.

하지만 "이 일을 실패했어. 두려워. 난 무능한 놈이야"라는 말은 증명할 수도, 반증할 수도 없다. '두렵다'는 막연한 표현은 사실 대단히 '불리하다'는 의미가 아니기 때문이다. 100퍼센트 불리하거나, 불행하거나, 불쾌하거나, 불편하다는 뜻이다. 나아가 실패를 두려워한다는 것은 실패를 감당할 수 없기에 절대로 실패해선 안 된다고 생각한다는 뜻이다. 하지만 누구나 실패를 감당할 수 있다. 우주는 절대로 실패하면 안 된다고 강요하지 않는다.

다시 말하지만, '실패했기 때문에 무능한 사람'이라는 결론은 (1) 불행히 실패했다, (2) 태어날 때부터 무능했기 때문에 언제나 실패할 것이다, (3) 실패했으니 비난받아 마땅하다, 라는 의미다. 성공을 원했기에 이 셋 중 첫 번째 의미는 증명할 수 있다 해도, 두 번째와 세 번째 의미는 증명할 수는 없다. 근거 없는 정의를 통해서가 아니라면 말이다.

따라서 무엇에 실패했는지를 입증할 수는 있지만, 패배자라는 포괄적인 낙인을 증명할 수는 없다. 진심으로 자신을 패배자라고 생각할 수도 있지만, 그 낙인은 자기 파괴적인 과잉 일반화다.

달리 표현해 보자. 불건전하고 자기 파괴적인 감정-분노, 좌절, 무가치함, 혹은 불안감 같은-은 주로 자신의(의식적이거나 무의식적인) 편협하고 어리석은 생각에서 비롯되고 필연적으로 쓸데없는 자기 파괴적 행동(이를 신경증이라 한다)을 낳는다. 신경증 환자는 장애를 낮추기 위한 여러 임시방편을 이용할 수 있다. 그래서 직장을 옮기거나 이혼할 수 있다. 휴가를 떠나기도 하고 어떤 분야에 대해 열중하기도 하며 직장이나 다른 일로 성공하기 위해 노력할 수 있다. 술이나 마약, 안정제, 흥분제, 혹은 그 밖의 약물을 복용하거나 종교에 심취할 수 있다.

이러한 기분 전환은 대부분 일시적으로는 효과를 보일 것이다. 정서장애가 일으킨 생각(이것을 x라 하자)에 비합리적으로 함몰되어 있다면, 기분 전환은 다른 생각(이것을 y라 하자)으로 마음을 돌리도록 하기 때문이다. 계속 x 대신 y를 생각하는 한, 그리 고통을 느끼지 않을 것이다.

불행하게도 이러한 기분 전환은 대부분 문제를 근본적으로 해결해주지 못한다. 아무리 확고하게, 또 자주 y로 마음을 돌리려 해도, 사실은 여전히 x를 믿고 있으며 저버리지 않았기 때문이다. 따라서 x와 관련된 신경증적 행동으로 자꾸 되돌아간다.

J부인의 사례를 살펴보자. 사람들은 서른여덟 살의 그녀를 아름답고 총명한 여성이라 생각했다. 그녀는 극심한 편두통으로 종일 침대에 누워있거나 남편 혹은 청소년기의 두 자녀와 심하게 다투지 않을 때에는 매력적인 배우자이자 안주인, 좋은 친구였다. 그래서 J부인은 화를 내지 않고 편두통에서 조금이나마 벗어나기 위해 폭음을 하고 안정제를 복용했으며 심령 집단에 빠져들었다. 이 집단은 환생을 믿고 현세는 앞으로 다가올 진짜 영생의 서막에 지나지 않는다고 가르쳤다.

대단히 효과가 좋았다. 사람들에게 자신의 심령관을 설파하면서부터는 사람들에게 화를 내거나 편두통으로 침대에 누워 있는 시간이 눈에 띄게 줄어들었다. 하지만 술이 떨어지고 사후세계에 대한 인생관이 현세에 존재하는 문제를 해결해주지 못하면, 신경증적 증상이 다시 폭발했다. 사실 J부인은 동료들에 대한 분노를 억누르지 못해 결국 같은 심령 집단의 동료들에게서도 외면당했고, 맡은 지 얼마 안 된 고위 직책도 박탈당했다. 이 새로운 집단으로부터 외면당한 J부인은 더욱 분노했고 신경쇠약 증세를 나타내기 시작했다

빛이 보이기 시작했다. 그녀의 남편이 강압적으로 J부인에게 정신과 치료를 받게 했다. 알아서 조치를 취하지 않으면 아이들을 데리고

집을 나가겠다고 협박했던 것이다. 치료를 시작한 지 얼마 지나지 않아, J부인은 어릴 적 엄격한 부모님 아래서 자랐기 때문에 부모님을 제외한 이 세상 모든 사람들은 자신에게 한없이 다정해야 한다고 믿고 있다는 사실이 드러났다. 가까운 사람은 누구나, 그 중에서도 특히 남편과 자녀는 그녀가 편하게 생활할 수 있도록 절대적인 버팀목이 돼야 했다. 자신의 힘겨웠던 어린 시절을 보상하기 위해서였다.

J부인은 일상 생활에서 가까운 친지와 친구들이 욕심만큼 그녀를 사랑하지 않는다고 생각하면, 불같이 화를 내면서 그들을 '야비하다'고 몰아세웠다. 만사가 자기 뜻대로 되면―물론 그런 일은 거의 없었다―기분이 좋았다. 하지만 실망하거나 서운한 일이 벌어지면, 몹시 비참해하면서 다른 사람도 똑같이 비참하게 만들어 고통을 잊으려 했다.

술과 안정제는 종종 J부인을 잠시 동안 '기분 좋게' 만들어주었다. 그 동안에는 인생의 모든 '불공평함'이 그리 부당해 보이지 않았다. 행복한 사후세계를 약속했던 심령관도 잠시 동안은 부당함을 잊게 해주었다. 하지만 그리 오래 가지 못했다. 또한 심령관은 이 세상이 더욱 따뜻하고 편안해야 하고 가족과 친지들이 그녀의 과거를 보상하기 위해 비위를 맞추어야만 한다는 그녀의 확고한 믿음을 바꾸지도 못했다.

1년 반 동안의 개인 및 집단 REBT 상담에서 나(하퍼)는 우선 J부인이 첫 번째 통찰을 얻도록 도와주었다. 즉 그녀의 극단적인 적개심과 편두통은 대부분 다른 사람이 '부당'해서가 아니라 그녀의 행동에서 기인한다는 점을 깨닫게 했다. 적개심과 편두통은 불합리한 생각, 즉 '내가 과거에 힘들었으니, 이제는 사람들이 나를 친절하게 대해야만 해'라는 생각에 따른 것이다.

J부인이 신경증적 행동 뒤에 놓인 중요한 몇몇 믿음을 이해하도록

한 다음, 나는(그녀와 함께 집단 치료를 받던 사람들의 도움으로) 그녀가 두 번째와 세 번째 통찰을 얻을 수 있도록 이끌었다. 그 통찰이란 "이제 '끔찍한 부당함' 이라는 반복적이고 내면화된 믿음으로 불안감을 만들었다는 걸 알게 됐으니, 그 믿음을 잘 살펴보고 바꾸는 게 좋겠어. 사람들이 나를 불친절하고 부당하게 대한다고(가끔은 정말 그랬을 수도 있겠지만) 생각할 뿐 아니라 그런 일은 있어서도 안 되고 그러면 끔찍하다고 믿고 있으니까. 왜 그게 끔찍한 일이지? 전혀 그렇지 않아. 서운하긴 하지. 내가 원하는 것을 얻지 못하니까. 하지만 끔찍하다고? 내가 그렇다고 생각하니까 그런 거야! 그리고 왜 사람들이 내게 불친절하게 대하면 안 된다는 거지? 그러지 말아야 할 이유가 없잖아. 내가 그러지 말아야 할 이유는 많지만 말이야. 사람들이 내 비위를 맞추지 않으면 물론 기분은 나쁘겠지. 하지만 그래도 행복할 수 있다고 믿는 게 나을 거야. 특히 내가 나를 사랑하면서 말이야!"

두 번째와 세 번째 통찰(자신이 어리석은 생각을 되풀이하고 있으며, 그 생각과 그에 따른 분노의 감정을 바꾸기 위해 노력하는 것이 좋다는)을 얻기 시작하자, J부인은 술을 하루에 칵테일 한두 잔으로 줄였고 안정제를 버렸으며 남편과 자녀, 친구들이 부당하게 행동할 때에도 크게 화를 내지 않았다. 사회적 현실을 인정하고 더 이상 두려운 것으로 '만들지' 않을수록 심령술에서 서서히 벗어나게 되었다. 상담을 마무리할 무렵 그녀의 말처럼. "왜 알지도 모르는 사후세계를 걱정해야 하지요? 지금 이 생에서 즐겁게 사는 법을 알고 있는데 말이에요."

신경증적 행동을 인식하고 줄이는 방법에 대한 부언

-로버트 H. 무어 박사

신경증적이거나 자기 파괴적 행동은 쉽게 직관적으로 인식할 수 있다. 하지만 대부분의 사람들은 자신의 부조리를 제대로 인식하지 못한다. 신경증 환자냐 아니냐, 어떤 행동을 자기 비하라 할 수 있느냐 아니냐를 일관적으로 결정하기 위해 우리는 몇 가지 기준을 세웠다. 맥시 C. 몰츠비 박사는 불합리하거나 신경증적인 사람들은 다음과 같이 행동한다고 말했다.

1. 사물을 부정확하게 지각하는 경우가 많다.
2. 자신을 위험에 빠뜨린다.
3. 습관적으로 자신이 선택한 목표 달성을 방해한다.
4. 편안함을 느끼기보다는 내적 혼란을 자주 경험한다.
5. 타인과 쓸데없는 갈등을 일으킨다.

이 다섯 가지 기준에 해당하는 구체적인 행동을 살펴보자.

사물을 부정확하게 지각하는 경우가 많다 : 실제로 대부분의 사람들은 사물을 부정확하게 지각하는 경우가 거의 없다. 대부분은 사물을 크게 왜곡하지 않으며, 보이는 대로 보고 들리는 대로 듣는다. '잘못된 지각'은 큰 그림을 보려고 여백을 채우는 정상적인 과정에서 이루어진다. 이 과정은 추측하고, 추론하고, 해석하고, 투사하고, 예상하고, 꿰뚫어보고, 행간을 읽음으로써 일상적으로 이루어진다.

이렇듯 감각 기관의 한계를 넘어 '이해할' 수 있는 능력은 인간의 특권임을 이해해야 한다. 뛰어난 지적 능력을 이용하는 데에는 아무 문제가 없다. 하지만 그 능력을 가능한 한 합리적이고 공정하게 활용하는 것은 각자의 의무다. 그리고 정도의 차이는 있지만, 많은 사람들이 이러한 의무를 다하지 못한다. 신경증 환자는 이 점에서 크게 부족하다.

신경증 환자는 '빨간 색안경을 끼고' 세상을 보는 사람처럼 불합리한 믿음과 예상으로 자신이 지각한 것을 물들인다. 이들은 자신이 보고 들은 것에 대해 과장된 추측을 하고 근거 없는 확신을 갖는다. 더욱이 친구와 사랑하는 사람이나 이성에게도 그렇게 한다. 예를 들면, "그녀가 임신했는데, 틀림없이 남편의 아이가 아니야", "그런 엉터리 같은 말에는 결코 찬성할 수 없습니다. 그게 이곳의 정책입니다."

사람들은 어떤 사건에 대한 객관적 설명을 부탁 받았을 때 구체적인 사실을 자신의 도덕적 가치와 개인적 의견으로 바꾸고 주관적인 판단을 이야기하곤 한다. 의심에 좌우된 신경증 환자는 타인에게 적대적인 동기가 있다고 생각하면서 한 사람을 전체 인류나 남녀로 확대해석한다. 예를 들어, "그녀는 날 미워해. 뻔하잖아. 그녀가 날 해고하기 전에 내가 먼저 그만두는 게 나을 거야.", "그런 사람들이야 뻔하지. 다 똑같잖아."

자신을 위험에 빠뜨린다 : 위대한 일은 예상한 위험을 감수할 만큼 대담한 사람들에 의해 이루어진다. 하지만 대부분 분별력이 있고 위험을 감수하는 사람들은 피임을 하지 않은 채 수많은 파트너와 성관계를 갖지 않고, 모르는 사람이 건넨 마약을 먹지 않는다. 또 집세를 유흥비로 쓰지 않으며 헬멧을 쓰지 않은 채 오토바이를 타지 않는다. 폐암 선고를 받고도 계속 담배를 피우지 않고, 심장과 중요한 신체 기관에 무리가 갈 때까지 과식하지 않는다. 제한 속도 이상으로 차를 몰지 않고, 살을 빼기 위해 억지로 토하지 않으며, 가무잡잡한 피부를 만들려고 선 블록 사용을 기피하지 않는다.

습관적으로 자신이 선택한 목표 달성을 방해한다 : 신경증 환자들은 종종 정신 장애나 심리적 억압, 혹은 비현실적인 기대로 자신의 이력과 개인 생활을 파괴하곤 한다. 다음 사례는 유능하고 명석한 사람도 자신을 파괴할 수 있음을 가르쳐준다.

데비 P는 일류 주립대학을 우수한 성적으로 졸업했지만, 이후 그에 걸맞은 개인적·직업적 성공을 거두지 못할 것 같았다. 사회 사업에 관심이 있었지만, 그 일을 하기엔 역부족이라는 생각에 여러 번 인터뷰 기회가 있었는데도 근무 중인 병원에 외출 신청을 하지 못했다. 불안감에 사로잡히고 동료들과 원만한 관계를 유지하지 못했으며 의사로서 자신감이 없다는 것을 숨기려했던 데비는 돌연 직장을 그만두고 짐을 싸 친구의 차에 실었다. 그 친구 역시 직장을 그만두고 시골로 숨어든 사람이었다.

편안함을 느끼기보다는 내적 혼란을 많이 경험한다 : 용기 있는 사람들은 인생의 목표를 향해 나아가고 달성하지만 그 과정에서 스트레스라는 큰 대가를 치른다. 이에 반해 신경증적 성향을 가진 사람들은 자신의 경력이나 개인적 목표를 파괴한다. 그들은 거의 대부분 불안감을 막중한 책임감, 불합리한 친구들, 혹은 불행한 사건으로 정당화시킬 수 있다고 착각한다. 따라서 정서장애의 원인이 전적으로 자신의 능력 밖이라고 오해하고, 치유할 수 있다고 생각하지 않는다.

또한 그들은 정서적으로 혼란스러워하지 않으면서도 매일 비슷한 책임과 불행을 대하는 동료나 친구가 많다는 점을 인식하지 못한다.

그래서 화를 내고 좌절하며 자신의 불행에 대해 다른 사람, 혹은 다른 것을 탓하며 살아간다. 궤양이나 고혈압, 대장염, 졸도, 피부 발진, 두통, 알레르기 반응, 독특한 질병 등 다양한 심신 질환에 걸리곤 한다. 게다가 한 가지 이상의 기분 전환제에 중독되는 경우가 많다.

타인과 쓸데없는 갈등을 일으킨다 : 여러 비합리적인 믿음을 지닌 사람들은 자신이나 타인과 싸우는 습관이 있다. 직접 타인에게 화를 내거나 해치지 않지만 사람들을 적대적으로 대하고 의사 소통이 원활하지 못해서, 이들과 즐겁게 대화를 나누기 위해선 인내심이 필요하다. 그런 사람들은 다음과 같은 습관과 방법으로 무의식중에(때로는 의식하며) 인간 관계를 방해한다.

a. 상대방이 자신의 말에 반대하면 '진짜 의도'가 무엇이냐고 말한다.

b. 상대방이 자신의 말을 마음대로 해석한다고 말한다.

c. 상대방에게 어떤 것에 대해 그렇게 생각하지 말라고 하거나 그렇게 생각해선 안 된다고 주장한다.

d. 상대방의 의도를 제대로 이해하기 전에 대화를 중단한다.

e. '전에도 똑같은 말을 했기' 때문에 상대방이 자신의 말을 이해하거나 동조하기를 기대한다.

f. 상대방의 생각을 우스꽝스럽게 보이도록 교묘하게 과장하거나 왜곡한다.

g. 비난하지 않았는데도 상처받은 듯 반응한다.

h. 자신의 행복이나 불행, 인생의 질에 대해 남을 탓한다.

몰츠비의 다섯 가지 기준은 불합리하거나 신경증적 행동을 밝히는 가장 좋은 잣대다. 그렇다면 사람들은 왜 그렇게 자기 파괴적으로 행동하는 것일까?

신경증의 원인에 대해 이야기하다 보면, 왜곡된 생각에 대해 말할 수밖에 없다. 정신/두뇌가 컴퓨터와 같다는 관점에서 바라보면, 대부분의 인간은 선천적으로 서툰 프로그래머다. 이 불완전한 세상에서 행복하게 살아가도록 자신을 세팅하지 못한다. 신경증 환자는 특히 서툴다. 불합리한 행동이 신경장애 같은 잘못된 '하드웨어' 때문일 수도 있지만, 잘못된 '소프트웨어', 즉 스스로 만들어낸 자기 파괴적이고 불합리한 믿음 때문이기도 하다.

REBT 과정에서 우리는 신경증적 행동이 주로 개인적 취향을 절대적인 것으로 과장하는 인간의 선천적 성향에서 비롯된다는 점을 깨닫게 됐다. 사람들은 소망과 욕망을 욕구와 의무처럼 생각하는 경향이 있다. 그들은 개인적 목표와 기대를 자신뿐 아니라 모든 사람이 복종해야 하는 절대적이고 불합리한 규칙으로 상정하곤 한다. 그래서 누군가 자신의 규칙을 어기거나 세상이 자기 마음대로 돌아가지 않으면 쉽게 혼란에 빠진다.

그 같은 정서적 혼란의 메커니즘을 이해하기는 그리 어렵지 않다. 언뜻 보면 '자극'과 '반응'의 문제에 지나지 않는 듯하다. 불행한 일(자극)이 일어나, 그 일 자체가 사람을 혼란에 빠뜨리는 것(자극)처럼 보인다. 하지만 그렇게 보이는 이유는 불행한 일이 일어났을 때 정서적 자극의 주요인-불합리한 생각-이 거의 동시에 행동으로 바뀌고, 그 대부분이 눈에 보이지 않기 때문이다.

정서장애의 실제 메커니즘은 자극-믿음-반응, 혹은 REBT에서 말하는 것처럼 '행동-믿음-결과' 이다. 이는 잘 알려진 REBT의 ABC에 나오는 단어들이다. 결론 : 어떤 사건(행동) 자체가 직접 우리를 괴롭히지(불쾌한 정서적 결과를 낳지) 않는다. 우리를 괴롭히는 것은 대부분 불합리한 욕구, 강요, 의무(믿음)다.

불행을 겪지 않는 평탄한 인생을 원하고 친구와 가족, 동료가 아주 좋지는 않아도 최소한 정중하게 행동해주기를 원하는 것은 합리적인 소망이다. 한편 만사가 순탄해야 하고 절대로 역경을 겪어선 안 되며 중요한 사람은 자기 말대로 행동해야만 한다는 것은 근본적으로 불합리한 고집이다. 하지만 인간은 선천적으로 이렇듯 왜곡되고 자기 파괴적으로 생각하는 경향이 있다.

다행히 이 선천적인 경향을 따르고 평생 신경증 환자로 살아갈 필요는 없다. 누구나 오류를 바로잡고 잘못된 프로그램의 결함을 수정하며 흔히 일어나는 실패를 극복할 수 있다. 그리고 다음과 같은 목표를 위해 성실하게 노력할 수 있다.

1. 객관성을 높이고 혼란스러운 사실과 추측을 없애기 위해
2. 습관적으로 자신을 위험에 빠뜨리는 습관을 없애기 위해
3. 목적 달성을 방해하는 문제점을 극복하기 위해
4. 자기 파괴적인 요구와 비난을 현실적인 애정과 평가로 바꾸기 위해
5. 자신과 타인을 있는 그대로, 오류를 저지를 수밖에 없는 인간으로 받아들이기 위해

정말로 그렇게 오랫동안 고착된 정신적 태도를 바꿀 수 있을까? 그

렇다. 쉬운가? 아니다. 하지만 REBT의 인지적, 정서적, 행동적 '도구'를 가지고 꾸준히 노력한다면, 틀림없이 성공할 것이다.

07
과거의 영향을 극복하는 법

"어리석은 인생 철학으로 정서장애를 일으킨 사람들 얘기가 그럴 듯하군요. 하지만 어쩔 수 없는 과거의 영향은 어떻게 하나요? 가령 유아기의 오이디푸스 콤플렉스나 부모님으로부터 받은 상처 같은 것은요? 그런 것 때문에 정서장애가 일어나지 않나요? 그저 지금의 생각을 바꾸는 데에만 열중한다면 그걸 어떻게 극복할 수 있을까요?"

좋은 질문이다. 하지만 REBT 이론에 비추어 보면 대답하기 쉽다.

우선 오이디푸스 콤플렉스에 대해 살펴보자. 프로이트 학파는 모두가 그런 것은 아니지만, 일부 사람들은 어릴 적 오이디푸스 콤플렉스를 갖고 있으며 정서적으로 상처를 받았다고 믿는다. 이 믿음은 최소한 부분적으로는 맞다. 그러면 이런 경우에도 REBT를 통해 생각을 바꾸고 유아기의 상처를 극복할 수 있을까?

그럴 수 있다. 우선 오이디푸스 콤플렉스라는 게 어떻게 일어나는지 살펴보자. 어린 헤럴드는 어머니에게 정욕을 느끼고 아버지를 미워하면서도 어머니에게 성적 욕망을 품었다는 데 죄책감을 느끼고 아버지가 자신을 거세할까봐 두려워한다. 그 결과 평생 동안 나이든 남자를 두려워하고 그들과 경쟁(직장 같은 곳에서)하기를 거부하거나 그들의 환심을 사고 사랑받으려 노력한다. 그런 사람은 고전적인 오이디푸스 콤플렉스를 갖고 있을까? 그럴 수도 있다.

전통적 프로이트 학파처럼 헤럴드의 성적 본능(이드)이 어머니에게 성욕을 품게 하고, 슈퍼에고(의식)가 근친상간적인 생각과 자기 자신과 아버지를 미워한 데 대한 죄책감을 느끼게 했기 때문에 헤럴드가 오이디푸스적 감정을 갖게 되었다고 가정해 보자. 그렇다 해도(그리고 우리 사회에서 그런 일은 자주 일어나지 않는다. 많은 소년들이 어머니에게 성욕을 품거나 아버지를 질투하지 않기 때문이다) 의문은 남는다. 소년의 오이디푸스적 집착은 곧 그 아이에게 오이디푸스 콤플렉스가 있다는 의미인가? 절대 그렇지 않다.

콤플렉스란 불행한 사건에 대한 부정적 생각으로 이루어진다. 따라서 존이 헨리보다 육체적으로 허약하면, 존에게는 약점이 있다고 말할 수 있다. 하지만 존에게 열등 콤플렉스가 있다는 말은 (1) 존이 자신을 헨리와 비교했을 때 자신의 약점을 인식한다, (2) 그런 약점이 있기 때문에 자신을 약골이나 무가치한 사람으로 생각한다, 라는 의미다. (1)이 사실에 대한 진술이라면, (2)는 이 사실에 대한 과잉 일반화다. 존의 콤플렉스는 허약하다는 그 자체가 아니라, 허약한 자기 육체에 대한 '결론' 이다.

오이디푸스 콤플렉스도 마찬가지다. 헤럴드가 '당연히' '정상적으로' 어머니에게 욕망을 느끼고 조금은 아버지를 질투할 수도 있다. 하지만 욕망과 질투를 느끼면서도 그 감정 때문에 자신을 저급하다고 믿지 않는다면, 그는 오이디푸스 콤플렉스라기보다는 오이디푸스적 집착만을 갖고 있을 뿐이다.

헤럴드가 완벽한 오이디푸스 콤플렉스를 갖고 있다면, 그는 어머니에 대한 욕망을 인정하는 한편 (1) 어머니와 아버지, 다른 사람들에게서 인정받아야 하는데 (2) 어머니를 욕망한다는 무서운 짓을 저질렀으며 (3) 사람들이 그의 욕망을 알게 되면 그를 무섭게 비난할 것이고 (4) 실제로 어머니와 성관계를 한다면, 근친상간이라는 죄는 끔찍하고 무서운 법적, 그리고 그 외의 문제를 낳을 것이며 (5) 실제로 근친상간을 저지르지 않는다 해도, 그런 생각을 한 것만으로도 부모님과 전인류에 대한 용서할 수 없는 죄를 저지른 것이고 (6) 어머니에 대한 그의 욕망을 아버지가 알게 된다면, 틀림없이 비난과 벌을, 특히 거세라는 벌을 받을 것이며 (7) 그런 일이 일어나면, 그는 완전히 타락한 사람이 될 것이다, 라고 확신할 것이다.

그가 이러한 믿음을 갖고 있는 한, 어머니를 욕망한다는 헤럴드의 생각이 '사실'이냐 아니냐는 중요한 문제가 아니다. 헤럴드는 부모님이나 다른 사람에게서 인정받으려 하지 않고, 또 인정받지 않고도 잘 살아갈 수도 있다. 또한 어머니와 성관계를 갖는다는 생각이 그에게 심각한 문제가 아닐 수도 있다. 아버지가 헤럴드의 어머니에 대한 성적 욕망을 알게 되고도 그를 거세하지 않을 수도 있다. 전혀 문제될 것이 없다. 하지만 헤럴드가 이러한 '사실'을 믿고 받아들이는 한, 심각한 혼란에 빠질 것이다.

그렇다면 헤럴드의 오이디푸스적 집착이나 욕망에는 생물학적인 근거가 있긴 하지만, 오이디푸스 콤플렉스는 이러한 욕망이 아니라 그것에 대한 생각과 태도에서 비롯된다. 이러한 생각과 태도는 일부 그가 자라난 사회 속에서 학습한 것이다.

따라서 헤럴드가 자신의 오이디푸스 콤플렉스와 그로 인한 신경증적 징후(다른 남자에 대한 두려움 같은)를 극복하고자 한다면, 근친상간에 대한 욕망을 바꾸는 것(이 일이 거의 불가능하다는 것을 알게 될 것이다)이 아니라 그것에 대한 생각을 바꾸어야 한다. 어머니에 대한 욕망을 없애는 것이 아니라 그러한 욕망이 끔찍한 죄악이라는 생각을 버려야 한다.

오이디푸스 콤플렉스에서 벗어나기 위해서는 반드시 오이디푸스적 집착에 대한 과거의 생각을 바꾸거나 완벽하게 이해해야 하는 것이 아니라는 사실이 더욱 중요하다. 그보다는 근친상간에 대한 현재의, 혹은 계속해서 존재하는 태도의 첫 번째, 두 번째, 세 번째 통찰을 얻는 것이 좋다. 가령 그가 한때 어머니를 성적으로 욕망했고 몸이 약해서 이웃의 다른 소년들에게 대항하지 못해 아버지가 자신을 '거세'할까 봐 두려워한다고—근친상간이라는 무시무시한 죄를 저질렀기 때문이 아니라 허약함 때문에 벌을 받아 '마땅하다'고 느끼기 때문에—가정해 보자. 그리고 이후 성장한 그가 더 이상 이웃 소년들에게서 위협을 느끼지 않고, 그래서 더 이상 '무가치'하고 '타락'했다는 이유로 아버지의 '거세'를 두려워하지 않는다고 가정해 보자.

이러한 상황에서 헤럴드가 과거의 거세 공포와 오이디푸스 콤플렉스에 대한 통찰을 얻는다면, 자신에 대한 좋은 정보를 얻게 될 것이다. 콤플렉스가 더 이상 과거의 형식으로 존재하지 않으며 그 자세한 원인이 이제는 무의미하다고 생각할 것이다. 하지만 헤럴드가 계속해서 과거 오이디푸스 콤플렉스의 잔재를 갖고 있다면, 처음 이 콤플렉스를 안겼던 불합리한 믿음을 여전히 갖고 있음을 짐작할 수 있다.

우리는 헤럴드가 이 잔존하는 생각을 찾아내어 그것에 대한 첫 번째, 두 번째, 세 번째 통찰을 얻도록 도울 수 있다. 그 다음에는 그 부조리를 완벽하게 기억하든, 이해하든, 혹은 헤쳐 나가든-프로이트 이론에서 '치료' 받아야 하는 것처럼-, 그건 별 문제가 아니다.

따라서 지금까지 사람들을 괴롭히는 어떤 콤플렉스가 존재한다면, 현재 그것에 대해 쓸데없는 생각을 품고 있다고 짐작할 수 있다. 이 현재의 생각은 그 콤플렉스의 원인과 상관없이 대단히 중요하다. 이는 왜 그리도 많은 비프로이트 정신분석학자들-알프레트 아들러, 에리히 프롬(Erich Fromm), 카렌 호니(Karen Horney), 오토 랑크, 해리 설리번 같은-이 피상담자의 자세한 과거사에 집착하지 않고 현재의 문제와, 생각, 관계를 강조하는지를 설명해준다. 더욱이 치료사가 피상담자의 과거에서 힘들게 들춰낸 유아기의 '기억'은 종종 치료사가 만들어낸 허구나 왜곡으로 드러나는 경우가 많다.

과거의 경험이 현재의 장애를 이해하고 극복하는 데 그리 중요하지 않다는 것을 보여주는 또 다른 사례로, 어머니에게서 거부당하는 경우를 살펴보자. 부모님으로부터 심하게 비난받고 거부당해서 '그 결과' 자신이 미움 받고 무능하다는 느낌을 받았으며, 그 어떤 일도 시도하려 하지 않아서 결국 더욱 무능하다는 느낌을 받는다고 가정해 보자.

그러면 혼란스러울 것이다. 하지만 부모에게서 거부당했다는 사실 때문에 혼란스러운 것일까, 아니면 그에 대한 믿음 때문에 혼란스러운 것일까? 대부분은 후자 때문이다. 부모로부터 거부당했다는 사실이 반드시 정신적으로 해롭지 않기 때문이다. 이는 어느 문화권에서나 거부당한 모든 아이가 정서장애를 일으킨 것은 아니라는 노먼 갈미지(Norman Garmezy)와 로렌스 케이슬러(Lawrence Casler) 박사의 연구 결과와 여러 자료에서 증명되었다. 정신분석학자 릴리 E. 펠러(Lili E. Peller)는 이러한 맥락에서 다음과 같이 말했다.

나는 팔레스타인과 이집트 지방의 아랍권 아이들을 관찰할 기회가 있었다. 그곳에는 아동 복지에 대한 배려가 거의 없었고, 아이들은 어른의 기분 변화에 따른 영향을 경험했다. 아이들의 소원과 필요에는 관심이 없었고, 아이들은 귀찮은 존재 같았다. 부모와 수많은 형제자매, 거의 동갑인 친척 어른들의 잔인한 행동은 일상 생활이었다. 하지만 이 아이들은 애정 결핍으로 인한 신경증 환자가 되지 않았다.

아이들이 받은 상처는 부모의 거부 자체가 아니라(아이들에게 좋지는 않겠지만), 이러한 거부에 대해 학습하고 만들어낸 그들의 믿음에서 비롯된다. 동화와 옛날이야기에 흔한 이러한 믿음에는 다음과 같은 개념을 내포하고 있다. (1) 부모는 반드시 사랑과 인정을 보여주어야만 한다. (2) 부모로부터 거부당하면, 자신을 무가치한 존재라고 느껴야 한다. (3) 자신을 무가치하다고 생각하면, 중요한 일에 계속 실패할 것이다. (4) 실패는 무서운 죄악이고, 이는 다시 자신이 무가치하다는 사실을 증명한다. (5) 실패에 대한 두려움 때문에 어떤 일을 기피하고 배우려 하지 않는다면, 이는 다시금 자신이 무능하고 무가치하다는 점을 증명한다.

그러면 어린아이에게는 사랑과 인정이 필요 없고, 사랑과 인정을 받지 않아도 신경증을 겪지 않으며 행복하게 살 수 있다는 말인가? 그렇지 않다. 존 보울비(John Bowlby)와 수많은 학자들이 증명한 것처럼, 거의 모든 아이가 애정에 대한 강한 욕망을 갖고 태어난다. 그리고 사랑과 인정을 받지 못하면 깊은 슬픔과 외로움, 울적함을 느끼는 경향이 있다. 또한 해리 할로(Harry Harlow)가 증명한 것처럼, 신경학적으로, 그리고 전체적으로 발달하는 데 충분히 격려 받지 못한 아이 (그리고 원숭이)는 무능한 존재로 성장한다.

따라서 어린아이가 신체적으로나 정서적으로 '정상적'인 사람으로 성장하기 위해서는 많은 관심과 인정, 사랑이 필요하다. 무시당하고, 비난받고, 억압받고, 육체적으로 학대받은 아이는 대부분 정서적으로 불안하고 자기 자신을 무능하고 무가치한 존재로 생각할 가능성이 높다. 항상 그렇지는 않지만-태어날 때부터 고통을 잘 견디는 사람도 있기 때문에-대부분이 그러하다.

왜 그럴까? REBT 이론은 실제적으로 가장 중요한 욕망을 충족하지 못한 사람은 누구나 당연히, 그리고 건전하게-때로는 강렬하게-슬픔과 좌절을 경험한다고 주장한다. 그건 괜찮다. 그러면 불리한 상황을 바꾸거나, 어린아이라면 다른 사람에게 부탁하여 결핍된 부분을 보상하려 노력하기 때문이다.

하지만 사실 모든 사람들, 특히 어린아이들은 '실제로' 좋지 않은 일이 일어나면 슬픔과 좌절감에서 더 나아간다. 그렇게 나쁜 일은 절대로 일어나선 안 된다고 주장한다. 그리고 항상 나쁠 것이고 절대 나아지지 않으리라는 잘못된 결론을 내린다. 그래서 처음에는 '건설적으로' 슬퍼하고 개선하기 위해 노력하겠노라 결심하지만 하지만 종종 '파괴적으로' 좌절하고, 절망하고, 푸념하고, 포기하여 사태를 악화시키기도 한다.

아이들은 대처 능력이 제한되어 있기 때문에 반드시, 항상, 절대 불가능하다고 생각하는 경향이 많고, 그래서 정서적 결과를 건전한 슬픔에서 불건전한 좌절로 바꾼다. 그러면 좌절감은 더욱 무능한 행동을 낳고, 이로 인해 더욱 좌절한다.

게다가 습관화 과정이 시작된다. 그래서 절망에 빠진 아이는 비참한 상황을 '편안하게' 느끼고 이 상태를 바꾸는 과정을 '불편하게' 느낀다. 계속해서 '나는 잘해야 해! 절망해선 안 돼! 이 더러운 상황을 견딜 수 없어! 내 인생은 항상 비참하고 무가치할 거야!'라고 믿는다. 지속적으로 목표 달성을 방해받고 '절망을 배운' 마틴 셀리그먼(Martin Seligman)의 쥐처럼, 아이들은 상황을 개선할 수 없다고 믿게 된다. 그래서 포기하고 '가망 없는' 아이가 된다.

아이들은 물론 쥐나 기니피그보다는 영리하고, 두 살 이상이 되면, 생각하는 데 도움이 될 뿐 아니라 그 생각에 대해 생각할 수 있는 언어를 배운다. 그리고 이후에는 자신의 생각에 대한 생각에 대해 생각할 수 있다(초-생각 ; metathinking). 그래서 "제대로 행동해야 하고 그렇지 않으면 나쁜 아이가 될 것이다"라는 부모의 생각을 학습하고 거기에 자신의 욕망과 자기 비하를 덧붙인다. "내가 올바로 행동하고 다른 사람을 즐겁게 하는 게 좋으니까, 꼭 그렇게 해야만 해! 내가 똑바로 행동하지 않으면, 난 나쁜 아이가 될 거야!"

아이들은 첫째, 옳고 그른 것이 무엇인지를 배우고 '좋은' 행동의 장점과 '나쁜' 행동의 단점을 배운다. 둘째, 건전하게, 그리고 자연히 '좋은' 행동에 대해서는 행복해하고 '나쁜' 행동에 대해서는 슬퍼한다. 나쁜 행동은 바람직하지 않고 벌을 받으며 그런 행동을 고치는 게 좋다는 데에 다른 사람과 동의하기 때문이다. 셋째, 아이들은 또한 '착하게' 행동해야만 하고 그렇지 않으면 나쁜 아이가 된다는 것을 배운다. 이는 옳지 않은 과잉 일반화다. 하지만 영향을 받기 쉽고, 선천적으로 과잉 일반화의 성향을 지닌 아이들은 이 왜곡된 생각에 동의하고 그것을 믿음 체계의 기본적 생각과 확고하게 결합시키곤 한다.

넷째, 아이들은 선천적으로 "바르게 행동하고, 그래서 좋은 결과를 얻는 것이 좋아"라는 생각에서 "제대로 행동하고 좋은 결과를 얻어야만 해!"라는 비현실적으로 뛰어넘는 성향이 있다. 또한 "제대로 행동하지 않고 사람들의 인정을 받지 못한다는 건 나쁜 일이야"라는 생각에서 "제대로 행동하지 않고 사람들의 인정을 받지 못하면, '나'는 나쁜 아이야"라고 쉽게 단정 짓는다.

다섯째, 아이들이 이렇게 의무감과 자책감이라는 자기 파괴적 패턴을 습관화했다 해도, 아이와 청소년, 어른들은 그것이 얼마나 파괴적인지를 이해하고 그것을 거부하는 생각과 느낌, 행동을 통해 바꿀 수 있다. 하지만 방치한 아이들은 대부분 현명한 교사나 치료사가 그들의 생각과 느낌, 행동이 얼마나 파괴적인지를 이해하도록 도와주고 그것을 건전한 생활 양식으로 바꾸도록 노력하라고 격려해야만 그렇게 한다.

주요 주제로 돌아가 보자. 부모의 거부는 대단히 가혹한 불행(A)이며, 아이가 자기 자신을 증오하게 한다. 잔인하고 부당한 일이다. 이와 관련된 법안이 마련돼야 할 것이다. 하지만 아이들도 거부하는 부모의 믿음 체계에 동의하고, 스스로 의무감을 부여하고 자신을 비하하면서 자신의 믿음(B ; A에 대한 아이들의 믿음)을 만들어가는 듯하다. 불행(A's)은 아이의 좌절과 절망, 자기 비하의 중요한 원인이다. 하지만 사실은 불행에 대한 믿음(B)이 정서장애(Cs)를 유발한다.

마찬가지로, 인간이 어떤 일에 대해 정신적 충격을 일으키는 생각을 갖고 있지 않는 한, 육체적 폭력이나 극단적 상실감을 제외한 그 무엇으로부터 극심한 상처를 받는 일은 거의 없다. 말 그대로 몸을 다치거나 중요한 것을 잃었을 때를 제외하고, 외부의 사람이나 사물이 어떻게 당신에게 극심한 고통을 일으킬 수 있는가?

물론 사람들이 당신을 비난하고, 당신의 의견에 반대하고, 당신이 싫다는 것을 겉으로 표현하고, 당신과 다른 이들을 이간질할 수 있다. 하지만 의식주, 혹은 그 외 필수품이 해결되지 않는 경우를 제외하고는, 타인의 행동은 그저 당신에 대해 부정적인 말이나 태도, 생각을 드러내는 것일 뿐이다.

어떤 사람이 뒤에서 당신을 험담했다고 가정해 보자. 혹은 대놓고 무시하거나 당신과 사람들을 이간질하거나 당신이 거짓말쟁이라는 헛소문을 퍼뜨렸다고 해보자. 이 모두 말이나 행동이다. 하지만 그 어떤 말이나 행동도 그 자체로는 당신에게 상처를 줄 수 없다. 그럴 수 있다고 생각하지 않는 한, 그리고 어떤 말이나 행동이 당신에게 상처를 주도록 하거나 그렇게 만들지 않는 한은 그렇다. 그러면 비난을 받고도 신경 쓰지 않으면 괜찮을까? 누군가가 당신을 험담할 때, 그저 무관심하면 괜찮을까?

그렇지 않다. 우리는 에픽테투스와 그 밖의 스토아학파 철학자들이 권했던 극단적 무관심에는 반대한다. 관심에는 무시할 수 없는 수많은 장점이 있다.

관심(조심과 함께)은 생존에 도움을 준다. 길을 건너기 전 주위를 살피거나 배가 고플 때 식탁을 차리는 데 관심이 없다면 얼마나 살 수 있을까?

관심은 불쾌하고 부당한 불행을 피할 수 있게 한다. 누군가 당신을 부당하게 대하는 데 신경 쓰지 않는다면, 어떻게 친구나 동료들과 잘 지낼 수 있겠는가?

관심은 즐거움을 준다. 자신의 말과 행동을 조심하지 않는다면, 좋은 우정을 쌓고, 적당한 이성을 찾고, 좋은 연인 관계를 유지할 수 있을까?

관심은 사회의 안녕에 이익을 준다. 사회에 참여하지 않는다면, 길에 쓰레기를 버리지 않고, 안전 운전을 하고, 아동을 학대하지 않을 수 있을까?

따라서 반드시 자신의 행동과 다른 사람에 미치는 영향에 관심을 가져야 한다. 하지만 지나친 관심과 불안감은 떨쳐내야 한다. 의미가 전혀 다르다.

달리 말해 보자. 고통에는 기본적으로 두 가지가 있다. (1) 머리가 아프거나 발을 밟히거나 소화가 안 될 때 느끼는 육체적 고통. 그리고 (2) 거부당하거나 좌절하거나 부당한 대접을 받았을 때 느끼는 심리적, 정신적 고통. 육체적 고통은 외부의 힘(다른 사람이 때렸거나 무언가가 떨어져서)에 의해 상처를 받았기 때문에 비교적 통제하기 힘들다. 육체적으로 폭행 당하면, 대부분은 일정 시간 동안 고통과 불행을 느낀다.

하지만 육체적으로 고통스러운 경우에도 어느 정도 통제할 수 있다. 머리가 아플 때 두통이 싫다고 생각한다면, 그 고통의 강도가 높아지고 오래 갈 것이다. 하지만 똑같이 머리가 아플 때, 두통을 없앨 수는 없지만 그래도 견딜 수 있고 그저 사람들에게 흔히 일어나는 불쾌한 일 중 하나일 뿐이라고 생각한다면, 고통을 줄일 수 있을 것이다.

육체적 고통과 불행의 의미 사이에는 일부 공통점이 있지만, 완전히 같지는 않다. 대단히 고통스러운 상황에서도 크게 불행을 느끼지 않을 수 있다. 그리고 약간의 고통을 비참하다고 느낄 수도 있다. 그렇다면 고통만이 아니라 그에 대한 태도 역시 당신을 비참하게 만들 수 있다.

두 번째 종류의 고통, 심리적, 혹은 정신적 고통은 좀더 많이 통제할 수 있다. 고통에 대한 태도가 부분적으로 불편함과 그 불편함에 대한 고통을 만들어내기 때문이다.

따라서 사람들이 부당하게 당신을 거짓말쟁이나 쓸모없는 사람이라 말할 때, 그걸 심각하게 받아들이거나 받아들이지 않겠다고 선택할 수 있다. 심각하게 받아들이지 않겠다고 선택하고, 당신에 대한 사람들의 생각을 존중하되 그들의 비판을 견딜 수 있다고 생각한다면, 약간의 애석함을 느끼는 데 그칠 것이다. 반면 사람들의 생각을 심각하게 받아들이겠다고 선택하고 사람들의 인정을 받아야만 한다고 생각한다면, 수치와 좌절을 느낄 것이다. 너무 심각하게 받아들이지 않고 자신이 거짓말쟁이나 쓸모없는 사람이 아니라는 결론을 내리며 사람들이 당신을 그렇게 생각한데도 신경 쓰지 않겠다고 결심한다면, 그들의 중상모략에 분노하거나 슬퍼하지 않을 것이다.

심리적, 정신적 고통으로 상처받았을 때, 그에 대해 슬퍼하거나 자신을 비하함으로써 이러한 감정을 만들어낸다. 사람들이 당신을 거짓말쟁이라고 비방하고, 당신은 사랑받고 싶기 때문에 당신을 비방하는 이들의 잘못된 생각에 슬퍼한다고 가정해 보자. 당신이 자신을 거짓말쟁이라고 생각하고 그 거짓말 때문에 자책한다면, 죄책감이나 슬픔을 느낄 것이다. 나아가 거짓말 때문에 자신을 비하하다 보면, 자신의 또 다른 단점을 발견하게 될 것이다. 실제로는 있지도 않은 단점까지도! 좌절한 나머지, 존재하지도 않는 단점을 찾아내거나 실제로 존재하는 단점을 과장한다.

한편 자기 자신을 있는 그대로 인정하고 어떤 식으로든 자신을 비하하지 않는다면, '내가 거짓말을 거의 하지 않는데 왜 사람들이 날 거짓말쟁이라고 하는 거지? 그 사람들이 잘못하는 거야! 내가 웬만하면 거짓말을 하지 않는다는 걸 어떻게 증명할 수 있을지 생각해 보자'라고 생각할 것이다.

혹은 이렇게 생각할 수도 있다. '사람들 말이 맞아. 내가 조금 거짓말을 했다는 건 인정해. 사람들이 날 믿게끔 하고 싶다면 거짓말을 그만두는 게 좋겠다. 그러면 내가 진심으로 사람들을 대한다는 걸 증명할 수 있을 거야.'

슬퍼할 때의 경험은 상처받았을 때의 경험과 다르다. 슬픔은 건강한 감정으로 이루어지지만, 상처는 그렇지 않다. 사람들은 말이나 태도, 행동으로 당신에게 상처를 줄 수 있다. 하지만 상처받았다고 느낄 때마다 사람들의 비난을 신성시하고 실제로 스스로에게 '상처'를 입히는 사람은 바로 당신이다.

몇 년 동안 다정했던 친한 여자 친구가 당신을 경솔하다며 비난한다고 가정해 보자. 그러면 이렇게 말할 것이다. "그녀의 행동 때문에 크게 상처받았어."

하지만 당신의 '상처'는 주로 자기 비하나 자기 연민으로 이루어져 있다. 이는 바보 같은 생각에서 비롯된다. "그동안 왜 그녀에게 잘해 줬지?. 난 정말 바보야! 그녀가 날 그렇게 나쁘게 생각하다니, 참을 수가 없어! 그녀가 날 무가치하다고 생각한다면 그 말이 맞을 거야! 오래된 친구가 날 이렇게 대하는 걸 보면 다른 사람들은 날 어떻게 생각할까? 그렇게 무시당하는 내 모습을 보여준다는 건 정말 참을 수 없어!"

왜 그렇게 바보같이 생각하는 걸까? 여러 가지 이유가 있다. (1) 어쩌다 바보 같은 행동을 한다고 해서 바보는 아니다. (2) 좋지는 않겠지만, 당신을 나쁘게 생각하는 예전 친구의 생각을 참을 수 있다. (3) 그녀가 당신을 쓸모없는 사람으로 여긴다 해도, 그녀의 생각에 동조할 필요는 없다. (4) 다른 사람들이 친구의 행동을 보고 당신을 한심한 사람이라고 여긴다 해도 그들의 생각을 견딜 수 있다. 자신의 혼란스러운 생각에 당당하게 맞서서 부정하면, 그 즉시 '상처받았다' 는 느낌은 사라질 것이다. 그저 약간의 슬픔과 불쾌감만을 느낄 것이다.

심리적 고통(혹은 부정적인 감정)을 건전하거나 불건전하다고 볼 수 있다. 불쾌한 일이 일어났을 때, 관심을 갖고 조심하는 것이, 즉 건전한 슬픔과 실망, 유감, 후회, 혹은 불쾌감을 느끼는 것이 나을 것이다. 하지만 지나치게 신경 쓰고 지나치게 조심하지 않도록, 즉 불건전한 공포나 자기 비하, 절망, 분노를 느끼지 않도록 하는 것이 좋다.

과거의 '막대한' 영향을 강조하는 정신분석 치료사는 아이들은 어릴 적 당당하게 요구하고 울어야 하며, 부모로부터 거부와 무시를 당했을 때 크게 상처받고 자기혐오에 빠진다고 주장한다. 그렇지 않다. 물론, 부당한 부모의 행동이 아니라 부모는 부당하게 행동해선 안 된다는 비현실적 생각 때문에 상처받겠다고 '선택' 하는 경우도 있지만 말이다. 쉽게 절망하는 일부 아이들은 유년기에 받은 부당한 대접을 기억하는 반면, 많은 아이들은 그렇지 않다는 증거가 많이 존재한다.

어린아이가 거부당하거나 절망에 빠져 고통이나 분노를 선택했을 때에도, 성장하는 동안 또 다른 중요한 선택을 해야 한다. 즉, 계속해서 어린아이로 남을 것이냐, 그렇지 않을 것이냐는 선택이다. 나이가 들면서 비난받는다는 게 가슴 아픈 일(불편함을 낳는)이기는 하지만, 그 때문에 상처(자기 비하를 낳는)받을 필요는 없다는 사실을 배우기 때문이다. 그리고 성인은 고통을 주는 생각을 믿을 것이냐, 그렇지 않은 생각을 믿을 것이냐를 선택할 수 있다. 이 책의 교훈을 따른다면,

제대로 선택할 수 있다.

　과거사가 어떠했든, 그리고 부모와 교사가 어떻게 대했든, 과거의 비현실적이고 불합리한 생각을 고수한다면 정서장애를 극복할 수 없다. 따라서 정서장애를 극복하기 위해서는 자기 파괴적인 믿음을 찾아 없애도록 전념할 수도 있다. 맨 처음 어떻게 신경증 환자가 되었는지에 대한 이해가 약간의 도움은 될 수 있지만, 완벽한 치료를 해주지는 않는다.

　요약해 보면, 정서장애는 대게 불합리한 믿음에서 비롯된다. 당신은 스스로 자신을 괴롭히는 기본적인 비현실적 생각을 찾아내어 그 생각이 어떻게 잘못되었는지를 정확하게 볼 수 있다. 그리고 정확한 생각과 좋은 정보를 바탕으로 정서장애 뒤에 놓인 믿음을 바꿀 수 있다.

o8
이성은 항상 합리적인가?

사실 제대로 생각하고 감정을 표현하기란 쉬운 일이 아니다. 아무리 명석하고 잘 교육받았다 해도, 어리석을 행동을 하기가 대단히 쉽다는 것을 알게 된다. 그것도 평생 한두 번이 아니라 자주, 대단히 자주 그렇다!

그렇다면 인간을 합리적인 동물이라 할 수 있을까? 그럴 수 있다. 또한 그럴 수 없다. 인간은 혼재된 상식과 비상식을 한꺼번에 갖고 있다. 물론 인간은 정신으로 놀라운 일을 했고 앞으로도 계속할 것이다. 인간은 그 어떤 동물군보다 훨씬 머리가 좋은 종이기 때문에 아무리 어리석은 인간도 머리가 가장 좋은 유인원보다 훨씬 영리하다.

사실 인간은 대단히 합리적인 피조물이다. 하지만 그러면서도 가장 어리석고 편협하며 대단히 바보같이 행동하는 성향이 강하다. 특히 다른 사람과의 관계에서 그렇다. 천부적으로 암시에 걸리기 쉽고 미신에 사로잡히기 쉽다. 자신이 자기 파괴적임을 알고 달리 행동하면 더 행복하고 더 건강해지리라는 것을 알면서도 건전하고 분별 있게 행동하기를 힘들어하고, 그렇게 행동하더라도 오래 가지 않으며, 자꾸만 미성숙한 행동으로 돌아간다.

전형적인 사례를 살펴보자. 나(하퍼)를 찾아온 스물세 살의 말러는 대단히 매력적이고 지적인 대기업 회장의 인정받는 수석비서였다. 대학 졸업장은 없지만, 쾌활한 성격과 지혜 덕에 열아홉 살 때 취직한 그 회사에서 스무 명의 여성 속기사 중 책임감이 가장 막중한 비서직으로 빠르게 승진했다.

하지만 연애에 관한 한, 그녀는 대단히 미숙했다. 스무 살 때 처음 연상의 남자를 만나 몇 주 안 되어 동거를 하기 시작했지만 그에겐 아내와 이혼할 의사가 없음을 알고 큰 충격을 받아 다량의 수면제를 삼켰다. 다행히 너무 늦기 전에 친구가 그녀를 발견해 병원에 데려갔다. 제 시간에 위를 세척하지 않았다면 목숨을 잃었을지도 모르는 상황이었다.

하지만 낭만적이게도 말러는 곧 그 병원에서 자신의 위를 세척했던 젊은 레지던트 폴과 사랑에 빠졌고 데이트를 시작했다. 첫사랑의 경험 이후 모든 남자를 '더럽다'고 생각한 그녀는 몇 달 동안 폴의 구애를 거부했다. 다시 말해 이 지적인 여성은 모든 논리학 관련 책에서 볼 수 있는 가장 어리석은 잘못 중 하나, 즉 '과잉 일반화'라는 부조리를 저질렀던 것이다. 한 명의 연인이 그녀를 속였기 때문에 미래의 모든 연인도 똑같이 무책임하리라 생각했다.

말러의 비논리적인 생각은 계속되었다. 하지만 이해심과 참을성이 많았던 폴은 그녀의 두려움을 이해해주었고, 자신은 그녀를 진심으로 사랑하기에 결혼을 원한다는 확신을 주었다. 그녀는 마지못해 그의 청혼을 받아들였으면서도, 폴이 인턴 과정을 마치고 병원에 취직할 때까지 1년 정도 결혼을 미뤄야 한다는 데 다소 안도감을 느꼈다. 폴이 자신을 사랑하고 믿을 만한 사람이라는 것을 '알고' 있으면서도, 그가 자신을 진심으로 사랑하지 않는다고 '느꼈다'. 전혀 다른 증거가 있는데도 말이었다.

첫 번째 연인이 정말로 그녀를 사랑한다며 거짓말을 했으니 폴도 그러리라 생각하면서도 '첫사랑은 나를 떠났어. 그가 무책임해서가 아니라 내가 평생 알고 있던 것처럼 내가 쓸모없는 사람이라는 것을 알았기 때문이야. 그렇게 훌륭한 폴은 나를 사랑한다고 생각하지만 사실은 그만큼 사랑해주지 못할 거야. 첫 사랑이 몇 달 뒤에 내 참모습을 깨달은 것처럼 폴도 내 참모습을 깨닫자마자 날 떠날 거야. 그러니 결혼하기 전에 1년 정도 기다리는 게 좋아. 그 동안 폴이 날 정확히 파악하고 날 떠나면 결혼했다가 이혼하는 기나긴 악몽을 꾸지 않을 수 있잖아'라고 확신하고 있었다.

똑똑하고 유능한 여성이었던 말러는 '이성'에 따라 생각했다. 이 비논리적인 생각으로 폴과의 파혼을 조용히 기다렸고, 폴이 자신을 정확히 파악하자마자 곧 파혼하리라는 것을 '알고' 있었다. 그리고 이 비논리적인 생각의 사슬에서 그 다음의 '논리적인' 단계가 시작되었다. 조금씩 폴을 신뢰하면서 진심으로 그를 사랑한다는 확신이 들자마자, 극단적인 질투감과 소유욕에 사로잡혔던 것이다. 폴이 퇴근 후 병원에서 10분 이상 지체하면, 혹독하게 심문했다. 그가 환자나 간호사, 혹은 접수원에게 미소를 지으면, 바람을 피운다며 화를 냈다.

다시 한 번 말러의 불합리한 생각이 확대됐다. 한 남자가 그녀를 버렸기 때문에 폴도 그럴 것이다. 폴이 진심으로 사랑한다고는 하지만,

내가 그의 사랑을 받을 자격이 있을까? 어떻게 알 수 있지? 혹시 폴이 결혼을 꺼리는 건 아닐까? 확인할 방법은 없을까? 이러한 갖가지 생각이 말러의 마음을 헤집고 다니면서 깊은 곳에 자리 잡은 불안감을 일깨웠고, 그로 인해 강한 질투심이 일어났다.

멀러의 질투심이 불안감 때문임을 깨달은 폴은 다정하게 그녀의 분노를 받아주었고, 마침내 2년 동안 1주일에 세 번씩 정신분석을 받도록 설득했다. 정신분석 상담에선 대부분 그녀가 아버지를 사랑하고 아버지로부터 사랑받았지만, 아버지가 자신의 나쁜 행동을 깨닫고 언니를 더 예뻐할까봐 두려워했다는 사실을 주로 다루었다. 말러의 정신분석자는 이 유년기의 패턴이 첫사랑과 폴에 대한 행동으로 이어졌다고 생각했다. 말러는 그의 말을 부정하지 않았고, 정신분석 치료를 받은 결과 조금은 기분이 나아졌다. 하지만 유년기의 사실을 밝힌 다음에도 그녀의 극단적인 질투심은 줄어들지 않았다. 그녀는 극도의 혐오감과 절망감을 느끼며 정신분석 치료를 중단했다.

그 무렵, 지칠 대로 지친 폴은 말러와 행복한 결혼 생활을 누릴 수 없을지 모른다는 생각을 하기 시작했다. 하지만 그녀의 자살 기도 사실을 알고 있던 폴은 헤어지기 전 다시 한 번 말러에게 심리치료를 받게 하리라 결심했다. 그래서 단 몇 번만이라도 나와 상담을 받아보라고 고집했다. 말러가 나와 다섯 차례 상담하면서 기본적인 비합리적 생각을 바꾸기 시작할 무렵, 폴은 말러에게 그만 헤어지자는 말을 남기고서 말 그대로 그녀를 내 사무실에 버리고 떠났다.

우리는 오랫동안 얘기를 나누었다. 그 날 얘기 도중 폴은 말러를 진정시키려 했지만, 그녀는 상담을 시작하자 히스테릭한 행동을 보였다. 나는 15분 내내 그녀를 진정시켜야만 했다. 이후 그녀는 말했다. "앞으로 뭘 어떻게 해야 할지 알겠어요. 그가 3년 동안 못하게 한 일을 마무리해야겠어요."

"자살 말씀인가요?"

"그래요."

나는 유머러스하게 말했다. "그야 물론 당신의 권리니 마음대로 하세요. 그런데요, 사실 가만히 있기만 하면 앞으로 50년 동안 얼마든지 자신을 고문할 수 있는데 왜 귀찮게 손목을 그으려는 거죠?"

자살을 기도하는 숱한 사람들을 만났던 나는 그들의 자살 의도-REBT 과정에서 대단히 심각한 다른 문제들을 얘기할 때처럼-를 아예 툭 터놓고 솔직하게 얘기하는 게 낫다는 것을 알고 있었다. 그리고 나는 똥 밭에서 굴러도 이승이 좋다고들 하지만, 내 환자는 물론 누구에게나 목숨을 끊을 권리는 있다고 생각한다.

그래서 사실 자살하겠다고 협박하는 사람에게는 눈 하나 깜짝하지 않지만, 파괴적인 믿음처럼 비합리적인 믿음 앞에서는 당혹스럽다. 환자들은 자신이 진지하게 자살을 고려하고 있음을 내가 알고 있고 나 역시 자살하겠다는 그들의 권리를 부인하지는 않지만, 그 좋은 목숨을 버리고 정말로 죽고 싶은지 알아보고 싶다는 내 심정을 이해해주었다.

말러의 사례로 돌아가 가보자. "제겐 자살할 권리가 있어요. 계속 살아갈 이유가 없으니 자살하려는 겁니다. 산다는 건 정말 웃기는 일이에요. 그 누구를 믿거나 의지할 수 없어요. 결국엔 늘 똑같으니까요."

"어떻게 말입니까? 연달아 두 연인이 당신을 떠났기 때문에요? 그깟 일로 그렇게 중요한 결론을 내린다고요?"

"다 똑같아요. 거기서 거기잖아요."

"무슨 말씀입니까! 당신처럼 현명한 분이 어떻게 그런 생각을 하나요? 당신의 첫사랑은 아내와 이혼하고 새로운 아내를 맞이하려 하지 않았습니다. 그리고 두 번째 사랑은 당신의 질투심 때문에 떠나갔어요. 그 둘 사이엔 거의 연관 관계가 없습니다. 그리고 진심으로 남자와 안정된 관계를 맺고 싶다면 완벽하게 보호해 달라고 요구하지 않고 신경질적으로 행동하지 말아야 하지 않을까요?"

"하지만 첫사랑이었던 로저가 3년 전에 그랬던 것처럼 폴이 안 그러리라는 걸 어떻게 알 수 있을까요? 그가 단물만 빼먹다가 결혼 직전 저를 떠날 생각이 없다는 걸 어떻게 알 수 있죠?"

"확신은 못합니다. 하지만 모든 상황이 당신 생각대로 이루어지지는 않았지요. 최소한 제가 보기에는 그렇습니다. 당신 생각처럼 폴이 정말로 로저처럼 성욕만 채우다가 교회에서 결혼 서약을 기다리는 당신을 버린다고 칩시다. 그래서요? 그러면 폴도 로저처럼 못된 놈이겠지요. 하지만 그렇다고 그게 당신의 문제인가요? 그게 목숨을 끊을 만큼 대단한 문제입니까?"

말러는 울부짖었다. "그 누구도 믿을 수 없다고요! 그런데 어떻게 행복할 수 있겠어요?"

나는 냉정하게 말했다. "'그 누구도'라고요? 겨우 두 남자를 만났습니다. 그 두 명이 앞으로 평생 만날 수 있는 모든 남자와 똑같다고요? 어떻게 그럴 수 있지요? 당신 말대로 로저와 폴 모두 못 믿을 사람이라고 칩시다. 그러면 남자가 다 똑같다고 할 수 있을까요? 당신이 부하 직원으로 채용한 두 여성 모두 신뢰할 수 없었다면, 이 세상 그어떤 여자도 믿을 수 없다고 생각하실 건가요?"

"그렇지는 않겠지요. 무슨 말씀인지 알겠어요."

"그리고 불행히—이번에도 당신 주장처럼—믿을 수 없는 남자를 연달아 두 번 만나기는 했지만, 그렇다고 이 세상 모든 남자가 당신을 배신하고 당신이 절대로 행복하지 못한다고 말할 수 있을까요?"

"선생님께선 제가 폴을 잃는다는 게 별 대단한 일이 아니라고 생각하시는 것 같군요." 말러는 더 이상 흥분하지 않고 차분히 말했다.

"그렇지 않습니다. '당신 자신'과 '당신'을 잃는다는 걸 아무렇지 않게 생각하는 것 같다는 게 좀더 정확한 표현이 아닐까요?"

"그 말은, 제가 이렇게 혼란스러워하고 세상이 끝났다고 생각한다는 게 곧 저 자신을 가치 없다고 생각한다는 증거란 뜻인가요?"

"아닌가요? 언젠가 과속 운전 때문에 재판을 받던 여인이 생각나는군요. 판사가 3년 전 남편과 사별한 마당에 어떻게 제일 어린아이가 한 살, 많아야 여덟 살밖에 안 되는 아이를 다섯 명이나 태우고서 과속을 할 수 있느냐고 물었더니, 그 여인은 '판사님, 남편이 죽은 거지 제가 죽은 게 아니에요!'라고 대답했답니다. 그 여인은 남편은 돌아올 수 없는 강을 건넜지만 그래도 인생은 살 가치가 있다고 생각한 게 틀림없습니다. 그녀는 자기 자신을 받아들였습니다. 당신은 어떤가요?"

"하지만 아시다시피 그 누구도 절 받아들이지 않는데, 그리고 연달아 두 번이나 남자가 절 거부하는데 어떻게 제가 절 받아들일 수 있을까요? 그게 어떤 암시는 아닐까요?"

"그래요. 당신에 대한 어떤 것을 암시하지요. 당신은 스스로를 받아들이기 전에 당신이 선택하고 당신을 받아들여줄 남자를 갖는 게 가장 중요하다고 믿는다는 점을 암시하지요. 그건 당신이 끊임없이 타인의 사랑을 받느냐에 따라 자기를 평가를 한다는 뜻입니다. 당신은 비논리적으로 생각합니다. '연인이 날 거부하면 난 아무짝에도 쓸모없는 사람이야. 그런데 연달아 두 남자가 결혼할 정도를 나를 사랑해주지 않았어. 그건 내가 너무나 잘 알고 있는 사실, 그러니까 내가 아무것도 아니라는 증거야!' 라고 말입니다. 당신의 논리가 얼마나 순환적인지 모르시겠습니까?"

"음…… 다시 정리해 볼게요. 제가 항상 '내가 사랑하는 남자가 진심으로 나를 사랑해야만 난 가치 있는 사람이고 내 인생을 소중하게 생각할 수 있어' 라고 생각하는데, 그만큼 어떤 남자가 절 사랑하지 않는다는 걸 깨달으면 '그래, 그가 날 사랑하지 않는 게 당연해. 처음부터 말했잖아. 난 쓸모없는 사람이라고. 그러니 어떻게 그가 나처럼 쓸모없는 사람을 사랑할 수 있겠어?' 라는 결론을 내린다는 거죠? 그리고 제가 그렇게 생각하는 게 바로 순환 논법이라는 것이죠?"

"아닌가요?"

"그런 것 같아요. 좀더 생각해 볼게요."

"그게 바로 우리가 원하는 것입니다. 당신의 믿음에 대해 좀더 생각해 보는 거요. 상담 시간이 아닐 때에도 더 생각해 보십시오. 당신의 가치에 대해 생각할 때, 또 다른 중요한 부분에 대해서도 생각하십시오."

"어떤 부분 말인가요?" 말러가 물었다. 그녀는 몇 분 전만 해도 생각지 못했던 문제 해결 방법으로 자기 자신을 꼼꼼히 살펴보고 있었다.

"가능하다면, 폴처럼 당신이 앞으로 사랑하게 될 사람에게 지나친 강요를 할지도 모른다는 점에 대해 생각해 보십시오. 당신이 자신을 본질적으로 무가치하다고 생각하기 때문에, 그리고 당신이 가치 있는 사람이 되기 위해서는 사람들의 사랑을 받아야 한다고 믿기 때문에, 연인에게 그저 당신을 헌신적으로 사랑해달라고 부탁하지 않습니다.

사랑해달라고 강요하지요."

"제가 폴을 어떻게 대하든, 어떤 행동을 하든, 그저 폴에게 저를 사랑해달라고 강요했다고요?"

"그렇습니다. 절대적 사랑에 대한 당신의 '욕구'를 충족하기 위해, 연인이라면 당연히 어떻게 행동해야 한다는 당신의 선입견을 그에게 강요합니다. 그리고 연인이 당신의 그런 생각대로 행동하지 않으면, 당신은 그를 무책임하고 신뢰할 수 없는 사람이라고 비난합니다. 정말 그런지 살펴보기 위해 갖가지 시험을 해보지요. 결국 계속해서 비합리적인 강요를 하고 그를 당신에게서 멀어지게 함으로써 못 믿을 사람이라는 점을 당신에게 '증명'합니다. 물론 사실은 당신이 다른 사람의 완벽한 사랑에 얼마나 의존적인지를 '증명'할 뿐이지요. 그 역시 순환 논법이고요."

"전 그가 제게 용기를 주기를 원했어요. 그래서 제 요구에 따라주기를 바랬는데, 그는 귀찮아하면서 따라주지 않았어요. 그래서 생각했지요. '그가 날 귀찮아하는구나. 그것이야말로 내가 쓸모없는 사람이라는, 그리고 이렇게 가치 없는 내가 이 험한 세상에서 살아가기 위해서는 그가 필요하다는 증거야'라고 생각했어요. 그런데 사실은 저 혼자서도 이 세상에서 살아갈 수 있어요, 그렇지요?"

"당연하고말고요! 당신이 자기 자신을 믿지 못하는 한, 어떻게 폴을 비롯한 다른 사람을 신뢰할 수 있겠습니까? 연인으로부터 거부당한다는 게 엄청나게 무서운 일이 아니라 그저 좋지 않은 일이라고 생각하지 않는 한, 어떻게 그가 당신을 귀찮아하지 않을 만큼 당신이 올바로 행동할 수 있을까요?"

말러와 나는 계속 대화를 나누었다. 상담을 마칠 무렵 그녀는 차분해졌을 뿐 아니라 자기 자신에 대해 새롭게 생각하기 시작했다. 이는 '무조건적 자기 수용(unconditional self-acceptance ; USA)'과 밀접한 관계가 있다. 상담하고 오랜 시간 자신의 믿음에 대해 다시 생각한 결과, 말러가 폴과 행복하게 결혼했다고 말할 수 있다면 좋았겠지만 아쉽게도 그렇지 못했다. 그녀의 정서장애는 많이 호전됐지만, 폴의 마음은 이미 떠났고 가끔씩 그녀를 다시 만날 뿐이었다. 하지만 말러는 1년이 채 지나지 않아 새로운 연인을 만났고, 이번에는 좀더 현실적으로, 지나친 질투심을 보이지 않았다.

다시 주제로 돌아가 보자. 말러는 평상시에는 지적이고 유능한 사람이었지만, 연인과의 관계에서는 그렇지 않았다. 아무렇지도 않게 자신이 무가치하다는 믿음을 만들어 일반화시켰고, 사실은 폴에게 영원한 사랑을 강요하면서도 '평범한' 애정을 원할 뿐이라고 생각했다. 이상하게도 이 대단히 현명한 여성은 비논리적으로 생각했다.

왜일까? 말러가 인간이기 때문이다. 인간은 약 12년의 유년기 동안 의존적으로 행동하고, 어리석은 행동과 합리적인 행동을 혼동하기 때문이다. 유년기를 지나고도 평생 그 '학습'의 영향을 받는 경향이 있기 때문이다. 아무리 '성숙'했다 해도 자신의 행동과 타인과의 관계를 현명하게 바라보지 못하기 때문이다. 욕망에 장애가 되는데도, 불안하고 좌절하며 적개심을 갖는 생리적 성향이 강하기 때문이다. 가족과 사회가 어릴 적부터 속기 쉽고 암시에 걸리기 쉬우며 체제에 순응하게끔 하기 때문이다. 가족과 사회는 인간과 마찬가지로 생산적 사고와 계획을 방해하곤 하는 타성과 쾌락 추구, 부정적 사고 방식에 빠지는 성향이 강하기 때문이다. 또한 장기적으로는 해로운 순간적 쾌락-과식이나 술, 담배 같은-에 빠지는 경향이 많기 때문이다.

사람들은 어떤 행동이 낫다는 '알고' 있으면서도 그렇게 하지 않을 때가 많고, 어떤 행동이 나쁘다는 것을 '알고' 있으면서도 그렇게 하는 경우가 많다. 특히 타인과의 관계에서 어리석게 행동하는 경향이 있다. 지적인 사람도 간혹 현명한 행동과 어리석은 행동을 제대로 구분하지 못하기 때문이다. 무인도에서 혼자 살고 있다면 온종일 분별 있게 행동하는 데 문제가 없을 것이다. 하지만 당신이 사는 곳은 무인도가 아니다. 좋든 싫든 사회적으로 순응해야 한다는 느낌을 받을 것이다. 하지만 동시에 자신의 운명을 실현하려 한다면 어느 정도 독립적이고 개인주의적이며 자기 자신에게 솔직해지는 것이 좋을 것이다.

이 대조적인 두 가지 목표를 달성하는 쉽지 않을 것이다. 사실 두 목표를 동시에 달성하기란 불가능하지만, 불완전하게나마 자기 자신에게 솔직하면서도 타인과 원만하게 지내겠다는 목표를 달성할 수 있을 것이다.

예를 들어, 예닐곱 명의 친구들과 얘기를 나눈다고 생각해 보자. 대부분 지적이고 점잖은 친구들이다. 그리고 당신에게 별다른 콤플렉스가 없다고 가정해 보자.

하지만 당신에겐 약간의 개인적-사회적 문제가 있다. 친구들에게 당신의 관심사에 대해 이야기하자고 하면, 몇몇 친구들은 금세 따분해하고 싫어할 것이다. 하지만 다른 사람의 화제만 허락한다면, 친구들과 헤어질 때까지 계속 침묵을 지켜야 할 것이다. 어떤 주제에 대해 자신의 의견을 솔직하게 이야기하면, 몇몇 친구들은 불쾌감이나 모욕감, 혹은 분노를 느낄 것이다. 하지만 가만히 입을 다물거나 조심스러워한다면, 자신이 좌절감을 느낄 것이다.

공손하게 친구들의 생각을 물어보려 하지만, 무례하게 자기만 이야기하면서 당신에게는 말할 기회를 주지 않는 친구도 있을 수 있다. 하지만 강압적으로 대화에 끼어들면, 충분히 자기 생각을 표현하지 못했다며 화를 내는 친구도 있을 것이다. 당신은 완벽하게 이길 수 없다. 어떻게 행동한다 해도 말이다. 이 간단한 상황에서도 당신이 원하는 대로만 행동한다면, 몇몇 친구들은 억압당한다는 느낌에 당신을 싫어할 것이다. 하지만 친구들이 원하는 대로만 맞춰주면, 당신은 욕망이 좌절된 것을 깨닫고 친구들을 싫어할 것이다. 당신과 모든 친구들의 소원이 완벽하게 일치하지 않는 한(이런 경우는 극히 드물 것이다), 당신이나 친구들 중 누군가는 좌절할 것이다. 따라서 모두가 불안감과 분노는 물론, 불쾌함을 느낄 것이다.

물론 당신에 대한 친구들의 생각에 지나치게 신경 쓸 경우, 상황은 훨씬 복잡해진다. 친구들의 사랑에 지나치게 신경 쓰다 보면, 자신이 원하는 행동이 아니라 친구들이 원하는 대로 행동하려 할 것이다. 그러면 나약하게 행동한 자기 자신과 당신의 약점을 파악한 친구들을 미워할 것이다. 그렇지 않다면 자신이 원하는 대로 행동하고는, 그래도 사람들이 당신을 좋아할지 걱정할 것이다.

다른 사람의 애정에 지나치게 신경 쓴다는 것은 신경과민적인 증상이다. 하지만 신경증이 없다 해도, 사람들 속에서 하고 싶은 행동과 더 나은 행동을 구분하기란 어려운 일이고 실망스러운 경우가 많을 것이다. 자신의 욕망이 충족되기를 바라기 때문이다. 또한 다른 이들도 즐거워하고 당신을 사랑해주길 바란다. 사랑받고 싶다는 당신의 신경증적 욕구와는 별개로 말이다. 그래서 한없이 슬픔을 느끼고 이러한 갈등을 완전히 해결하지 못할 것이다.

좀더 복잡한 집단 관계라면 더욱 힘들어진다. 따라서 고도의 경쟁 집단-학생들이 대입을 위해 노력하는 학교나 직원들이 더 높은 봉급이나 직책을 얻기 위해 서로 경쟁하는 회사처럼-에서는 하고 싶은 대로 행동하면서 사람들의 사랑을 받기는 더욱 힘들다.

따라서 거의 모든 사회 집단에서 다른 구성원과 대립하지 않으면서도 현명하게 적정선을 유지하고 개인적 취향을 유지하기란 대단히 힘들다. 가장 '합리적인' 행동을 완벽하게 계산하기 어렵기 때문에, 상황에 맞추어 변화해야 할 것이다. 따라서 어느 집단에 들어갔을 때 처음에는 침묵을 지키고 다른 이들의 말을 들을 것이다. 그러다 시간이 흐르면 앞서 목소리를 높였던 사람이 계속 얘기할 때에도 자신의 의견을 밝힐 것이다. 그리고는 결국 다시 다른 사람에게 더 많은 발언 기회를 줄 것이다. 하지만 언제, 어떻게 적극적으로 참여할 것인지와 다른 사람의 토론을 정중하게 수용할 것인지를 미리 정확하게 구분하지는 못할 것이다. 이는 수많은 요인에 따라 달라지기 때문이다.

자기 표현과 사회적 인정이 모두 바람직하다는 점을 인정할 것이다. 사실 쾌락주의나 솔직한 이기주의의 일부 형태는 개인적 생활에 도움이 되지만, 사회적으로도 이익이 된다. 자신만의 이익만을 추구하고 다른 사람을 짓밟는다면, 짓밟힌 사람은 머지않아 당신의 이익을 방해할 것이므로 타인의 이익을 함께 고려하는 것이 좋다는 것을 깨닫게 되기 때문이다.

마찬가지로 자신의 직접적인 이익 추구에만 전념한다면, 미래의 즐거움은 반드시 파괴될 것이다. '오늘을 위해 살아라. 내일은 죽을 것이니'라는 말은 대단히 현명한 철학인 듯하다. 내일 당장 이 세상을 하직한다면 말이다. 하지만 요즘 사람들의 평균 수명은 80년이 넘는다. 그리고 오늘을 위해 산다면, 내일은 비참할 것이다. 한편 내일을 위해 산다면, 오늘을 지나치게 조심하고 재미없게 살아갈 것이다. 따라서 장기적으로 보면 이 역시 자신의 목적을 스스로 저해할 것이다.

이성적인 판단이 어려울 때도 있다. 절대적으로 좋거나 확실한 행동의 기준을 찾지 못하거나 합리적인 행동과 비합리적인 행동을 정확히 구분하기 힘들 수도 있다. 나아가 극단적인 상황에서는 합리적인 행동을 극히 비합리적인 행동으로 바꿀 수 있다. 때문에 합리주의에 대해 다음과 같이 비판하기도 한다.

1. 어떤 감정은 인간의 생존에 필요하며, 이때의 감정은 강하고 다소 편협한 반응-당신을 교묘하게 괴롭히는 사람을 해치거나 죽이고 싶다는 욕망처럼-이라기보다는 비합리적(자기 파괴적)일 것이다.

2. 인간의 취향은 대단히 '비합리적'이거나 '근거가 없기는' 하지만 생활에 즐거움과 감흥을 줄 수 있다. 우표 수집에 열중하거나 하루에 열 시간 넘게 음악을 들을 때 어떤 의미에서는 '불합리하게' 행동할 것이다. 하지만 많은 사람들이 이 '불합리'하거나 '정서적인' 일에서 즐거움을 얻는다. '이지적이기만 한' 일이 존재한다면 효율적이겠지만, 즐겁지는 않을 것이다. 감정은 기분에 영향을 미치고, 계속 자신의 존재 자체를 즐기며 살게 한다. 감정이 없어도 삶은 계속되겠지만 대단히 지루할 것이다.

3. 극단적인 이성은 때로 비효율적이고 자기 파괴적이다. 신발 끈을 매거나 빵을 먹을 때마다 그 행동이 '옳은 일'인지, 그 행동을 '가장 잘' 하려면 어떻게 할지를 논리적으로 생각해야 한다면, 그 추론은 도움보다는 방해가 될 것이고 결국 대단히 합리적

이지만 불행하게 될 것이다. 극단적이거나 강박적인 '이성'은 비합리적인 경우가 많다. 최소한 REBT에 따르면 '진짜' 합리성은 인간의 행복에 도움이 되기 때문이다.

4. 오로지 이성에만 의존한 삶은 기계적이기 쉽다. 지나치게 냉정하고 감정 없는 기계 같은 인생일 것이다. 이는 특히 미술, 문학, 음악 분야의 창조적 표현을 방해할 것이다.

극단적 합리주의에 대한 이 모든 거부 반응에는 어느 정도 타당성이 있다. 하지만 이 역시 우습고 비합리적일 수 있다. 그 본질을 파고들어가 보면, 이러한 거부 반응은 미지에 대한 두려움에서 기인하는 경우가 많다. 비합리주의자들은 대부분 불안해하면서도, 최소한 자기 혼란의 한계를 알고 있다. 이들은 합리적으로 행동하는 것에 대해 막연히 두려워하면서 합리적으로 살지 않으려는 행동을 정당화시킨다.

다시 한 번 말하지만 현재의 비합리적인 상태가 좋지 않은 결과를 낳으리라는 것과 합리적으로 생각하고 행동하기 위해서는 많은 시간과 노력이 필요하다는 것을 알고 있는 정서장애자들은 비합리적인 생각과 행동을 바꾸려 하지 않는다.

로널드라는 나(하퍼)의 환자는 심각한 불안감과 폭식장애에 대한 내 합리적 접근 방법에 반대하면서 솔직히 거부감이 든다고 했다.

"지금까지 우리가 말한 것처럼 생활을 바꾸면 합리적이고 기계적인 괴물이 될까봐 두려우십니까?"

내 질문에 환자는 말했다. "어떤 의미에선 그렇습니다."

"좋습니다. 이번엔 당신의 다른 불안감을 살펴보았던 것처럼, 치료를 받으면 기계처럼 행동할지도 모른다는 두려움을 살펴봅시다. 그 두려움을 뒷받침할 만한 구체적인 증거가 있나요? 지나치게 합리적이어서 인생을 즐기지 못하고 논리적 기계처럼 행동하는 사람이 있으면 말씀해 보세요."

"글쎄요, 실은 잘 모르겠군요. 하지만 솔직히 선생님께서 아주 가끔은 그런 것 같아요. 당신은 대단히 효율적이신 것 같아요. 어떤 일에 동요하시는 일이 거의 없잖아요. 제가 좌절감에 울거나 길길이 날뛰어도 선생님은 아무렇지 않아 하시는 것 같아요. 그게 좀 낯설고, 조금은 냉정해 보이더군요."

"그 모습이 바로 제가 지나치게 냉정해서 인생을 즐기거나 행복을 느끼지 못한다는 증거인가요?"

"꼭 그렇지는 않습니다. 하지만 선생님처럼 침착하고 객관적으로 행동하면 즐거움을 누리지 못할 것 같아 두려워요."

"세상에, 전혀 그렇지 않습니다! 당신은 극단적인 불안감과 강박관념 때문에 자기 자신을 비참하게 만들고 있군요. 방금 말씀하신 대로, 전 어떤 일 때문에 동요하는 일이 거의 없습니다. 당신 말대로라면 전 그리 큰 불행도 느끼지 않을 테지요. 그런데 저처럼 냉정해지면 불행하거나 최소한 즐거움을 느끼지 못하리라 두려워하시는군요. 그렇지요?"

"그래요. 조금은 그렇게 생각하고 있어요."

"정말로 그렇게 믿는다는 말씀이군요. 하지만 그래도 묻고 싶습니다. 그 믿음을 어떻게 증명하실 겁니까? 며칠, 혹은 몇 주 동안 저처럼 침착하게 행동하려고 노력해 보신 적이 있습니까? 그래서 그 동안 지금보다 더 우울하고 더 불행했습니까?"

"아니오, 시도해 보지 못했습니다."

"그렇다면 왜 시도해 보지 않으시나요? 그 시련을 이겨내지 못하면 결국 언제나 지금처럼 좌절할 텐데요. 좀더 합리적으로 행동하려 노력하면, 당신에게 삶을 되돌려줄 수준의 비합리적 행동을 회복할 수 있습니다. 논리적으로 생각한다고 해서 항상 냉정하고 따분한 '합리적' 방법으로 행동해야 한다는 규칙은 없습니다. 하지만 아직 합리적인 생각과 행동을 시도해 보지 않았기 때문에 지금의 비합리적인 생활을 비참하게 느끼면서도 그걸 구실 삼아 자기 자신을 바꾸려 하지 않는군요."

"저 같은 사람들은 자신의 방식을 바꾸길 너무나 두려워해서 과장되고 잘못된 핑계를 만들어낸다는 말씀이십니까?"

"그렇습니다. 새로운 길을 가보려 하지도 않으면서 갖은 핑계를 만들어 그 길이 얼마나 좋은지를 확인할 기회조차 잡지 않지요."

"그렇다면 제 장애는 불합리한 행동 자체가 아니라 합리적인 행동을 시도하려 하지 않고, 혹 그러면 제가 기계적이고 감정 없는 괴물이 될 거라는 고집 때문이라고 생각하시는 거군요?"

"그렇습니다. 왜 시도해 보지 않으시는 건가요?"

로널드는 폭식장애를 극복하기 위해 노력했고 불안감을 낳는 불합리한 믿음을 극복하기 위해 노력했다. 몇 주 후 상당한 진전을 보인 그는 흥분한 목소리로 말했다.

"선생님을 뵐 때처럼 허기가 지지 않으면 무언가를 먹지 않았고요, 몇 년 만에 처음으로 다이어트를 시작해 벌써 3.5킬로그램이나 살을 뺐습니다. 계속 잘 해낼 수 있을 것 같아요. 이제야 제가 바보 같은 생각을 잊어버리려고 폭식했다는 걸 깨달았어요. 부모님과 아내, 심지어 아이들에게까지 응석을 부리지 않으면 스스로 험난한 인생을 살아갈 수 없다는 생각을 말입니다.

　또 다른 얘기도 하고 싶군요. 폭식장애와 자립에 대한 두려움이 서서히 줄어들더니, 얼마 전부터는 그렇게 두려웠던 기계 같은 느낌도 전혀 들지 않더군요. 오히려 반대였어요! 좋은 의미에서 좀더 감정적으로 변하자, 용기가 생기고 적극적인 성격으로 바뀌었어요. 아침마다 말 그대로 콧노래를 부르면서 출근했답니다. 글쎄 제가 노래를 다 부르고 있지 뭐예요! 잠시 멈춰 서서 제 노랫소리를 듣다가 그런 생각이 들었어요. '와! 하퍼 박사님이 맞았네! 이 출근길 콧노래 소리야말로 합리적 치료법의 효과구나. 좀더 제대로 치료를 받으면서 꾀꼬리처럼 지저귀는 법을 배우면 좋겠다!' 감정 없이…… 그런 로봇처럼 행동하는 게 좋더군요!"

　이 환자가 이해하기 시작한 것처럼, 인생에 대한 합리적 접근 방법은 단편적인 합리성이라는 의미가 아니다. REBT에서 말하는 합리성이란 이성을 나타내고, 현명하고 분별 있으며, 효율적인 결과를 낳고, 최소한의 비용으로 낭비나 불필요한 수고, 혹은 불쾌한 부작용 없이 바람직한 효과를 얻고, 자신이 추구하는 개인적, 사회적 목표를 달성하는 데 도움을 주는 것이라 정의할 수 있다.

　따라서 인간의 이성에는 건전한 감정 표현과 좋은 습관, 활기찬 존재가 포함된다. 합리적인 삶 자체가 목적이 아니다. 좀더 행복하고 좀더 충만한 나날을 위해 지성을 활용할 때, 인생은 합리적이다. 합리적이기 위해서는 좀더 즐겁게 행동하고 느껴야 한다.

　우리가 말하는 합리성이란 말은 완벽주의나 절대주의와는 거리가 멀다. 우리는 스스로 비교적 합리적이라고 생각하지만, 절대적 합리주의자는 아니다. 합리 '주의' 는 감각보다는 이성이나 지성이 모든 지식의 참된 근원이라고 주장한다. 우리는 그렇게 생각하지 않는다. 대부분의 현대 과학자들처럼 우리는 지식이 인간의 지각과 사고로부터 큰 영향을 받는다고 생각한다. 하지만 지식은 감각과 감성, 행동에 의존한다고도 생각한다.

아인 랜드(Ayn Rand)와 나다니엘 브랜든(Nathaniel Branden) 같은 몇몇 열성파 합리주의자들은 이성을 절대시하고 이성이 반드시 '훌륭하고' '건전한' 행동을 낳는다고 주장한다. 우리는 그 말에 동의하지 않는다. 그리고 나(엘리스)는 모든 책에서 랜드가 주장하는 객관주의 철학의 위험에 대해 이야기했다.

합리적인 생각을 절대적 선이나 목적 그 자체로 보는 것이 아니라 행복 증진이라는 ─특히 불안감과 우울증, 적개심, 자기 비하를 최소화시킨다는─목표를 향한 수단이라고 좀더 합리적으로 생각한다면 '지나치게' 합리적인 사람이 되는 함정을 피할 수 있다. 극단적이거나 과장되거나 독단적인 '합리성'은 모순이다. 이성을 자기 파괴적인 극단적으로 이용하고 이성을 독단주의로 만들면, 그것은 더 이상 이성이 아니다. 절대적인 이성은 절대적으로 무의미하다!

일부 REBT 추종자들은 '지나치게 합리적인' 행동을 비판하고 환자들에게 지나친 합리적 행동을 권장하지 않는다. 하지만 그것은 합리적·정서적 행동치료 방법을 잘못 활용하는 것이다. 앞서 지적한 것처럼, 몰츠비 박사는 합리적 사고란 생명과 육체를 보호하고, 내적 갈등과 혼란을 최소화시키며, 타인과 바람직하지 않은 갈등을 막아주는 생각이라고 정의했다.

이 합리적인 사고를 따르면, 지나치게 기계적이거나 이성적으로 반응하지 않을 것이다. '합리적'이라는 말의 의미는 사람마다 다르다.

우리는 분별 있고 효율적이며 자기 파괴적이지 않다는 뜻으로 이야기한다. 그리고 인간의 감정과 감수성, 창조성, 그리고 예술을 대단히 합리적이라 생각한다. 이를 극단적으로 받아들여 생활과 그 밖의 즐거움을 파괴하지 않는 한에서 말이다.

'합리화'는 합리적인가? 절대 그렇지 않다! 합리화는 자신의 행동이나 믿음, 욕망을 겉으로만 합리적이거나 그럴 듯하게 설명한다는 의미다. 이때 대부분은 이러한 설명이 부조리하다는 점을 의식하지 못한다. 따라서 자신의 행동을 합리화하거나 변명한다는 것은 자신의 행동에 대한 합리적인 생각과 상반된다.

마찬가지로 '지적인 생각'은 철학에서 논리적인 추론이나 생각이라는 의미지만, 심리학에서는 컴퓨터 과학처럼 지적인 것을 지나치게 강조하고 연극이나 음악 같은 정서적인 분야를 무시한다는 의미다. '지적인 생각'은 또한 정서적 문제를 해결하기보다는, 거부하고 회피한다는 것을 의미한다.

따라서 합리적 · 정서적 행동치료는 인간의 삶을 이성적으로 다루려하지만, 합리화나 지적 생각은 반대한다. 정서적 혼란에서 벗어날 방법을 생각하기 위해서는 합리적이고 분별력을 갖추어야 한다. 하지만 자기 파괴적인 행동을 합리화하고 이지적으로 생각한다면, 그 행동은 영원히 계속될 것이다. 우리는 그런 행동은 다루지 않는다. 인간의 병을 합리적이고 지적으로 해결해야 한다고 주장한다는 이유로 우리를 비난하는 사람이 있다면, 그건 그들의 문제다.

이성의 힘에 대해 주목할 부분이 하나 더 있다. 대부분의 사람들은 생각보다 자신의 문제를 더 제대로 생각할 수 있다. 그리고 우리는 그렇게 할 수 있도록 돕기 위해 이 책을 썼다. 하지만 사고는 여러 학습

장애(집중력 결핍장애 같은) 및 인격장애(강박장애 같은)의 방해를 받을 수 있다. 합리적으로 생각하고 효율적으로 행동하는 데 어떤 문제가 있다면, 반드시 이러한 장애가 있는지 살펴보라. 장애가 있을 경우, 합리적 사고를 위한 자기 훈련 외에도 여러 가지 특수 치료-재활치료 및 약물치료, 정신요법 등-가 필요할 것이다.

09
불행을 느끼지 않는 법

완벽한 행복의 법칙을 가르치려는 사람은 지극히 비합리적이다. 하지만 우리는 감히(실제로) 불행에 빠지지 않는 기술을 가르쳐줄 수 있다고 주장한다.

모순이라고? 그렇지 않다. 이 세상에 하나밖에 없는 당신이 어떻게 행동하고 얼마만큼 그 행동에서 즐거움을 얻느냐는 개인의 취향에 따라 크게 다르기 때문에(우리가 그 취향을 예측할 수는 없다), 행복해지는 방법을 말할 수는 없다. 시골길에서 거니는 것을 좋아하는 사람도 있고, 싫어하는 사람도 있다. 배우자나 연인과 관계를 맺을 때 황홀경을 느끼는 사람도 있고, 따분해하는 사람도 있다. 그런데 어떻게 우리가 당신에게 기쁨을 안겨줄 수 있는 것을 말할 수 있겠는가?

물론 우리에게 행복을 느끼게 해주는 것이 무엇이라고는 말할 수 있다. 하지만 즐거움을 얻을 만한 것을 시도해 보라고 격려할 수 있을 뿐, 정확히 어떤 것이 기쁨을 준다고 장담할 수는 없다. 종종 일에 몰두하거나 어떤 것에 관심을 갖는 등 일반적인 것이 당신을 행복하게 만들어 주리라 예상할 수 있다. 하지만 정확하게 어떤 일이나 어떤 관심사가 마술처럼 행복을 안겨줄지는 알 수 없다. 당신만이 직접 시행착오를 거치면서 그 질문에 답할 수 있다.

행복해지는 방법을 말하지 못하면서 불행에 빠지지 않는 방법을 말할 수 있을까? 어느 정도는 그럴 수 있다. 사람마다 즐거움을 얻는 구체적인 대상은 다르지만, 불안하고 우울해하며 자기 연민에 빠질 때에는 거의 언제나 불행해하기 때문이다. 그리고 불행한 이들을 헤아릴 수 없이 많이 치료했던 심리학자로서 우리는 당신이 어떤 행동으로 자신을 불행하게 만드는지 말할 수 있다. 그리고 그 행동을 중단할 수 있는 방법도.

절대로 우울해서는 안 된다고 주장하는 것일까? 그렇지 않다. 그저 당신에게 쓸데없는 고통과 불행을 만들어내는 경향이 있다고 말하는 것뿐이다. 사실 당신의 지속적이고 견딜 수 없는 고통은 장기적인 육체적 고통이 수반되지 않는 한, 불필요하다. 그 대부분은 당신이 만든 것이다.

이렇게 주장할지도 모르겠다. "엘리스 박사님, 하퍼 박사님, 설마 어머니가 돌아가시고 실연을 당한 데다 좋은 직장까지 잃었는데 슬퍼할 필요가 없다는 말씀은 아니겠죠?"

맞다, 바로 그런 말이다. 지속적인 육체적 고통을 제외하고는 어떤 일에도 반드시 고통스러워하거나 우울할 필요가 없다고 생각한다. 하지만 크게 실망하고, 좌절하고, 슬퍼하는 것은 바람직하고 건강하다는 것을 알게 될 것이다.

"무슨 말씀인지 잘 모르겠습니다. 우울해하는 건 쓸데없는 짓이고,

슬퍼하는 건 바람직하고 건강하다고요? 진심이세요?"

그렇다. 진심이다. 당신이 의식적으로든 무의식적으로든 스스로 그러한 감정을 일으켰음을, 혹은 우울증과 공포를 선택했음을 인정하길 바란다. 당신이 자기 파괴적인 비합리적 믿음으로 이러한 감정을 만들었으므로, 그 감정을 의식적으로 건전한 부정적 감정으로 바꾸겠노라 선택할 수 있다.

"정말요? 정말로요?"

그렇다, 정말이다. 웃어넘기기 전에 '행복'과 '불행'이라는 단어를 정의해 보자. 그러면 우리가 생각만큼 어리석다고 생각지 않을 것이다.

사전을 보면, 불행은 '슬프고 비참하고 행복하지 아니한 상태'라고 막연하게 정의되고 있다. 하지만 이는 절반의 진실에 지나지 않는다. 불행은 사실 최소한 두 가지 뚜렷한 반응으로 이루어지는 듯하다. (1) 원하는 것을 얻지 못하거나 원하는 행동을 하지 못했을 때 느끼는 슬픔, 비애, 초조, 짜증 등의 감정 (2) 자기 자신을 불행하거나 불우하다고 생각하기 때문에 느끼는 우울함, 공포, 무가치함, 분노 등 전혀 다른 감정. 자신은 좌절해서는 절대로 안 된다고 확신한다. 좌절을 두렵고 끔찍하다고 생각한다.

다시 말해 불행은 별개의 두 부분으로 이루어진다. (1) 어떤 목표를 달성하기를 바라며, 달성하지 못했을 때 실망하거나 슬퍼한다. 그리고 (2) 목표 달성을 주장하고 고집하고 요구하며, 그렇지 못했을 때 고통과 분노, 공포, 절망, 좌절감을 느낀다.

REBT에서는 원하는 것을 잃었을 때 느끼는 슬픔이나 초조함 등의 건전한 감정과, 실패를 인정하지 않고 절대 실패해선 안 된다고 푸념하기 때문에 느끼는 분노나 우울함 등 불건전한 감정을 구분한다. 합리적으로 생각하면, 사랑하는 사람을 잃었을 때에는 슬픔을 느낄 것이다. 하지만 좌절하거나 절망할 필요는 없다. 좋지 않은 일을 경험할 때에는 다소 짜증나고 초조한 기분을 건전하게 선택할 수 있다. 하지만 그 때문에 크게 분노하거나 자기 연민에 빠질 필요는 없다.

상실감이나 슬픔은 건전한 반응이지만, 공포나 좌절감은 불건전한 반응이다. 왜일까? 여기엔 중요한 여러 가지 이유가 있다.

1. 불행한 일(선행 경험이나 불행: A)이 일어났을 때, 슬픔이나 비탄(정서적 결과: C)을 느낄 것이다. 보통 "이 사람이나 이것을 잃었다는 건 정말 불행이야"라고 중얼거리기 때문이다(믿음: B). 이는 논리적이거나 '입증할 수 있는' 진술(합리적 믿음: RB)을 나타낸다. 불행에 이어 상실감이 일어났음을 증명할 수 있기 때문이다. 따라서 연인이나 직장을 잃으면 상실감을 경험할 것이다. 이때 '참 다행이구나!' 라는 결론을 내리고 행복해하는 것은 어리석은 일이다.

2. 공포나 좌절감은 전혀 다른 종류의 정서적 결과(C)다. 이러한 감정은 주로 "그 사람이나 직장을 잃었다는 건 끔찍하고 무서운 일이야"라는 비합리적인 믿음(IB)에서 비롯된다. 이 맥락에서 끔찍하거나 무서운 일이라는 표현은 단순히 불행하거나 나쁘다는 의미 이상이다. 곰곰이 생각해 보면, 나쁜 것보다 더한 것은 존재할 수 없음을 알게 될 것이다. 연인이나 직장을 잃는 일이 아무리 불행한 일이라 해도, 여전히 그저 불행한 일일 뿐이다. 극단적으로 생각할 때에도 불행 이상은 아니다. 그러나 두려움이나 좌절감을 낳는 '끔찍하다' 는 말은 사실 −지금 이 말에 대해 생

각해 보라. 그저 우리가 한 말을 곧이곧대로 믿지 마라-불행 이상을 의미한다. 이는 당신의 상실이 100퍼센트 나쁘다는 뜻인 경우가 많다. 그리고 이는 당신의 상실이 너무 불쾌해서 절대로 존재해선 안 된다는 뜻이다. 하지만 물론 상실은 존재한다. 따라서 끔찍하다는 것은 비현실적이고 지나친 과장이다. 끔찍하다는 생각은 슬픔을 더욱 심화시키고 극복할 수 없게 한다.

3. 끔찍하다, 두렵다, 무섭다, 라는 말 대신 불행하다, 불우하다, 불편하다 같이 말한다는 게 쓸데없는 짓처럼 보일 것이다. 하지만 결코 쓸데없는 짓이 아니다! 연인에게서 거부당하는 게 대단히 불행한 일이라고 확신한다면, 연인을 설득해서 돌아오면 다행이라는 것을, 그리고 다시 다른 사람을 만나 잘 사귈 수 있다면 다행이라는 것을 강하게 암시하기 때문이다. 그러면 상실을 불행으로 인식함으로써, 그에 대한 조치를 취해야겠노라 자극 받을 것이다. 예를 들어, 다른 사람을 만난다거나 외롭지만 인생을 즐기겠다고 말이다. 하지만 거부당하는 일이 두렵다고 확신하면, 그에 대한 조치를 거의 취하지 않을 것이다. 그저 (a) 한없이 그 두려움에 대해 생각하고, (b) 불행한 결과를 만들어냈다며 자책하며, (c) 또 다른 상대를 만나기에는 너무나 혼란스럽다고 확신하고, (d) 어리석게도 다시는 좋은 사람을 만날 수 없으리라 예상하며, (e) 자기 자신을 비난하고 자신이 벌레 같기 때문에 사랑받지 못한다는 걸 스스로에게 '증명'하고, (f) 무시무시한 악마에게 붙들려 있으며 거기서 벗어나거나 그 엄청난 공포를 감당할 힘이 없다고 확신할 뿐이다.

불행한 선행 경험이나 불행이 무시무시하고, 끔찍하고, 두렵다고 생각하기 때문에, 그 엄청난 고통을 감당할 수 없으리라는 착각에 빠진다. 어떤 사건이 아무리 불행하거나 불쾌하다 하더라도, 누구나 그것을 감당할 수 있다. 하지만 정말로 두렵다고 생각한다면, 그 일(그리고 그 일에 대한 감정)을 극복하지 못하고 더욱 불행할 것이다.

4. 솔직하게 자신을 직시하면, 어떤 상실이나 좌절을 두려워한다는 것은 그 일이 대단히 불행하기 때문에 절대로 일어나선 안 된다는 의미임을 인정할 것이다. 그저 불쾌한 일이라 생각지 않고, 당신에게는 절대로 그런 일이 일어나선 안 된다고 주장한다. 또한 불행하기 때문에 그런 일이 일어나지 않는 게 좋았다는 의미가 아니라 '절대로' 그런 일이 일어나선 안 된다는 뜻이다! 절대로 존재해선 안 된다는 생각은 비현실적이고 비논리적이며 자기 파괴적이다. 그 이유는 다음과 같다.

a. 우리가 알고 있는 한, '절대로', '반드시'라고 말할 수 있는 것은 없다. "살고 싶다면, 건강을 생각해야 합니다"라는 말은 가능하다. 절대적인 의무가 아니라 목표를 조건으로 제시했기 때문이다. 하지만 "건강을 관리하든 안 하든, 저는 반드시 오래 살아야 합니다"라는 말은 절대적인 진술이고, 그 어떤 상황에서도 장수해야만 한다는 특별한 우주의 법칙이 있음을 주장하는 것이다. 그런 법칙은 없다. 당신이 독단적으로 만든 법칙일 뿐이다.

b. 절대적인 의무를 진심으로 믿으면, 실제로는 갖고 있지 않은 신 같은 능력이 있다고 과장된 주장을 한다. "연인으로부터 거부당하는 일은 절대로 일어나선 안 돼. 그러니 연인이 날 떠난다는 건 끔찍한 일이야"라는 말은 사실 "나는 연인이 날 사랑하길 간

절히 원하기 때문에, 그/그녀는 반드시 날 사랑해야만 해"라는 뜻이기 때문이다. 그게 말이 될까? 정말로 연인(혹은 타인)의 감정을 통제할 수 있을까? 당신이 왕 중의 왕, 혹은 대자연의 어머니일까?

c. 어떤 일이 존재해야 한다고 생각하는데 사실은 그런 일이 일어나지 않는다면, 당신은 어리석게도 모순적인 생각을 한다. 사람들이 진심으로 당신을 사랑한다면, 이 '절대적인 우주의 법칙'에 예외는 없으며 따라서 무조건 당신을 좋아한다는 것을 강조한다. 하지만 사랑받지 못한다는 사실을 알게 됐을 때는 그 사실을 두려워하면서, 사람들이 당신을 사랑해야만 한다고 믿게 된다. 어떻게 이런 모순이 존재할 수 있단 말인가? 사람들이 당신을 사랑해야만 한다면, 그들은 분명히 그럴 것이다(운명의 명령에 따라). 그리고 그들이 그렇지 않으면, 당신은 존재해선 안 된다. 사람들이 당신을 사랑해야만 하는 데 그렇지 않다고 주장할 수도 없다. '반드시 어떠해야 한다'는 당신의 주장은 명백한 오류다. 아니라면, 당신이 '반드시' 차지해야 하는 것을 차지하지 못하는 일은 존재하지 않아야 한다.

d. 이 점에 대해 생각해 보면, 반드시 어떠해야 한다는 믿음이 불안감을 낳으리라는 것을 깨달을 것이다. 반드시 어떠해야 한다고 말하는 일이(특히 어떤 조건에서) 사실은 그렇지 않을 확률이 높고, 그러면 좌절감을 느낄 것이기 때문이다. "사람들은 항상 날 진심으로 사랑해야 해"라고 말하면, 사람들의 사랑을 받지 못했을 때 단순히 슬프거나 유감스러워할 뿐 아니라, 극심한 절망감을 느낄 것이다. 그 말은 사실 "사람들이 날 사랑하지 않는다면,

나 자신을 사랑하거나 즐겁게 살아갈 수 없을 거야"는 의미이기 때문이다. 좋다! 이 엉터리 생각을 진심으로 믿는다면, 사람들의 사랑을 받지 못하면 당신은 모든 행복을 잃을 수 있다. 다른 사람들과 관계를 맺지 못할 뿐 아니라 당신과 당신의 현재와 미래를 위태롭게 한다. 이와 관련된 불행―사람들을 잃을 경우 자기 자신을 잃을 것이라는―을 알고 있는 당신은 좋은 사람을 만나기 위해 항상 불안해할 것이다.

더욱이 "사람들은 항상 날 진심으로 사랑해야 해"라고 확신하게 되면, 사랑받지 못할 경우 불안이라는 가시방석을 준비할 뿐 아니라 사랑받을 때에도 항상 그 가시방석에 앉아 있을 것이다. "사람들이 지금은 나를 진심으로 사랑하고 있어. 얼마나 좋은지 몰라! 내가 자랑스러워!"라고 말한다면, 얼마 지나지 않아 필연적으로 "하지만 사람들이 내일부터 날 사랑하지 않으면 어떻게 하지? 무서워! 그러면 난 이 세상에서 쓸모없는 사람이 될 거야!"라고 생각할 것이기 때문이다. 차지해야 한다고 생각하는 것을 차지했을 때에도 언젠가는 잃을지 모른다며 두려워한다. 이 급변하는 세상에서 그것을 잃을 수 있다는 가능성은 항상 존재하기 때문이다. 가령 지금 당신에게 푹 빠진 사람이 홀연 세상을 떠날 수도, 먼 타국으로 이민갈 수도 있다. 혹은 몸이나 마음이 병들 수도, 자연스레 사랑이 식을 수도, 그저 마음이 바뀔 수도 있다. 그렇다면 어떻게 해야 사람들의 애정에 대해 불안해하지 않으면서 살아갈 수 있을까?

사랑하는 사람을 잃거나 목표를 이루지 못했을 경우 어떻게 건전한 슬픔과 상실감을 경험할 수 있는지, 그리고 어떻게 불건전하게 좌절하고 두려워하며 고통스러워 할 수 있는지 생각해 보라. 건전한 슬픔과 상실감을 수반하는 불행은 지극히 정상적이고 정당하다. 하지만 두렵고 끔찍한 감정을 수반하는 불행은 무익하다. 좌절과 괴로움은 선행 경험이 아니라 믿음의 소산이다. 당신은 자신의 믿음을 선택할 수 있고 상실감을 두렵고 끔찍한 것이 아니라 불행하고 불쾌한 것이라고 생각할 수 있기에, 사실은 감정을 통제할 수 있기 때문이다. 당신이 어떻게 그 감정을 만들어냈는지를 정확하게 이해하고 이성을 통해 그 감정을 바꾼다면 말이다.

또한 우리는 인간이 오랫동안 완벽한 행복감을 느낄 수 있다고 믿지 않는다. 사실 완벽한 무언가를 향한 필사적인 노력은 불행을 예견한다. 인간은 실제로 완벽한 무엇, 특히 완벽한 행복을 차지할 수 없다. 끝없이 바뀌는 상황 때문에 수많은 고통과 병, 스트레스, 괴로움을 감수해야 한다. 이 책에서 제시한 것처럼 무수한 육체적, 정서적 문제를 극복할 수 있지만 모두 극복할 수 있는 것은 아니다.

예를 들어 대부분의 경우 당신은 극심한 좌절감을 다루고 극복할 수 있다. 하지만 좌절감을 다룰 수 있는 이유는 대부분 당신이 계속해서 그 기분을 경험하기 때문에, 그리고 그 감정에 대해 생각하고 그 원인을 찾아내어 의문을 품을 만한 충분한 시간이 있기 때문이다. 반면 단기간의 부정적 감정은 쉽게 다루지 못한다. 감정이 금방 사라져, 그 것을 살펴보고 바꿀 기회가 많지 않기 때문이다.

심리적 고통과의 전쟁에서 완승을 거두는 경우는 거의 없다. 불합리한 믿음에서 비롯된 좌절감을 찾아내어 바꾼다 해도, 영원히 몰아내지 않고 가끔씩 되살려 낸다. 따라서 자신의 요구와 주장을 계속해서 바꾸는 것이 좋다. 예를 들어 어떤 사람의 사랑 없이는 살 수 없다는 생각 때문에 좌절감을 느낄 수 있다. 이후 곰곰이 생각한 뒤, 마침내 타인의 애정 없이도 행복할 수 있다고 믿을 것이다. 하지만 간혹 누군가의 애정 없이는 인생이 무가치하다는 생각을 되살릴 것이다. 따라서 다시 한번 적극적으로 이 자기 파괴적인 믿음을 다루고 극복하는 것이 좋다.

또한 자기 파괴적인 믿음에 집착하는 만큼, 그것을 극복하기도 쉽다는 것을 깨달을 것이다. 혼란스러운 생각을 꾸준히 찾아내어 없앤다면, 그 영향력이 줄어든다는 것을 알게 될 것이다. 결국 그 중 몇몇 생각은 더 이상 당신을 괴롭히지 못할 것이다. 거의 대부분이. 머지않아 그 생각이 되살아나는 순간이 생기면 다시 맞서서 바꾸어야 한다.

인간은 종종 정서적 혼란을 일으키는 확고한 생각을 갖는 경향이 있다. 생물학적으로 쉽게 그런 생각을 할 수 있고, 사회학적으로는 비합리적으로 생각하도록 부추기는 문화권에 살고 있다.

크게 성공해야 한다는 생각을 예로 들어보자. 대부분의 사람들처럼 당신은 선천적으로 일을 잘하고 싶어 할 것이다. 가장 빨리 달리거나 정원 손질을 잘하거나 가장 높은 산에 오르려 노력한다. 로버트 화이트(Robert White)가 증명한 것처럼, 당신도 일과 인간 관계, 그 밖의 일에 능통하고 싶어한다. 생존을 위한 인간의 능통 욕구의 장점을 생각해 보면, 그 욕구는 부분적으로 유전인 듯하다.

이 선천적 성향에 경쟁 심리를 덧붙일 수 있다. 대부분(모두는 아니지만)의 문화권이 경쟁을 강조하며, 많은 이들에게 높은 성취욕을 심어준다. 경쟁 사회에서 성장한 당신이 성공에 대한 사회와 자신의 요구를 충족시키지 못했을 때 좌절한다면, 이러한 요구의 정당성을 의심하고 당신의 '본성'에 깊이 각인된 태도나 성격에 합리적으로 저항하기가 어려울 것이다.

하지만 어렵다는 말이 곧 불가능하다는 뜻은 아니다. 물론 비합리적인 세상에서 합리적으로 생각하고 행동하기는 힘들다. 그리고 오랫동안 당신을 방해했던 환경에서 벗어날 방법을 생각하기가 어려울 것이다. 정말 어렵다. 앞을 못 보는 사람이 점자 읽는 법을 배우거나 소아마비 환자가 다시 근육 사용법을 배우기도 어렵다. 보통 사람이 곡예나 발레, 혹은 피아노 치는 법을 배우기도 어렵다. 정말 힘들다! 하지만 그래도 그들처럼 당신도 배울 수 있다.

삶에 대한 합리적 접근 방법을 비판하는 이들은 또한 인간이 항상 합리적으로 행동한다는 것은 '부자연스럽다'고 생각한다. 그렇게 치면 사람들이 신발을 신고, 피임약을 먹고, 외국어를 공부하고, 차를 모든 것, 그 밖에도 선천적 성향이나 유년기의 교육에서 벗어나는 무수한 행동들 역시 부자연스럽다. 그렇다면 우리는 이런 의문을 가질 수 있다. '완벽하게 자연스러운' 행동에만 집착하는 사람은 정상적일까? 그렇지 않다.

연인 존의 추천으로 나(엘리스)를 찾아왔던 미리엄이 떠오른다. 젊고 매력적일 수도 있었던 그녀는 자신의 외모를 가꾸려 하지 않았고, 스물세 살이었던 당시 이미 심각한 비만과 무기력 증상을 나타냈다. 연인(그녀는 그를 사랑하고 그와 결혼하고 싶다고 했다)이 그녀의 외모를 좋아하지 않는데도 왜 자신을 가꾸지 않느냐고 묻자, 그녀는 이렇게 대답했다. "그건 솔직해 보이지 않아요. 꼭 예쁜 옷과 화장으로 제 본모습보다 더 예쁜 척해야 할까요? 그게 저 자신이나 존에게 솔직한 걸까요? 그렇게 꾸민다 한들, 제가 겉모습과 다르다는 걸 존이 알지 않겠어요? 그래서 절 더 싫어하지 않을까요? 그가 우아한 옷과 화장으로 꾸미지 않은 이런 제 모습을 받아들이지 못한다면, 그리고 제 진짜 모습을 받아들이지 못한다면, 저에 대한 그의 사랑은 뭐죠?"

나는 미리엄에게 존과 그녀의 외모에 대한 생각은 별도로 하고, 그녀가 자기 몸을 꾸미고자 할 만한 이유를 생각해낼 수 있음을 이해시키려 했다. 건강해서 좋다거나, 거울을 봤을 때 기분이 좋다거나, 아름다운 용모가 줄 수 있는 직업상의 장점처럼 말이다.

하지만 아무 소용이 없었다. 미리엄은 자꾸 예뻐 보이려 한다는 건 부자연스럽고 인위적이라고 말했다. 나는 하마터면 화를 내면서 그렇게 고결한 게 좋으면 차라리 수녀원에나 들어가라고 말할 뻔했다.

하지만 이성이 이겼다. 나는 미리엄을 '까다로운 인간'으로 낙인찍지 않고 그저 근본적인 두려움 때문에 '정직'을 고수하는 방어적 정서 장애자라고 이해하는 것이 좋겠다고 수십 번 되뇌었다. 또한 그녀의 자기 파괴적인 생각을 바꿀 수 있도록 도울 수는 없다 해도, 치료사로서, 혹은 인간으로서 나 자신을 비하하지 않겠다고 중얼거렸다. 실패한다 해도 또 한 번의 좋은 경험일 뿐이다. 그리고 '실패'에서 좋은 교훈을 얻을 수도 있을 것이다. 그래서 나는 원래 주제로 돌아갔다.

"자, 당신은 저와 자신에게 계속 말하는 엉터리 생각을 믿기에는 지나치게 이지적입니다."

"엉터리라니, 무슨 말씀이세요?" 그녀는 다소 도전적으로 물었다.

"말 그대로입니다. 엉-터-리. 제 말이 무슨 뜻인지 당신은 이미 어느 정도 알고 계십니다. 좀더 아름다워 보이도록 꾸미면 정직하지 못한 사람이 되기 때문에 그 부자연스럽고 인위적인 일을 할 수 없다고 생각합니다. 맞습니까?"

"그래요. 그렇게 생각해요. 그리고 박사님이 그렇게 생각하든 안 하든, 전 그래요."

"그럴 수도 있겠지요. 하지만 전 확신할 수 없군요. 잠시 당신의 주장이 정당한지 논리적으로 살펴봅시다. 부자연스럽기 때문에 화장을 하거나 예쁜 옷을 입지 않습니다. 좋습니다. 칼과 포크, 스푼 등 식기구는 어떻습니까? 그게 부자연스러운가요?"

"음, 어떤 의미에서는 그렇군요. 하지만 제가 말하는 의미에선 아닙니다."

"그렇지요. 당신의 터무니없는 의미에서는 아니지요. 하지만 당신이 말하는 '의미'란 무슨 뜻입니까?"

물론 그녀는 아무 말도 못했다. 그녀는 예뻐 보이려는 노력이 옳고 자연스럽다고 생각지 않지만 칼과 포크, 스푼을 사용하는 것은 옳고 자연스럽다는 것은 알게 됐다고 애매하게 말했다.

"자, 왜 그 말도 안 되는 얘기를 자꾸 하시는 겁니까? 그 대신 일관적으로 옳고 자연스럽다고 표현하지 않는 이유를 찾아보는 건 어떨까요? 그리고 안경 같은 건 괜찮다고 생각하면서, 왜 정장 같은 옷은 괜찮지 않다고 생각하는지를 알아보는 게 어떻겠습니까? 아까 말씀드린 것처럼 당신은 이지적입니다. 분명 당신이 일관적이지 않는 데는 몇 가지 이유가 있을 것입니다. 왜 그럴까요?"

미리엄은 처음에는 자신이 일관적이라고 고집했다. 하지만 나는 그 말을 인정하지 않고 그녀가 얼마나 일관성 없는지를 증명했다. 나는 그녀가 일관적이냐 아니냐를 떠나 이유에 대해 얘기하고 싶다고 말했다. 그녀는 자신의 모순에 대해 얘기하려는 듯했다. 그래서 나는 이렇게 말했다.

"비정상적이고 병리적인 이유 때문에 당신이 일관적이지 않다는 점을 납득시키려는 게 아닙니다. 많은 치료사들이 실질적으로 환자들의 모든 행동이 병리적이라고 주장합니다. 하지만 REBT에서는 사람들이 자기 목표를 방해하는 행동을 하는 '건전한' 이유를 찾아보지요."

"그럼 제가 더 예뻐 보이기 위한 인위적인 도구를 일관적으로 거부하는 데에는 건전한 이유도 있고 불건전한 이유도 있다고 생각하시는 건가요?"

"그렇습니다. 건전한 이유를 얘기해봅시다. 남자 친구가 당신의 꾸미지 않은 모습을 받아들일 수 없다면, 당신에 대한 그의 사랑은 뭐냐고 했지요? 자, 그 생각은 일부만 맞습니다. 존이 당신의 외모만 보고 당신을 사랑한다면, 그의 사랑은 피상적이고 그리 오래 가지 못할 것입니다. 그렇다면 누가 그런 사랑을 원하겠느냐고 생각하겠지요?"

"그래요. 누가 그런 사랑을 원하겠어요?"

"맞습니다. 따라서 당신은 존이 외모 때문에만 당신을 사랑하지 않도록 자신을 예쁘게 꾸미지 않겠다고 생각합니다. 안경이나 식기구는 사용하지만 인위적인 화장품을 이용하지 않겠다는 그 이유는 건전합니다. 하지만 그 좋은 이유를 부풀려서 건강과 아름다움을 위한 도구를 이용하지 않으려 합니다. 그렇다면 당신이 왜 일관성을 보이지 않는지, 그 불건전한 이유를 찾아보는 게 낫겠지요."

"예를 들면요?"

"아름다워 보이기 위해 아무리 노력해도 여전히 못생겼다고 믿기 때문에 실패할지 모른다는 근본적인 두려움 같은 것 말입니다. 혹은 실제로 아름다워져도 존과 결혼하지 못할까봐 두려워합니다. 외모가 아름다워도 그가 당신을 사랑하지 않을 수 있으니까요."

"하지만 제가 어떻게 해도 미워 보일 수 있지 않나요? 그래서 결국

버림받을 수 있잖아요?"

"그렇습니다. 아무리 사랑을 차지하려 노력해도 결국 그러지 못할 위험은 있지요. 맞습니다."

"하지만 제가 다이어트를 하고 예쁜 옷을 입고 외모를 가꾸었는데도 존을 잃는다면 정말 무서운 일이잖아요."

"무서운 일이 아닙니다. 당신이 그렇다고 고집하지 않는 한 말입니다. 물론 존을 잃으면 대단히 힘들고 고통스럽겠지요. 하지만 그게 왜 무서운 일인가요? 그 때문에 죽을 건가요? 땅이 갈라져 당신을 삼킬까요? 평생 다른 애인을 만나거나 인생을 즐기지 못하나요?"

"모르겠어요. 정말로 존을 잃으면 어떻게 해야 할지 모르겠어요."

"당신은 불안감을 정확하게 지적했습니다. 당신은 대단히 해롭게도 존을 잃는 게 무섭고 그를 잃었을 때 어떻게 해야 할지 모를 것이라고 믿습니다. 바로 그렇게 믿음으로써, 그리고 좌절을 공포로 해석함으로써, 당신은 '공포감'을 조성합니다. 존 없이는 행복할 수 없다는 믿음이 실제로도 그럴 수 없음을 확인하게 하지요."

"존을 잃는 게 무섭고, 제가 외모를 가꿔도 그를 잃을지 모르기 때문에 그를 붙잡으려 하지 않는다는 말씀인가요? 미리 그에게서 도망가서 나중에 닥쳐올 고통을 회피하려 한다고요?"

"그렇습니다. 당신이 존을 원하는 것은 정상입니다. 그에겐 당신과 잘 맞는 면이 있기 때문이겠지요. 그래서 당신은 '난 그를 원하기 때문에 그를 차지해야만 해'라고, '그렇지 않으면 난 파멸할 거야'라고 생각합니다. 그래서 '논리적으로' 미리 그를 차지하려는 노력을 하지 않습니다. 나중에 상처를 받지 않기 위해서지요. 좀더 구체적으로는 대단히 어려운 게임의 규칙을 만듭니다. 화장품을 전혀 사용하지 않겠다는 것 같은 규칙 말입니다. 그 규칙에도 불구하고 존이 당신을 사랑한다면, 영원히 당신을 떠나지 않을 거라 예상합니다."

"그게 그렇게 이상한가요?"

"그렇습니다. 실질적으로는 효과가 없으니까요. 가정부가 상한 음식을 사올까 봐 무서워서 가정관리학과 박사 자격증을 가진 가정부를 찾는 것과 같습니다. 가정관리학과 박사 학위를 따고서 가정부로 일할 사람이 있을까요?"

"무슨 말씀인지 알겠습니다. 그런 가정부를 찾을 확률은 거의 없겠지요. 마찬가지로 그에게 이 비합리적인 요구를 계속하면서 사랑받을 확률은 거의 없다는 말씀이지요?"

"맞습니다. 그러니 영원한 사랑을 원하면서 존에게 다른 것을 좋아하라고 요구하지 말고 완전한 사랑을 원하는 당신의 어리석은 생각을 바꾸려는 게 낫지 않을까요?"

"흠. 그런 생각은 못해봤어요."

"사랑에 대한 건전한 욕망을 불건전한 요구로 바꾸기 때문에 정서적 혼란이 일어나곤 합니다. 그래서 그것을 차지하기 위해 노력하지 않습니다. 이 점을 잘 생각해 보면, 좀더 정확하게 이해할 수 있을 겁니다."

미리엄은 그에 대해 생각했고, 다이어트를 시작했으며, 외모를 가꾸었고, 존의 관심을 더 많이 받기 시작했다. 그녀의 사례는 사람들이 합리적인 행동과 비합리적인 행동을 동시에 하는 경우가 많다는 것을 보여준다. 그들은 현명하면서도 바보같이 행동한다. 자신이 원하는 것을 합리적으로 추구하지만, 또한 비합리적으로 자기 자신을 괴롭힌다. 인생의 모든 측면처럼, 합리적인 삶은 과정이자 실험이다. 숙명이 아니다.

　달리 표현해 보자. 성인은 종종 미숙하고 어리석은 행동을 한다. 인간은 누구나 오류를 저지를 수 있다. 그 결과 어리석은 소원성취를 생각하기 쉽다. 그로 인해 자신이 원하지 '않는' 것을 얻곤 한다. 하지만 쉽게 어리석은 행동을 한다고 해서 그래야만 한다는 것은 아니다. 성숙하고 반성적인 생각을 하도록 자신을 훈련할 수 있다. 물론 그렇다고 해서 완벽한 행복을 차지할 수는 없을 것이다. 하지만 좌절감과 절망감을 잘 느끼지 않도록 자기 자신을 훈련할 수 있다. 이 역시, 그렇게 되도록 노력한다면 말이다.

　하지만 아무 효과가 없는 것 같다고 가정해 보라. 오랫동안 심각한 우울증을 앓고 있고, 친한 가족에게도 우울증이 있어서 여러 가지 치료를 받았지만 성공하지 못했다고 가정해 보자. 당신을 '비합리적으로' 좌절시키는 생물학적, 혹은 생화학적 문제가 있을 수도 있다. 이러한 가능성과 당신의 좌절감-혹은 그 밖의 심각한 심리적 문제-외에도 정서적 혼란을 일으키는 선천적 성향이 있는지 살펴보고 약물과 정신과 치료, 그 밖의 대처 수단을 고려해 보라. 비합리적인 생각을 바꾸는 것이 좋다. 하지만 다른 치료 방법에 대해서도 생각해 보라.

10
인정받고자 하는 극단적 욕구에서 벗어나는 법

확고한 비합리적 믿음(IBs)은 종종 공포와 분노에서 벗어나지 못하도록 한다. 그 중 하나가 첫 번째 비합리적 믿음, 즉 인생에서 중요한 모든 이들에게서 사랑이나 인정을 받아야만 한다는 생각이다. 여기에 대해 이렇게 항의할지도 모르겠다. "하지만 대부분의 심리학자들은 사람들은 인정받아야 하고 그렇지 않으면 행복하게 살 수 없다고 주장하지 않습니까?"

그렇다. 하지만 그 말은 틀렸다! 사람들은 인정받고자 하는 욕구가 강하고 그러지 못했을 때 대단히 불행해 한다. 더욱이 현대 사회에서는 조금이라도 인정받지 못하면 살아가기가 어렵다. 대체 누가 대신 인생을 살아주거나 음식을 주며, 친구를 만들어 주겠는가?

하지만 성인은 인정을 필요로 하지 않는다. 필요라는 영어 단어 need는 중세 영어 nede, 앵글로색슨의 nead, 그리고 인도유럽어 nauto에서 비롯됐다. 이는 간절한 바람으로 의기소침하다는 뜻이다.

영어의 need는 주로 필요, 억누르기 힘든 욕망, 의무, 생명과 행복에 절대적으로 필요한 것을 의미한다.

사람들은 고립된 상황에서도 죽거나 괴로워하지 않으면서 살아갈 수 있기 때문에, 그리고 사회 구성원들의 사랑을 받지 않고도 불안해하지 않을 수 있기 때문에, 사회적 인정이 필요 없는 이들도 있다. 실제로 소수이긴 하지만 사랑을 원하지 않는 이들도 있다. 하지만 대부분의 사람들은 그렇지 않다고 방어적으로 말할 때에도, 인정받기를 원한다. 그들은 인정받기를 좋아하거나 원하고, 인정받을 때 더욱 행복해한다. 하지만 욕구와 욕망은 필요나 필연성이 아니다. 우리는 욕망이 충족되기를 좋아한다. 하지만 충족되지 못했다고 해서 죽는 경우는 거의 없다.

심리학 관련 저술은 왕왕 인간의 욕망에 대해 오해하곤 한다. 아이와 어른의 요구를 혼동하기 때문이다. 아이들은 상당히 명백한 이유에서 건강하고 행복하게 살기 위한 도움, 특히 부모의 도움을 필요로 한다. 하지만 헤럴드 올란스키(Harold Orlansky), 릴리 펠러(Lili Peller), 윌리엄 스웰(William Sewell), 로렌스 케이슬러(Lawrence Casler) 및 다른 작가들이 증명한 것처럼, 실망하거나 사랑받지 못한다고 해서 반드시 죽는 것은 아니다. 하지만 아이들은 말 그대로 타인에게 의존하고, 어른들의 보살핌을 받지 못하면 의식주와 건강을 보호받지 못한다.

다시 말하지만 아이들은 타인의 언어적 비판으로부터 자신을 쉽게 보호할 수 없다. 친구와 보호자가 아이들에게 계속 "너는 쓸모없는 아이야"라고 말하면, '남이 어떻게 생각하든 신경 쓰지 않아. 난 내가 소중하다는 걸 알고 있어'라고 쉽게 생각하지 못한다. 아이들은 보통 자신에 대한 타인의 부정적인 견해를 받아들이고, 그로 인해 상처받는다.

하지만 어른은 어리석게 생각할 필요가 없다. 다른 사람들의 보살핌을 받지 않고도 자신을 돌보고 필요하다고 여기는 것을 구걸하거나 빌리거나 훔칠 수도 있다. 다른 사람의 비난을 받을 때에는 '존스 말처럼 내가 정말 쓸모없는 사람일까? 나에 대한 사람들의 생각이 얼마나 정확할까?' 라고 생각할 수 있다.

다른 성인들도 존스의 비판이 옳다고 동의한다 해도, 여전히 몇 가지 사안에 주목하여 자신을 방어할 수 있다.

1. '존스가 내 단점을 발견해 나와 친구가 되지 않을지도 모르지만, 스미스와 로저는 날 좋아하는 것 같아. 존스가 날 싫어한대도 다른 친구들과 잘 지낼 수 있어.'
2. '존스와 스미스는 내 방식을 싫어할지도 모르지. 하지만 그래도 좋은 친구들이고 재미있다고 생각해. 그들이 원하는 대로 하기보다는 내 방식대로 하는 게 나을 거야.'
3. '내가 말을 잘 못한다는 존스와 스미스의 말이 맞을지도 몰라. 하지만 말을 잘 못한다 해도 난 쓸모없는 사람이 아니야. 그저 말을 잘 못할 뿐이지.'
4. '존스와 스미스는 내가 수학에 젬병이라는 걸 아는지도 몰라. 솔직하게 털어놓고 나를 도와주는지 두고 보는 게 어떨까? 하지만 그 때문에 그 둘이 날 무능하다고 생각한다면, 그건 오해니까 그리 심각하게 받아들이지 않겠어.'

성인은 여러 방식으로 타인의 비난을 받아들이고, 그 비난에 대해 생각하고, 어떤 행동을 취하고, 비교적 상처를 덜 받는다. 부정적 비판을 좋아할 수는 없지만, 그것을 감수하고 자신을 위해 이용할 수 있다.

대단히 유능했던 마흔 다섯 살의 얼을 예로 들어보자. 나(하퍼)에게 말했던 것처럼, 그는 사람들의 사랑을 받는 데 상당한 노력을 기울였다. 얼의 홀어머니는 그를 무조건 칭찬했고, 무슨 짓을 해도 내버려두었으며, 자신이 특별한 존재이고 빼어난 재능을 타고난 만큼 항상 최고여야 한다고 믿도록 만들었다. 그는 능력이 많고 매력적이었기 때문에 학교 친구와 교사, 그리고(이후) 회사 동료들의 인기를 한 몸에 차지했다. 처음에는 말이다.

문제는 나중이었다. 얼에게 관심을 보인 사람들에게는 그를 칭찬하는 것 외에도 -당연히- 해야 할 일이 있었다. 처음 그를 향한 사람들의 열광은 잦아들었다. 소외감을 느낀 그는 다시 사람들의 관심을 끌기 위해 새로운 능력이나 재미있는 이야기를 선보이기 시작했다. 그러자 다시 사람들의 애정을 받았지만, 잠시 뿐이었다. 얼마 지나지 않아 사람들은 얼의 어머니가 보여주었던 것과 같은 애정을 주는 데 지쳤다. 그 사실을 눈치 챈 얼은 분노하면서 그들의 무지를 비난했고 좀더 마음에 맞는 새 친구를 만나려 노력했다.

얼은 스물다섯에서 마흔 살 사이에 그럭저럭 자기 분야에서 활동했고 세 아내와 많은 친구들과 잘 지냈다. 그 후 어머니가 상당한 재산을 남긴 채 돌아가셨고, 얼은 사업에 실패한 후 술을 많이 마셨다. 그는 위험도가 높은 사업과 자기 만족을 위한 자선 기금에 대부분의 재산을 투자했다. 사람들이 그를 인정하지 않거나 힘들었던 과거에는 늘 도움을 주고 재능을 격려해주는 어머니가 있었다. 하지만 지금 그에겐 감각을 마비시키는 술 외엔 아무것도 남아 있지 않았다.

얼을 치료했던 알코올 치료 전문의는 그의 재미있는 춤에 대해 말했다. 얼은 간절히 도움을 구할 때에도 다른 식으로 말하는 법을 알지 못했다. 반드시 인정받아야 한다고 굳게 믿었던 그는 다른 사람에게 했던 것처럼 내 비위를 맞추려 했고, 근 40년 간 그랬던 것처럼 아이처럼 재주넘기를 반복했다.

몇몇 치료사들은 얼이 원하는 대로, 도움을 구하는 그 춤에 반응을 보이면서 이 애처로운 중년 남자에게 그가 원하는 바로 그 사랑을 주려 노력했을 것이다. 얼이 인정받고 싶다는 절박한 욕구를 극복하고 자립하기를 바라면서 '정말로' 인정받는다는 기분이 들도록 그를 애지중지 보살폈으리라. 그들이 성공했는지 모르겠다. 얼은 깊이를 헤아릴 수 없는 구덩이 같아서 수많은 사랑을 받으면서도 계속 더 많은 사랑을 요구했으니 말이다.

내 치료 방법은 달랐다. 얼을 인정할수록 자신에겐 인정이 간절히 필요하다는 믿음이 강화될 뿐이라 생각했던 나는 강경책을 썼다. 나는 확실하게 현실을 얘기했고 그에겐 인정이 필요 없으며 인정받지 않아도 살 수 있다고 단언했으며, 사랑을 구하는 오랜 캠페인의 슬픈 결과를 이야기했다.

그는 심하게 반발했다. 여러 심리학자들의 말을 인용해 자신은 인정받아야 한다는 것을 '증명'하려 했다. 그리고 자신을 치료했던 의사 얘기를 하며 자신을 좀더 친절하게 대해달라고 내게 압력을 주었다. 치료를 받지 않고 다시 술을 마시겠다고 위협했다. 그는 내가 냉정하고 힘없는 과부와 고아를 이용하기를 즐긴다며 비난했다. 협상의 여지가 없었다. 나는 더욱 단호하게 말했다.

"그래도 소용없습니다. 제가 냉정할지도 모릅니다. 밤마다 아내를 폭행하고 어린아이들에게서 사탕을 뺏을지도 모르지요. 만약 그렇다면 그건 제 문제입니다. 당신의 문제는 많은 사람들처럼 사랑을 원하는 것이 아니라 사랑이 필요하다고 생각한다는 점입니다. 그리고 당신은 나약하고 무기력한 자신이 자기 일을 알아서 할 수 없을 것이기 때문에 사랑을 필요로 한다고 생각합니다. 당신은 나약합니다. 사랑을 받아야한다고 믿고, 사랑만이 죽음보다 더한 슬픔에서 당신을 구해주리라 생각하기 때문이지요.

그렇지 않습니다. 진실로 어떤 사람-제가 아니라 당신과 함께 사는 사람-으로 하여금 당신이 갈구하는 사랑을 베풀 수 있게 했으면 좋겠습니다. 그래봤자 소용없다는 것을 증명하기 위해서 말입니다. 사랑을 받으면서도 당신은 자신을 바보라고 생각하니까요. 아무 일도 하지 않기 때문에, 스스로 자신을 도울 수 있다고 생각하지 않고 계속 무력감을 느낍니다.

하지만 좋든 싫든, 당신이 요구하는 대로 사랑받지 못할 것이라는 냉정한 사실이 남습니다. 설혹 사랑받는다 해도 그녀가 나중에 죽거나 떠나거나 사랑이 식지 않을까 하는 두려움을 갖지요. 그래서 계속 불안해합니다. 그 문제를 해결할 수 있는 방법이 있습니다. '좋은 사람'이라고 인정받아야만 한다는 생각을 없애는 것입니다.

그 생각을 없애지 않으면, 계속 술에 의존하다가 좌절하고, 불안감에 빠진 사람들이 하는 파괴적인 행동을 하겠지요. 선택하십시오. 사랑받아야 한다고 계속 생각하면서 좌절할 것인지, 아니면 인정받는 것이 아무리 좋아도 그걸 필요로 하지 않는다고 믿을 것인지. 그러면 혼란에 빠진 삶을 회복시킬 수 있을 것입니다."

그 후로도 얼은 여전히 힘든 환자였다. 수차례 상담을 받은 후에야 사랑에 대한 절박한 욕구가 줄어들었다. 힘든 작업이었지만, 드디어 해냈다. 처음 만난 지 2년 후, 그는 마침내 더 이상 폭음을 하지 않았으며, 일을 잘했고, 생애 처음으로 자신을 사랑해주는 여인이 아니라 그가 사랑하는 여인을 만났다.

얼의 경우는 사랑과 인정을 절박하게 요구하는 극단적 사례였을까? 그렇다, 어느 정도는 극단적이다. 그는 수백만 명의 사람들이 만들어내는 '애정 욕구'라는 것을 극명하게 보여준다. 이들이 그 '욕구'를 얼만큼은 극단적으로 경험하지 않는다 해도, 그 욕구는 상당한 고통을 낳는다.

반드시 인정받아야만 한다는 생각은 자신을 파괴한다. 거기에는 여러 가지 이유가 있다.

1. 중요한 사람들이 모두 자신을 사랑해야 한다는 욕구는 완벽주의적이고 실현 불가능한 목표를 만들어낸다. 99명의 사랑을 받을 수 있다 해도, 100번째 사람은 그렇지 않을 수 있다.

2. 일정한 숫자의 사람으로부터 사랑받는다 해도, 그들 모두의 인정을 받지 못한다. 자신의 한계 때문에 남을 사랑하지 못하는 사람도 있다. 또 당신이 어찌할 수 없는 이유(피부색이 너무 까맣다는 사실처럼) 때문에 당신을 인정하지 못하는 삶도 있다. 그 외에도 당신에 대한 편견 때문에 영원히 당신을 미워할 수도 있다.

3. 절대적으로 사랑을 '필요'로 하면, 얼마나 많이, 얼마나 오래 인정받을지 걱정할 것이다. 배우자와 친척, 상사가 당신을 좋아한다고 가정할 때, 그들은 정말로 당신을 충분히 사랑하는가? 그렇다면 그 애정이 언제까지 계속될까? 이런 생각으로 한없이 두려

위할 것이다.

4. 항상 사랑을 필요로 한다면, 반드시 사랑스러운 사람이 돼야 한다. 하지만 누가 그런가? 사랑스러운 면(애교 등)이 있다 해도, 어떻게 모든 사람에게 항상 애교를 보일 수 있을까?

5. 항상 원하는 만큼 인정받을 수 있다면, 거기에 많은 시간과 노력을 투자해야 하기 때문에 다른 일을 할 시간이 없을 것이다. 한 없이 인정받으려 노력한다는 것은 곧 자신의 목표가 아니라 타인이 원하는 행동을 위해 살아간다는 뜻이다. 간혹 웃음거리가 되어 사람들의 환심을 산다는 의미이기도 하다.

6. 아이로니컬하게도, 사랑에 대한 욕구가 크면 클수록 사람들은 당신을 덜 사랑하고 존중하는 경향이 있다. 그들은 당신이 자신의 비위를 맞춰주는 것은 좋아해도, 당신의 결핍감을 경멸하고 나약한 사람으로 본다. 또한 환심을 사려는 당신의 절박한 노력에 사람들은 짜증을 내고 귀찮아하여 더욱 호감을 잃는다.

7. 일단 사랑받는다는 느낌이 들면, 당신을 사랑하는 사람에게 시간과 에너지를 빼앗길 때 귀찮아질 것이다. 다른 사람을 적극적으로 사랑한다는 것은 창조적인 몰입 행위다. 하지만 사랑에 대한 갈망은 사랑을 방해한다. 깊은 애정을 요구하다 보면, 사랑을 기르고 가꿀 시간과 에너지가 거의 없기 때문이다.

8. 사랑에 대한 간절한 욕구는 자신이 무가치하다는 느낌을 더욱 고조시킨다. "사랑이 필요해. 나는 사랑 없이는 아무것도 할 수 없는 초라하고 무능한 사람이니까. 그러니 반드시 다른 사람의 헌신적인 애정을 받아야 해." 이렇게 사랑을 갈구하면서 자주 무가치한 사람이라는 느낌을 감추고, 따라서 그 느낌을 극복하려

하지 않는다. 많은 사랑을 받는 데 '성공'할수록, 이 목표는 더욱 커지고 자기 인생을 통제할 수 없다는 생각을 계속 자신에게 주입시킨다.

이러한 이유 때문에, 영원한 사랑을 차지하겠다는 목표를 '합리적으로' 저버릴 수 있다. 자기 자신을 받아들이고 외부의 사람과 사물, 사상에 열중하는 것이 좋다. 역설적이게도 명상이 아니라 외부의 일에 몰입함으로써 자기 자신을 발견하는 경우가 많기 때문이다.

이러한 문제를 해결하기 위해 선불교와 도교 등 동양에서는 타인의 인정(그리고 세속적 만족)을 받고자 하는 간절한 욕망을 포기하고 대신 우주와의 일체감을 느끼는 데 집중하라고 한다. 우주와의 합일(그리고 '자기 자신'이나 더 큰 사랑이 필요하지 않다는 것)에 대해 명상하면, 일시적으로 편안하고 평화로움을 느낄 수 있다. 하지만 내면을 들여다본다는 것을 지나치게 받아들이지 말고 삶으로부터의 도피 정도로 이용하는 것이 좋다.

자기 자신을 인정하다 보면, 동시에 다른 사람과 행동에 열중할 수 있다. 자신의 기본적 욕망에 따르고 당신에 대한 타인의 생각에 지나치게 신경 쓰지 않으면, 걱정하는 데 쓰는 시간이 줄어들고 외부의 관심거리에만 몰두할 수 있기 때문이다. 동시에 외부의 일에 적극적으로 참여하고 다른 사람과 사물에 전념하면, 타인의 인정을 받고자 하는 욕구가 줄어들 것이다. 한편 장기간 즐거운 일—바람직하고 즐겁다고 생각하는 활동—에 몰두하면, 타인이 원하는 행동이 아니라 자신이 진심으로 원하는 행동을 할 것이다.

환자들은 자주 이렇게 묻는다. "타인의 사랑을 갈구하기보다는 제 자신을 인정하는 게 더 좋다는 말은 이해하겠습니다. 하지만 그게 어떻게 제가 다른 사람을 사랑하는 데 도움이 된다는 건지요? 저에 대한 다른 이들의 생각에 신경 쓰지 않을수록 사람들의 생각에 개의치 않기 때문에 잘 사귀지 못할 텐데요?"

그렇지 않다. 거기에는 여러 가지 이유가 있다. 무엇보다 사랑을 간절히 원하면, 사랑받은 데에만 열중한 나머지 사람들에게 관심을 갖지 못할 것이다.

둘째, 사랑에 대한 욕구에 집착하면, 인정받고자 하는 강한 욕망을 품을 것이다. 사랑을 갈구하지 않는다고 해서 사랑에 대한 느낌이 쓸모 없다고 여기지 말라. 절대 그렇지 않다! 훌륭한 소설이나 연극을 원하지 않아도 소설을 읽거나 연극을 볼 수 있다. 그렇다면 친밀한 관계 없이도 살 수 있다고 믿으면서도, 그런 관계를 즐기고 추구하지 못할 이유가 있는가?

셋째, 관심을 요구하지 않을 때에 더 많이 사랑할 수 있다. 다른 사람의 매력적인 면을 좀더 분명하게 볼 수 있다. 즉각 반응을 보이지 않는 사람을 미워하지 않을 수 있다. 사랑받지 못할 때에도 사랑할 수 있다. 사랑하는 사람을 잃어도 자기 자신을 잃지 않으리라는 점을 깨달았기 때문에 편안하게 사람들을 사귈 수 있다.

환자들은 다음과 같은 질문도 자주 한다. "사랑을 갈구할 때보다 그렇지 않을 때 더 많은 사랑을 받을 수 있다고 한다면, 사랑과 인정받고자 하는 욕망을 완전히 버려야 할까요?"

그렇지 않다. 인정받고자 하는 욕망을 완전히 버린다는 것은, 인정받는 데 집착하는 것만큼 해로울 수 있다. 여기에도 여러 가지 이유가 있다.

1. 친밀한 대화를 나누고 타인과 생각을 나누고자 하는 것은 지극히 건전한 욕망이다. 인간 관계를 싫어한다면 비인간적인 사람일 것이다.

2. 인정받고자 하는 욕망은 지극히 정상적이고, 강렬한 욕망 없이는 생존하기 힘들 것이다. 힌두교의 경전 『바가바드기타』에 따르면, 가장 강한 인간은 명예와 수치, 더위와 추위, 즐거움과 고통에 무관심하며 무언가에 집착하지 않는다고 한다. 이것이 가치 있는 이상이라 여기는 이도 소수 있을 것이다. 하지만 과연 얼마나 많은 이들이 그러한 경지에 이를 수 있을까? 심리적 고통을 줄이고 모든 쾌락을 근절하기 위해 필사적으로 노력한다는 것은 대단히 어리석은 일일 것이다. 의지가 있다면, 반드시 극단적이고 비현실적이며 자기 파괴적인 욕망을 없애도록 노력하라. 하지만 욕망 그 자체를 버리지는 마라!

3. 사실 어떤 물건이나 휴가 등 여러 가지 것들을 진심으로 원한다면 부모나 교사, 상사 같은 특정 인물의 인정이나 존중을 받는 것이 낫다. 사랑에 대한 욕망을 줄이는 게 현명하긴 하지만, 어떤 사회 집단에서는 인정받고자 하는 소망을 지니는 것이 정상적이다.

사랑받고자 하는 강렬한 욕망은 당신을 파괴하지만, 인정받고자 하는 약간의 소원은 도움이 된다고 가정하면, 이런 의문이 떠오를 것이다. 둘 사이에서 어떻게 중도를 지킬 수 있을까?

자신이 사랑을 갈구하고 있음을 인정하고, 이 욕망을 자세히 관찰하며, 그 욕망을 살펴보고, 문제시할 때 중도를 지킬 수 있다.

한 집단 상담 치료에서 지나친 애정 욕구를 극복한 좋은 사례를 볼 수 있다. 그 집단의 세 여성은 몇 달간의 치료를 받았지만 여전히 남편이 '진심으로' 자신을 사랑하지 않을 때 자주 괴로워했다. 그 이야기를 할 때마다 한 명은 좌절감을 느꼈고, 두 번째 여성은 남편과 세상에 화를 냈으며, 세 번째 여성은 새로운 연인을 찾기 시작했다.

세 여성 모두 다른 집단 구성원들과 자신의 문제에 대해 얘기를 나눈 후 자신에겐 엄청난 애정 욕구가 있음을 인정했다. 그 중 한 명인 잰은 사람들에게 물었다. "그렇군요. 그러면 앞으로 제가 할 수 있는 일은 제 애정 욕구를 극복하고, 남편이 욕구를 충족시켜주지 않을 때 좌절하지 않도록 노력하는 것이겠죠?"

그 중 한 명인 팀이 맞장구를 쳤다. "와, 간단하네요! 당신의 어떤 행동이 남편을 짜증나게 하는지 생각해보고 다시는 그런 행동을 하지 않으면 되잖아요. 그러면 남편은 당신을 전보다 더 사랑하겠지요. 특히 남편이 잘못을 저질렀을 때에도 다정하게 대하면요."

남편이 애정을 나타내지 않을 때 화를 내곤 하던 필리스가 말했다. "아니에요. 그렇다고 문제가 해결되지는 않아요. 당신을 사랑하지 않는 사람에게 다정하게 대하면 사랑을 더 많이 받을 수는 있어도 스스로는 아무것도 못하죠. 여전히 남편의 사랑을 원하거나 사랑을 원한다고 생각하잖아요. 금세 또 남편이 사랑을 주지 않으면, 당신은 또 다시 좌절할 거예요. 그러면 그 계획은 전혀 소용이 없지요."

잰이 말했다. "맞아요. 전 여러 번 노력했고 자니를 다정하게 대해서 사랑을 얻은 적도 여러 번이에요. 하지만 그리 오래 가지 않더군요. 항상 절 사랑하는 것은 아니었어요. 그러면 전 다시 절망감에 빠졌지요. 필리스 말이 맞다고 생각해요."

이번엔 팀이 말했다. "무슨 말인지 알겠어요. 제가 말을 잘못했나 봐요. 사랑받으려고 기술을 쓰는 건 별 효과가 없을 거예요. 다른 사람은 필요 없으니까요."

또 다른 남자 게리가 말했다. "무슨 뜻입니까? 어떻게 다른 사람이 필요 없을 수 있죠?"

필리스가 말했다. "제가 말씀드릴게요. 당신은 더 이상 다른 사람이 필요하다고 생각하지 않아요. 그렇죠?"

"좀더 구체적으로 말씀해주세요."

또 다른 구성원인 조앤의 말에 필리스가 대답했다.

"그래요. 전에 말씀드린 것처럼, 전 남편이 절 의심의 눈초리로 볼 때마다 움츠러들곤 했어요. 그리고는 그에게 무척 화를 냈어요. 샌드라처럼, 저도 가끔 다른 남자를 찾기도 했지요. 그 남자들과 뭘 어쩌려는 건 아니면서도 말이에요. 하지만 존이 이상한 눈으로 절 바라보거나 절 사랑하지 않는다는 게 느껴질 때마다 처음에는 위축되곤 하다가 몹시 화가 났어요. 하지만 요즘엔 어쩌다 한 번씩만 그래요. 훨씬 나아진 것 같아요."

"어떻게 해서 그렇게 된 거죠?" 잰이 물었다.

"처음엔 어쩔 줄 몰랐었죠. 존이 영원한 사랑을 보여주지 않을 때마다 지옥 같았거든요. 하지만 언젠가 짐이 사랑을 보여주지 않아서 분노가 치밀어 올랐을 때, '지금은 그가 날 진심으로 사랑하지 않아. 하지만 그게 뭐 어때? 그런다고 하늘이 무너지나? 24시간 내내 1초도 빠짐없이 그의 사랑이 필요해? 당연히 아니잖아! 내가 그를 원할 때마다 날 사랑해준다면야 좋겠지. 하지만 아니어도 행복하게 지낼 수 있는 거 아냐? 그럼, 난 할 수 있어!' 란 생각이 들었어요. 그리고 정말 그랬죠. 물론 항상 그런 건 아니에요. 전에 말씀드린 것처럼, 제가 원할 때 그가 위로해주지 않으면 지금도 가끔은 화가 치밀어 오르거든요. 하지만 전보단 횟수가 많이 줄었어요. 그리고 앞으로는 그 횟수를 더 줄일 생각이에요!"

팀이 말했다. "다시 말해, 사랑에 대한 갈망이 완전히 없어지지 않았지만, 많이 줄어들었다는 거군요. 그 횟수가 계속 줄어들고 있나요?"

필리스가 대답했다. "그럼요. 정말 힘든 일이에요. 하지만 계속 노력 중이랍니다."

당신도 할 수 있다. 애정을 갈구하고 있다면, 그리고 당신에게 애정 욕구가 있다는 사실을 인정하고 극복하려 노력한다면, 결국엔 생각보다 빨리 그 욕구를 줄일 수 있다. 잊지 말 것. 그것은 바로 당신의 욕구이며, 바로 당신이 그 욕구를 붙잡고 있음을.

그 밖에 지나친 애정 욕구를 극복할 수 있는 방법에는 다음과 같은 것들이 있다.

1. 다른 사람이 당신에게 원하는 행동이 아니라 당신이 진심으로 어떤 행동을 하고 싶은지 자문해 보라. 그리고 가끔씩 자문해 보라. '내가 진심으로 원하고 있기 때문에 계속 이런 행동을 하거나 저런 행동을 하지 않는 걸까? 아니면 또 다시 무의식적으로 남의 비위를 맞추려는 건 아닐까?'

2. 당신이 진심으로 원하는 것을 추구할 때에는 위험을 감수하고, 거기 전념하고, 실수를 두려워하지 마라. 하지만 사람들이 당신의 실패를 비웃거나 비판한다면, 그들에게 문제가 있다고 생각

하라. 당신이 자신의 실수를 통해 무언가를 배우는 한 다른 사람들의 생각은 중요하지 않다.

3. 사랑받기보다는 사랑하는 데 집중하라. 살아 있은 삶은 수동적으로 사랑받는 삶이 아니라 사랑을 행하고 베푸는 것이다. 억지로 피아노를 치거나 요가를 하도록, 혹은 매일 출근하도록 자기 자신을 강요할 수 있는 것처럼, 사람들을 사랑하겠다고 자신과 약속할 수 있다. 그러면 사랑에 대한 갈망은 줄어들 것이다.

4. 그 무엇보다 사랑을 받는다는 것과 인간의 가치를 혼동하지 말라. 당신이 존재하고 살아 있다는 사실만으로도 가치 있다고 생각하라. 가치를 '얻기 위한' 어떤 행동으로 인간의 가치를 평가할 수는 없다. 사람들이 아무리 당신을 인정하거나 가치 있는 존재라고 평가해도, 로버트 S. 하트먼(Robert S. Hartman)이 지적한 것처럼, 그 가치는 비본질적이다. 본질적인 가치가 존재한다면(사실 본질적인 가치는 정의할 수 없는 칸트의 물자체[thing-in-itself]와 같이 때문에, 실제로 존재한다고 생각하지 않는다), 당신이 차지하겠노라 선택하고 결심할 때 얻을 수 있다. 가치는 당신이 정의했기 때문에 존재한다. 당신이 가치 있거나 가치를 인정받을 만한 존재인 이유는, 당신 스스로 그렇다고 생각했기 때문이지 누군가 당신에게 그 가치를 부여했기 때문이 아니다.

이 중요한 사실-당신은 자신과 자신의 본질을 평가할 필요가 없으며, 가치 있다고 생각하기로 결심했기 때문에 가치 있는 존재로 생각하겠노라 선택할 수 있음-을 진심으로 믿는다면, 다른 이들의 인정을 갈구하지 않을 것이다. 당신이 인정받기를 원하는-혹은 원한다고 생각하는-이유는, 어리석게도 사람들의 인정을 받아야만 당신이 인간으로서 가치 있다고 정의하기 때문이다. 이 자기 파괴적인 생각을 저버리면, 타인의 인정을 받고자 하는 욕구는 줄어들 것이다. 마찬가지로 사람들에게서 존중받고자 하는 갈망이 줄어들면, 자신의 여러 가지 특징은 평가해도 '사람'으로서 자기 자신을 평가하지 않을 수 있다. 무조건 자신을 받아들일 것이다. 그리고 살아 있다는 이유만으로도 자신을 가치 있는 존재로 평가하고, 바로 그 이유만으로도 행복하게 살아갈 가치가 있다고 생각할 것이다.

인간의 가치에 대한 이 마지막 핵심을 강조하기 위해 마이클의 사례를 얘기해 보자. 마흔 살의 성공한 사업가였던 마이클은 몇 차례의 REBT 상담을 받은 후, 어릴 적부터 행한 자신의 거의 모든 행동이 부모와 아내, 자녀, 친구, 심지어 종업원의 칭찬을 받고자 하는 갈망에서 비롯됐음을 깨달았다. 아홉 번째 상담 시간에 그가 물었다.

"제대로 이해한 건지는 모르겠지만, 제가 사람들의 칭찬을 받으려고 노력하지 않고 그저 제가 하고 싶은 대로 하면, 저를 좀더 가치 있는 존재로 생각할 수 있기 때문에 저 자신을 더 사랑할 수 있을 거라는 뜻인가요?"

나(엘리스)는 대답했다. "아니오. 우리 REBT 치료사들은 '가치'가 그 반대말인 '무가치'만큼이나 위험한 개념이라는 것을 깨닫게 되었습니다. '가치'를 생각하면, 자연히 '무가치'도 생각하게 되니까요. 그래서 오늘은 유능하게 일하거나 현명한 판단을 내렸으니 자신을 '가치 있다'고 생각했다가도, 내일 무능한 행동을 하고 어리석은 판단을 내리면 자신을 '무가치'하다고 생각하겠지요."

"하지만 무능하면 쓸모없는 사람 아닌가요?"

"아니오. 절대로 그렇지 않습니다. 정신적으로 부족하고 유능하지 않다면, 당신의 외적인 '가치'는 별로 없겠지요. 사람들이 당신을 적합한 친구나 동료로 생각하지 않을 테니까요. 하지만 자신이 유능한 사람이라고 스스로에게 '가치'를 부여할 수 있습니다. 당신이 자신을 가치 있는 존재로 믿는다면, 당신은 가치 있는 사람입니다. 하지만 지금처럼 무능하다는 이유로 자신을 '쓸데없다'고 믿는다면, 바로 그렇게 느끼겠지요."

"그렇다면 제가 실제로 무능하든 아니든, 제가 절 쓸데없다고 생각하기 때문에 쓸데없는 사람이라는 건가요?"

"그렇습니다. 아까 말씀드린 것처럼 '가치'라는 개념이 위험하다는 점을 제외하고는요. '가치'란 '무가치'라는 개념을 전제하니까요. 천국이 지옥이라는 개념을 전제하는 것과 같습니다. 가치 있다는 것은 천사나 천국에, 그리고 '무가치'는 악마나 지옥에 해당되는 개념이지요. 아닌가요?"

"그런 것 같습니다. 무슨 말씀인지 알겠습니다." 마이클이 말했다.

"더욱이 '가치'나 '무가치'라는 개념을 갖고 있다면, 무수한 '가치'의 정도에 몰두할 것입니다. 그래서 '오늘 나는 꽤 가치 있는 사람이었어. 어제는 좀 덜했지. 내일은 더 가치 있는 사람이 되면 좋겠군' 하고 생각합니다.

'가치'와 '무가치'라는 생각 때문에 죄책감과 수치심, 자기 비하 같은 불안감을 갖습니다. 유능하기 때문에 자신이 '가치 있다'거나, 무능하기 때문에 '가치 없다'고 생각하지 않는다면, 삶이 훨씬 편안해질 것입니다. 당신은 그저 존재할 뿐입니다. 대부분의 사람들이 이러한 생각을 이해하고 인정하기 힘들어하지요. 하지만 일단 그 사실을 받아들이면 본질적으로 자신이 무가치하다거나 자신을 비하하지 않을 것입니다."

마이클이 말했다. "그 점에 대해 더 생각해 보겠습니다. 하지만 그 외에도 자기 수용이라는 것도 관련이 있는 것 같군요."

"그렇습니다. 무조건적인 자기 수용과 깊은 관계가 있어요. 자기 수용이란 자기 자신, 자신의 존재, 또한 가능한 한 행복하게 살 권리를 완벽하게 받아들인다는 의미이기 때문입니다. 당신의 성격이 어떠하든, 어떤 행동을 하든 말입니다. 자신감이나 자존심, 자부심과는 다릅니다. 그 말은 당신이 어떤 일을 잘 했거나 사람들이 당신을 좋아하기 때문에 자신을 인정한다는 점을 암시하기 때문입니다. 무조건적인 자기 수용이란 당신이 살아 있고 자기 자신을 인정하기로 결심했기 때문에 자신을 인정한다는 의미입니다. 소수의 재능 있고 현명하며 능력 있고 사랑스러운 사람만이 자부심이나 자신감을 가질 수 있습니다. 하지만 자신을 인정하겠다고 선택한 사람은 누구나 자신을 인정할 수 있습니다."

"자신을 인정한다는 말은, 제가 저 자신을 가치 있다고 생각하거나 무슨 일을 하든 행복하게 살 자격이 있다는 뜻인가요?"

"예. 가치나 자격이라는 말은 당신의 가치 평가를 암시하기 때문에, 그 말을 좋아하진 않지만 말입니다. 그 말은 '가치'나 '자격'이 있다는 느낌을 갖기 위해 어떤 일을 하거나 하지 말아야 한다는 것을 암시합니다. 당신이 무조건적으로 자신을 인정한다면, 당신과 다른 사람의 본질적 가치에 대해 최소한의 가정을 하겠지요."

"최소한의 가정을 한다니요?"

"여러 가지인데요, 첫째 당신은 존재합니다. 둘째, 당신은 계속 존재함으로써 고통보다는 즐거움을 더 많이 누리고, 그리하여 계속 살아가기를 바랄 것입니다. 셋째, 당신은 고통을 줄이고 즐거움을 늘일 수 있습니다. 넷째, 가능한 한 고통 없이 즐겁게 살기 위해 노력하겠노라 결심합니다.—이것이 자기 수용의 핵심입니다—아니, 다시 말해 단기적이면서도 장기적인 즐거움을 존재의 주요 목적으로 선택합니다. 당신이 인정받고 성공하려 노력하는 이유는, 자기가 대단한 사람이라는 것을 증명하거나 천국에 가기 위해서가 아니라 목적을 달성하고 사랑받기를 좋아하기 때문이지요."

"그렇다면 '내가 가치 있는 사람인가?' '어떻게 나를 증명할까?' '어떻게 해야 사람들에게 좋은 인상을 줄 수 있을까?' 라고 자문하기보다는 '내가 쓸데없는 고통을 겪지 않고 즐기며 살아갈 일을 찾아 행하려면 어떻게 해야 할까?' 라고 자문하는 게 낫다는 말씀이군요?"

"그렇지요! 개인적으로나 사회적으로나, 현재에나 미래에나 당신의 존재 목적을 스스로 만드는 것입니다."

"그렇게 하면 행복하게 살아갈 수 있다는 말씀이군요. 하지만 좀더 행복하게 살 뿐 사실 제 '가치'가 높아지지는 않을 텐데요?"

"그래요. 그렇지만 불완전한 인간이 늘 그렇듯, 잘못을 저지르거나 현명하지 못한 일을 하더라도 자책하거나 자학하지는 않을 것입니다. 어리석은 생각이나 감정, 행동과 함께 당신 자신을 인정하고 그 '나쁜' 경험을 통해 앞으로 행복해지거나 더 나은 행동을 하게 될 것입니다. 그보다 더 좋은 일이 있을까요?"

11

실패에 대한 극단적 두려움을 극복하라

극단적 사랑을 갈구하는 사람은 평생 지속될 불행을 만들 것이다. 더 불행하길 원하는 사람은 완벽하게 유능하고 성공해야 한다는 바보 같은 개념이나 최소한 몇몇 중요한 분야에서는 능력을 갖추거나 재능을 타고나야 한다는 어리석은 개념을 만들 것이다. 많은 환자들이 실패와 무능에 대한 극단적 두려움에 시달린다.

똑똑하고 재능 있는 여성인 사라는 집필이나 작곡처럼 혼자 하는 활동은 좋아했지만, 집단에 참여하는 것은 싫어했다. 다른 사람들처럼 잘하지 못할까봐 두려웠기 때문이었다. 더욱이 글을 쓰거나 작곡을 할 때도 종이에 적는 경우는 거의 없었고 주로 머릿속에만 담아두었다. 다른 사람들이 자신의 작품을 볼까봐 두려웠던 것이다.

대단히 총명한 패트리샤는 자신이 주관한 모임에서 손님들과 재미 있는 대화를 나누지 못할까 두려워서 아예 입을 다물고 한 마디도 하지 않았다. 하지만 여주인 역할을 맡지 않아도 되는 다른 사람의 모임에서는 막힘없이 대화를 나누었다.

25살의 물리학자 크리스는 섹스를 즐겨본 적이 없었다. 파트너에게 정력을 증명해야 한다는 강박감 때문이었다. 하루 밤에 두 번째 오르가즘을 느낄 때엔 대단히 만족스러웠다. 여자에게 힘을 입증한 것 같았기 때문이었다.

30살의 교사 케리는 데이트를 하다가 누군가 자신을 해치려 할 때 데이트 상대가 자신을 보호해주지 않을지 모른다는 두려움을 갖고 있었다. 그런 일이 벌어진다면(물론, 한 번도 일어난 적이 없었다) 그녀는 지독한 수치심에 땅 속으로 꺼져버릴 것 같았다.

조나단은 상담 치료를 받을 때 자신의 생각을 말하기 두려워했다. 지금까지 시도했던 다른 일들처럼, 치료사에게 자기가 똑똑하다는 것을 보여주지 못하면 '완벽한 패배감'을 느낄 것이란 생각에 입을 여는 일이 거의 없었다.

이들은 어떤 임무나 목표에 실패할 것을 두려워하는 사람들이다. 우리가 만나본 수백 명의 환자에게 전형적으로 나타나는 현상이다. 이들은 실패를 최악의 범죄라고 보기 때문에 원하는 일도 시도하려 하지 않는다. 우리에게 도움을 구하러 온 사람들뿐만 아니라 일상 생활에서 이런 사람들을 쉽게 만날 수 있다. 주위를 둘러보면 금방 찾을 수 있을 것이다.

어떤 일을 달성했을 때에만 사람으로서 가치가 있고 중요한 분야에서 무능하면 차라리 죽는 게 낫다는 개념에는 몇 가지 불합리한 점이 포함되어 있다.

1. 거의 모든 분야에서 유능하고 능수능란한 사람도 없고, 목표를 완

벽하게 달성할 수 있는 사람도 없다. 레오나르도 다빈치에게도 단점이 많았다. 이 책의 저자를 포함한 다른 사람들도 마찬가지다. 한 분야에서 두각을 나타내기란 쉽지 않다. 수백만 명이 같은 분야에서 서로 경쟁하기 때문이다. 전반적인 성공과 완벽이라는 목표는 큰 실망을 안겨줄 것이다. 꼭 그래야 한다면 조심해야 한다.

2. 성공이 인간의 본질적 가치를 높이지 않는다. (성공에 대한 정의를 임의로 내리지 않는 한) 당신이 어떤 성공을 거두었기 때문에 자신을 '더 나은', 혹은 '더 훌륭한' 사람으로 생각한다면, 잠깐은 자신을 '더 가치 있는' 존재로 느낄 수 있다. 하지만 사실 성공이 당신의 본질적 가치를 높이진 않는다. 또한 실패가 당신의 인간적 가치를 낮추는 것도 아니다. 이런 저런 목표를 달성하여 더 큰 행복이나 더 많은 능력을 차지할 수도 있다. 하지만 나아졌다는 느낌을 갖는다고 해서 '더 나은' 사람이 되는 것은 아니다. 당신이 '좋다'거나 '훌륭하다', '자격이 있다'면(꼭 이런 단어를 쓰고 싶다면), 그건 당신이 존재하기 때문에, 당신이 살아 있기 때문이다. 성공으로 높아진 자부심은 그릇된 자만심이다. 그것은 목표를 달성하지 못하면 하찮은 존재라는 믿음, 당신이 목표를 달성했기 때문에 진정한 가치를 가진 존재라는 믿음이다.

3. 엄밀히 말해, 당신은 특별한 존재가 아니다. 알프레드 코르지프스키(Alfred Korzibski)의 제자이자 일반 의미론 학자 데이비드 부어랜드 2세는 '~이다'라는 동사 형태는 적당히 얼버무리는 것이라고 말한다. 당신은 정육점주인이나, 빵 굽는 사람, 혹은 촛대 생산자가 아니다. 그저 이런 직업에 종사하되 여러 다른 일을 하는 사람일 뿐이다. 나, 앨버트 엘리스는 심리학자가 아니

다. 많은 시간 심리학과 관련된 일을 하지만, 강의와 세계 여행, 워크숍, 세미나, 집중치료를 하는 시간도 많기 때문이다. 나, 로버트 A. 하퍼도 심리학자가 아니다. 심리치료를 하면서도 정원을 가꾸거나 개와 함께 숲속을 달리기도 하고, 아내 미미와 즐거운 시간을 보내기도 하고, 독서, 집필, 여행, 강연, 여타 다양한 일을 하기 때문이다.

어떤 행동을 수행하는 방법에 따라 자신을 평가하면, 사람으로서 당신은 그 행동만큼만 가치를 갖는다고 착각하게 된다. 정말 그럴까?

4. 목표 달성이 이득을 줄 수는 있지만, 세속적 성공에 대한 광적인 집착은 위험하고 불편하다. 성공에 필사적으로 매달리다 보면, 흔히들 신체적 한계를 넘어 자기 자신을 몰아붙인다. 공연히 고통스런 상태를 초래하고, 충분히 쉴 시간을 두지 않거나 일을 즐기지 못한다. 더 완성된 인생을 영위하지 못한다. 과로로 자기 생명을 갉아먹는다. 다른 사람들보다 일을 많이 하는 게 좋으면, 상관없다. 하루에 14시간씩 일하게 하라. 나, 앨버트 엘리스는 좋아하지만, 나, 로버트 하퍼는 싫어한다.

5. 성공에 대한 필사적인 노력은 다른 사람을 능가하고 남보다 더 나은 사람임을 증명하고자 하는 극단적 욕구를 나타낸다. 남들이 열등하면 당신이 더 나은 인간이 되는가? 남이 어떤 면에서 당신보다 나으면, 당신은 쓸모없는 인간이 되는가? 그렇게 생각하는 한, 다른 사람을 자기보다 더 낫거나 못하다고 생각하게 될 것이다. 인간으로서의 자기 가치가 남보다 우월함에 좌우된다고 생각한다면, 늘 불안하고 자신을 무가치하다고 여길 것이다. 남

의 기준에 따라 살다가 죽을 때까지 원하는 일을 하지 못할 것이다. 그리고 "다른 사람들처럼 잘 하거나 남보다 더 잘 할 때만 즐겁고 그럴 때만 내가 좋다"라며 자신을 비하할 것이다. 그러면 안정감을 얻을 수 있을까?

6. 맹목적으로 성공을 추구하는 사람은 실패를 걱정하고, 위험을 두려워하며, 잘못을 자책하고, 정말로 하고 싶지만 위험한 일은 두려워한다. 눈에 띄는 성과를 얻으려 할수록 잘못을 저지르고 그 때문에 좌절하거나 위험한 일은 피하고 아예 단념할 것이다. 성공에 대한 '강박관념'은 실패와 실패에 대한 두려움을 낳기 마련이다. 이는 실패 자체보다 더 삶을 구속한다.

실패보다 실패에 대한 두려움이 더 큰 문제를 낳은 경우가 불능 문제를 가진 환자들에게 나타난다. 우리가 다른 책(『성공적인 결혼 안내서 A Guide to Successful Marriage』와 『지적인 여성을 위한 데이트와 결혼 안내서 The Intelligent Woman's Guide to Dating and Mating』)에서 지적한 것처럼, 처음에는 피로나 질병, 업무 걱정, 상대방의 매력 부족, 또는 임신에 대한 두려움 등 잡다한 '정상적' 이유로 성행위가 제대로 이루어지지 않을 수 있다. 그 경우 무력감을 느끼고 다시 실패할 경우 '난 무능하니까 계속 실패할 거야'라고 혼자 중얼거릴 수 있다.

섹스에 실패하는 본질적 원인이 무엇이든 간에, 계속 잘 못할 수 있다. 실패를 두려워하기 때문이다. 그래서 계속 중얼거린다. "전에도 못했으니 다음에도 못할 거야. 비웃음을 당하면 어떻게 하지?"

섹스를 두려워하면 흥분도, 성적 기능도 사라진다. 처음에는 성적 자극보다 불안감에 집중하고, 그 다음에는 반응을 보이지 못하리라 확신한다. 그렇게 해서 즐겁게 반응하고 싶은 그 상황을 두려워한다. 그건 성기에 뜨거운 피가 아니라 찬물을 보내는 것과 같다.

한없이 성공을 원하는 사람은 어떤 부분에서는 무력감을 느낄 수밖에 없다. 나(엘리스)의 한 환자는 어릴 적 운동에 타고난 소질을 보였고 동네에서 또래 친구들에 비해 야구를 잘했다. 하지만 나이가 많고 더 재능 있는 선수들과 자신을 비교하면서 공을 치고 던지는 데 골몰한 나머지 결국 야구에 대한 흥미를 완전히 잃고 아예 야구를 하지 않게 되었다. 그 후 그는 처음 하는 일은 무엇이나 두려워했고, 나를 찾아왔을 때(30대 초반)에는 그 어떤 일에도 관심을 갖고 빠져들지 못했다.

로이라는 34세의 사무 관리자도 실패에 대한 극단적 두려움을 갖고 있었다. 그는 발기가 안 되는 경우였다.

"실패를 두려워해서 발기가 안 된다는 건 저도 압니다. 하지만 어떻게 할지 모르겠어요. 제니를 실망시키고 싶지 않습니다. 흥분이 안 된다는 건 정말 끔찍한 일 아닌가요? 제니와 잠자리를 할 때면 제가 불능이라는 생각에 삽입도 할 수 없더군요. 정말 기가 막혀요. 그렇지 않습니까?"

"왜 기가 막히지요? 아까 제니의 클리토리스를 자극해 그녀에게 만족을 주었고 그렇게 오르가즘을 느껴서 그녀도 좋아하는 것 같다고 했는데, 아닌가요?"

"그렇죠. 하지만 저는요? 저는 어떻게 만족을 얻죠?"

"잠시만요. 그 문제는 잠시 후 얘기하지요. 어쨌든 당신의 두려움은 성관계로 만족감을 못 느낀다는 거군요. 맞습니까?"

"꼭 그런 것은 아닙니다. 제니가 절 무능하다고 생각하는 게 싫습니다. 젠장, 사실 제 자신이 그렇게 생각하는 게 싫어요."

"아, 만족을 느끼지 못하는 것 외에 다른 문제가 있군요. 당신은 자신에게 이렇게 말합니다. '섹스가 즐겁지 않아. 젠장!' 정말 좋은 것을 모르니 그 말은 맞겠지요. 하지만 거기에 불합리한 믿음까지 덧붙이고 있군요. '제니가 나를 약골로 볼 거야. 내가 게이는 아닐까? 설마! 대체 내가 왜 이러는 거지?' 그런 생각을 하지 않습니까?"

"맞아요."

"그렇다면 해결책은 있지 않습니까?"

"글쎄요. 그런 것 같기도 하네요. 불합리한 생각은 잊고 합리적으로만 생각하라는 거 아닙니까?"

"그렇습니다. 관계를 못하면 어떡하나, 혹시 나는 게이가 아닐까, 하는 생각을 하지 마십시오. 건강한 생각만 하십시오. 섹스의 즐거움을 느끼는 못했다는 데에만 신경 쓰십시오. 제니에게, 그리고 그녀와 함께 즐거움을 되찾을 방법에만 집중하세요."

"그런데요, 그 동안 제니에게 어떻게 말해야 하죠? 그녀와 이 문제에 대해 얘기를 하란 말입니까?"

"물론입니다. 제니와 다시 관계를 할 때 이렇게 말해 보세요. '내 심리치료사 말이, 내 성적 문제는 정신적인 거라더군. 나 스스로 자꾸 터무니없는 생각을 하기 때문이라는 거야. 우리가 좀더 합리적으로 섹스에 대해 생각하고 성행위가 목적이 아니라 서로 즐기는 데 집중해 보라고 하던데. 내 발기 여부를 떠나 좀더 즐길 수 있는 방법을 찾아보자. 우리 둘 다 즐길 수 있는 방법으로 서로를 애무해 주면 어떨까? 전에도 그런 것처럼 당신을 만족시킬 자신은 있어. 그리고 박사 말이, 발기 여부에 신경 쓰지 않으면 내 몸이 저절로 치료돼서 전보다 더 나아질 수 있다고 해. 하지만 제일 중요한 건, 우리가 관계를 안 해도 즐겁다는 거야. 그것만 생각하면 문제가 풀릴 거야' 라고 말입니다."

"무슨 뜻인지 알겠습니다. 다 옳은 말씀이군요. 하지만 좀 황당하군요. 발기에 신경 쓰지 않는다는 건 우리를, 그러니까 제니와 저를 속이는 것 아닙니까?"

"그렇죠. 그건 중요하지 않다고 최면을 거는 셈이죠. 물론 그건 중요한 문제입니다. 하지만 당신 생각처럼 '가장 중요한' 문제는 아닙니다. 제니가 그런 것처럼, 사실 남자가 발기하지 못해도 여자는 오르가즘을 느낄 수 있어요. 그리고 성기가 단단하지 않아도 성적 즐거움을 느낄 수 있다는 점, 장담합니다. 제가 만난 환자들 중에서 삽입 없이 섹스를 즐기는 사람이 많습니다. 삽입으로 더 큰 즐거움을 느낄 수도 있겠지만, 그렇지 않아도 서로를 만족할 수 있지요.

반드시 삽입해야 한다는 고정관념을 버린다면 관계를 즐길 수 있을 겁니다. 하지만 잊지 마십시오. 사실은 제 말을 믿지 않으면서 믿는다고 스스로를 속이기 마십시오. '발기에 도움이 된다고 했으니 좋은 척해야지' 라며 다짐해 봤자 아무 소용없습니다. 삽입하지 못해도 괜찮다고 진심으로 확신하고, 진심으로 믿어야 합니다. 그냥 조금 불편한 것뿐입니다."

"그렇다면 삽입을 원하긴 해도 꼭 필요하다는 게 아니고, 삽입보다는 즐기는 게 가장 중요하다고 확신할 수 있겠군요."

"그렇습니다. 즐기는 데 집중하면 관계를 잘할 수 있을 겁니다. 하지만 삽입에만 매달리면 아무런 즐거움도 없을 수 없겠지요."

로이는 그날 밤 내 말대로 그녀와 오랜 대화를 나눈 다음 관계를 갖고 발기보다는 그저 즐기려 했다. 그러자 몇 달 만에 처음으로 쾌락을 느꼈을 뿐 아니라 20분 동안 발기 상태를 유지하며 생애 최고의 관계를 가졌다. 그리고 아이로니컬하게도 제니는 로이의 삽입을 좋아하면서도 여전히 로이가 클리토리스를 자극해 절정에 이르게 해주길 원했다.

여기에 제시한(그리고 우리가 1950년대에 처음 개발한) 불능 해결 방법은 매스터스와 존슨이 개척했던 방법과 다르면서도 비슷하다. 성 문제로 고민하는 사람들과 수년에 걸쳐 실험하고 치료한 결과, 매스터스와 존슨은 이 같은 문제는 유아기의 훈련이나 부모에 대한 근친상간적 소원에 대한 죄책감이 아니라 실패에 대한 두려움에서 비롯된다는 점을 밝혀냈다. 발기에 문제가 있는 남자는 자신을 '성불구자'로 평가한다. 그리고 자기가 잘하는지 스스로 계속 감시한다. 그 결과 성행위 자체에 집중하지 못하는 것이다.

실패에 대한 두려움에 집착하면 성불구가 될 수 있다는 데 주목한 매스터스와 존슨은 다양한 기법을 고안했다. 그 중 특히 감각집중(sensate focus)이라는 방법은 상대방이 자신과 상대의 육체적 쾌락에 집중하도록 유도한다. 불구자였던 사람들은 유능한 성 치료 전문가의 도움으로 실패에 대한 두려움을 극복하고 전희와 삽입, 후희를 즐기기 시작한다.

REBT 치료사들은 종종 감각집중 방법을 이용한다. 이는 매스터스와 존슨이 연구를 시작하기 전인 1954년에 내(엘리스)가 쓴 『미국의 성적 비극 The American Sexual Tragedy』에 자세히 서술되어 있다. 하지만 REBT에서는 또 다른 두 가지 방법이 자주 활용된다. 첫 번째는 흥분이나 오르가즘을 느끼기 힘들 경우, 성적 자극에 집중하도록 가르치는 방법이다. 두 번째는 두려움을 극복하는 평범한 REBT 방식, 즉 성패 여부를 떠나 자신을 있는 그대로 받아들이는 방법이다.

이러한 관점을 받아들이고 자신이 생각보다 못한다는 사실을 인정하면서도 자기 비하를 하지 않는다면, 성공에 대한 욕망은 대부분 사라지고 성관계는 더욱 과감하고 즐거워진다. 동시에 치료사는 그들이 자책감을 갖지 않도록 도와주어 섹스와 무관한 불안감을 줄어들게 한다.

중요한 일을 뭐든 잘 해야 한다는 생각은 초인이 되지 않으면 인간 이하의 존재가 된다는 강박감을 낳는다. 대중 매체는 끊임없이 이 자기 파괴적 생각을 조장한다. 이러한 완벽주의는 또한 자초한 것이기도 하다. 문화가 무엇이 바람직하다고 말하면, 그것에 대한 절대적 의무와 강렬한 욕망을 키운다. 그렇게 스스로 실패에 대한 두려움을 만든다.

REBT가 지나치게 합리적이라는-지나치게 기계적이거나 냉정하다는-비난을 받기도 하지만, 사실은 가장 인간적인 치료법이다. 핵심적으로 바로 위에서 말한 견해를 반대하기 때문이다. REBT는 인간은 그저 인간일 뿐이라고 얘기한다. 인간은 슈퍼맨도 인간 이하의 존재도 아니다. 자신이 인간이며 인간으로서의 한계를 인정한다면, 그리고 더 신성한 존재가 되려 하지 않는다면, 그 어떤 것 때문에 화낼 이유가 없을 것이다. 중요한 계획에서 성공해야 한다고 생각하는 이유는, 남보다 더 나은 사람이 돼야 한다는 집착 때문이다. 그리고 바로 그 때문에 정서적으로 황폐해지는 것이다.

그렇다면 능력과 성공과 관련해 무엇을 믿고 어떻게 행동해야 할까?

우선, 완벽하게 해야 하는 일 대신 자신의 행동을 강조할 수 있다. 어떤 일을 잘한다는 것이 나쁘다는 의미가 아니다. 어떤 일을 잘해서 더 많은 돈이나 서비스, 혜택을 얻을 수 있다. 좋다. 하지만 의무 사항은 아니다.

그 다음엔 성공만이 아니라 즐거움을 찾아보라. 이 두 마리 토끼를 동시에 잡을 수도 있다. 테니스를 잘 칠수록 게임은 더욱 즐거워진다. 하지만 게임에 이길 때에만 테니스가 좋다면 이런 생각을 할 것이다. ⑴ '내게는 테니스에 천부적인 재능이 있으니까 테니스가 좋아.' ⑵ '잘난 척할 수 있으니까 좋은 거야.'

⑴은 실용적이고 건강한 믿음이지만 ⑵는 그렇지 않다. 자만심은 그릇된 자부심의 산물이다. 이는 남보다 더 잘하지 못하면 열등하다는 생각에서 비롯된다. 그러한 자부심은 성공할 때까지만 지속된다. 이를 위해선 완벽한 성과와 우월감이 필요하다.

보다 합리적이고 자기 성공적인 사람이 되기 위해서는 성공 여부를 떠나 인생이라는 게임을 즐기도록 노력해야 한다. 최선을 다하되 다른 사람을 능가하는 데 얽매이지 말아야 한다. 자신이 어떤 경우엔 잘할 수도 있지만 항상 잘할 수는 없으며, 목적을 달성했다 해도 완벽할 수는 없다는 사실을 인정해야 한다. 높은 목표를 갖되 불가능한 목표를 잡아선 안 된다. 목표를 달성하지 못할 경우, 절망감이 아니라 실망감을 갖도록 하라. 실패를 인정하되 낙오자로 자신을 평가해선 안 된다.

성공을 간절히 원할 때보다는 목표 달성에 합리적으로 접근할 때 더 좋은 성과를 거둘 것이다. 잘못해도 괜찮다고 생각하고 그것을 미래의 지침으로 삼을 수 있기 때문이다. 나아가 실천이 그 무엇보다 오류를 줄인다는 점을 깨닫고, 실수를 두려워하지 않으면 모험을 감수하고 기피했던 수많은 일을 시도할 것이다.

어떤 일을 잘 해내고 싶고 조금 부족하다 해도 무조건 자신을 있는 그대로 인정한다면, 최선을 다할 수 있고 자신을 위험에 빠뜨리게 하지 않을 것이다. 능력을 기르기 위해 노력하되 잘난 사람이라는 것을 증명하기 위해 능력을 과시하지 않을 것이다.

25세의 물리학자 벤은 패배감 때문에 나(하퍼)를 찾아왔다. 사실 그는 평균 이상이었다. 젊은 나이에 박사 학위를 취득했을 뿐 아니라 대학에서 축구와 야구, 농구 선수로도 활약했다. 사람들은 그를 키 크고 근육질에 미남이라고 생각했다. 동료들은 25세의 그를 일류 물리학자로 인정했다. 벤은 거의 모든 것을 갖고 있었지만, 자신을 무능력하다고 생각했다.

상담 초기였다. "모든 문제는 제 거짓말 때문입니다. 전 가면을 쓰고 살았어요. 갈수록 사람들은 절 칭찬하고 제 능력을 높이 평가했지요. 그럴수록 힘들었습니다."

"거짓말이라는 건 무슨 의미입니까? 지난번에는 당신의 연구 결과를 다른 연구소에서 검토해 보고 당신의 아이디어를 혁신적이라고 했다고 하지 않았나요? 과학자들이 당신에게 속았다는 겁니까?"

"제 자료와 해석은 아주 중요합니다. 하지만 그것 때문에 시간을 너무 낭비했어요. 더 잘 할 수 있었는데 말입니다! 오늘 아침 나는 연구실에서 허공을 바라보다가 아무 일도 못했습니다. 자주 그래요. 게다가 실험을 정확하게 못할 때가 많습니다. 며칠 전에는 학부생도 저지르지 않을 실수를 저질렀지 뭡니까! 다음 학술 발표에 제출할 논문도 몇 시간이면 될 걸 몇 주일이나 질질 끌고 있고요."

"자신에게 너무 엄격한 것 아닌가요?"

"아니에요. 일반 독자를 위해 책을 쓰고 싶다고 말씀드린 적이 있었죠? 3주나 지났는데 그 일엔 손도 못 댔습니다. 그렇게 간단한 일은 논문을 쓰면서도 얼마든 쓸 수 있어야 해요. 앨버트 아인슈타인 같은 사람은 제가 몇 주 동안 끙끙대는 논문의 두 배나 되는 분량을 술술 써

내려 갔다더군요."

"그럴지도 모르겠군요. 당신이 유능하지 못할 수도 있겠죠. 단, 몇몇 뛰어난 물리학자들과 비교했을 때 말입니다. 하지만 당신은 제가 본 사람 중에 자신에게 가장 가혹한 완벽주의자인 것 같군요. 완벽주의자는 많습니다. 하지만 당신은 겨우 25세에 그 어렵다는 박사 학위를 받았고 좋은 직장에 다니고 있어요. 게다가 훌륭한 논문을 발표하고 좋은 책을 쓰고 있지요. 아인슈타인 같은 경지에 도달하지 못했다고 너무 자책하지 마십시오."

"지금보다 더 잘 해내면 안 되나요?"

"대체 왜 그래야만 하지요? 제가 볼 때 당신은 지금도 잘하고 있습니다. 당신이 자신을 비하하는 건 완벽주의 때문입니다. 아인슈타인처럼 유명한 물리학자를 비교 대상으로 정해놓고는 그만큼 해내지 못하는 자신을 자책하는 겁니다. 슬럼프에 빠진 지금의 당신을 가장 활발했던 시기의 당신과 비교하고 있지요. 아인슈타인이나 뉴턴 같은 사람도 항상 대단한 작품을 발표한 것은 아닙니다. 이 세상 그 누구도 항상 굉장한 아이디어를 내놓을 수는 없습니다. 천재들은 멍하니 창 밖을 내다보며 시간을 낭비하는 것처럼 보이는 순간에 후에 엄청난 발견이 될 아이디어를 다듬는지 모릅니다."

"그럴 수도 있겠죠. 하지만 제가 허송세월을 보낸다고 걸작이 내어난다는 보장은 없잖아요."

"그렇죠. 그리고 창 밖을 내다보는 게 정말 시간 낭비라고 가정해 봅시다. 그게 왜 싫습니까? 왜 항상 그토록 완벽해야 하는 겁니까?"

"음, 전 무언가 생산적인 일을 해야 한다고 생각해요. 제 천재성을 완벽하게 발휘해야 해요. 안 그러면 사기꾼 같은 기분이 들거든요."

"왜죠? 왜 그렇게 서두르는 겁니까? 왜 그런 강박증에 사로 잡혀 있나요? 당신에게 엄청난 재능이 있다고 칩시다. 제2의 아인슈타인처럼 말입니다. 그럼 완벽해야 할까요? 그 고성능 두뇌 기계의 성능이 떨어지기 전에 천재적인 아이디어를 계속 내놓아야 할까요? 그럼 좋겠지요. 하지만 왜 그래야만 합니까? 당신의 잠재적 창조성을 완전하게 발휘하는 게 즐겁다면 상관없습니다. 그러나 이렇게 자신을 채찍질하면서 자신을 벼랑으로 내모는 걸 즐겁다고 할 수 있을까요?"

"그렇다면 제 자신이나 인류에게 능력을 최대한 발휘해야 할 의무가 있다고 생각지 않으시는 건가요?"

"예. 전 그렇게 생각하지 않습니다. 만약 있다면, 당신의 의무는 어느 한 순간이 아니라 평생 진정한 즐거움을 찾는 것입니다. 수많은 업적을 남겨야만 행복하다면, 그것도 좋습니다. 그러나 과연 그렇습니까? 완벽한 목표 달성보다는 능력껏 노력하는 게 더 현명하지 않을까요? 그러면 결국 더 많은 업적을 이룰 수 있을 듯 한데요. 남보다 뛰어나지 못하다고 자학하기보다는 과학자로서의 자아 실현을 위해 노력하는 게 당신과 사회를 위해 더 좋지 않을까요?"

우리는 상담을 하면서 격렬한 논쟁을 벌였다. 벤은 결국 성과에 강박증을 갖고 있었고 앞으로는 물리학계의 대가가 되기 위해 전처럼 필사적으로 매달리지는 않을 것 같다고 했다. 상담을 마칠 무렵 그는 이렇게 말했다.

"전에는 목숨을 걸고 연구에 매달렸습니다. 지금도 최선을 다해 연구를 완성하려 하지요. 하지만 실패해도 과거처럼 죄책감을 갖진 않습니다. 최선을 다했을 때에는 조금 부족해도 개의치 않습니다. 최선을 다했다고 인정하고 있어요. 제 자신에게 가혹하게 굴지 않으니 일도 잘되고 더 즐거워지더군요. 오늘 마무리하고 싶으면 그렇게 하고, 못할 것 같으면 오늘만 날인가, 생각합니다. 하고 싶은 일을 마무리하지 못해도 그리 힘들지 않습니다. 언젠가 선생님 말씀처럼 전 천사가 아니니까요. 이제는 저도 한계가 있는 한 인간이라는 걸 일정하고 있어요."

이러한 REBT 치료 때문에 잠재력을 가진 천재가 평범한 사람으로 전락했을까? 그렇지 않다. 벤은 일을 좋아하게 되었기 때문에 전보다 물리학에 더 많은 공헌을 했다. 그가 잃은 것이 있다면, 완벽주의와 그로 인한 고통이다.

성공욕과 성취욕에 반대하는 것은 아니다. 우수한 두뇌를 가진 사람들은 그 두뇌를 이용해 새롭고 창조적인 성과를 거두어야한다는 강박감을 갖곤 한다. 평생 그럴 수도 있다. 그런 사람은 창조성을 추구할 때 더 큰 행복을 느낀다. 단, 한 순간도 낭비하면 안 된다는 완벽주의를 고집하지 않는 한.

우리가 환자들에게 가끔 하는 말이 있다. 높은 산에 오르는 것이 그저 등산이 좋거나 험한 산에 도전하는 게 좋아서, 아니면 정상에서 내려다보는 장관에 희열을 느끼기 때문일 수도 있다. 하지만 그저 산 아래에 있는 사람들을 내려다 보면서 비웃기 위해 산에 오르는 사람도 있다.

12
비난은 그만, 적극적으로 살아라

　신경증의 본질은 한 마디로 비난이라 할 수 있다. 자기 자신이나 타인 혹은 불리한 조건에 대한 비난을 그만둔다면, 정말로 그만둔다면, 감정적 혼란을 일으키지 않을 것이다. 그 어떤 것으로도 말이다.

　하지만 자신이나 남들을 비난하는 경우가 종종 있을 것이다. 그리고 확고한 세 번째 비합리적인 믿음, 즉 사람들은 내게 절대 불쾌하거나 부당하게 행동해서는 안 되고, 어떤 사람이 그런 행동을 했을 때에는 그를 비난하고 나쁘거나 사악하거나 비열한 인간으로 보아야 한다는 믿음을 갖고 있을지도 모른다. 수많은 인간 관계 뒤에 놓여 있는 이러한 생각은 비합리적이다. 여기엔 여러 가지 중요한 이유가 있다.

　1. 타인을 나쁜 사람이라고 낙인찍을 수 있다는 자유의지의 신조에서 유래한다. 인간에게 자유의지가 없다고 할 수 없고, REBT는 사람이 자기 자신을 괴롭힐 것이냐 아니냐를 선택할 수 있다고

주장하지만, 그래도 인간에게는 자유의지가 비교적 거의 없다. 수많은 연구 결과에서 증명된 것처럼, 인간은 특정한 방식으로 행동하려는 선천적인 성향(조건화된 반응을 학습하고 개발하려는 성향을 포함해)을 갖고 있다. 그래서 선천적이고 후천적인 성향의 결과, 좋거나 나쁜 쪽으로 일단 방향을 잡고 그 방향을 따르도록 하는 생각을 갖게 되면, 그것을 바꾸기가(불가능하지는 않지만) 대단히 어렵다는 것을 알게 된다. 결론적으로, 잘못된 행동으로 사람을 비난한다는 것은 그들에게 있지도 않은 행동 선택의 완벽한 자유가 있다고 생각하는 것과 같다.

2. 무례한 사람은 '나쁘다'거나 '사악하다'는 생각은 두 번째 잘못된 생각에서 비롯된다. 즉, 선행과 악행 또는 윤리적 행동과 비윤리적 행동을 쉽게 구분할 수 있고, 이성적인 사람이라면 자신의 행동이 옳은지 그른지를 알 수 있다는 생각에서 말이다. 현대 사상가들은 도덕이란 지역과 상황에 따라 다른 상대적 개념임을 증명했다. 참된 선이나 진정한 악을 만장일치로 결정한 사회는 거의 없다. 조지프 플레처(Joseph Fletcher)와 다른 저자들이 증명한 것처럼, 인간 윤리는 절대적이기보다는 상황적이다. 포스트모던 철학에서도 절대불변의 윤리 법칙은 지나치게 경직되고 비효과적이라고 말한다. 조지 켈리(George Kelly) 같은 구성주의 심리학자와 사상가 또한 절대주의에 반대한다. 대부분의 사람들은 '선한' 행위에 대한 어떤 기준을 알거나 인정하면서도 자신의 행동을 쉽게 무의식적으로 합리화하고 자신의 잘못된 행동에 그럴듯한 이유를 찾아낸다. 선행을 정의하고 인정하기 힘들어하는 사람을 비난하는 것은 비현실적이고 부당한 처사다.

3. 옳고 그름의 기준에 합의한다 하더라도, 이 기준에 따르지 못했다는 이유로 사람들을 부당하게 비난할 수는 없다. 잘못된 행동을 한 사람을 비난하기보다는 스스로 다음과 같이 느끼도록 만드는 것이 나을 것이다. (a) '잘못되거나 비도덕적인 행동을 저질렀으니 책임을 져야지.' (b) '어떻게 하면 앞으로 이런 행동을 하지 않게 될까?' 하지만 잘못된 행동에 대한 비난은 전혀 다른 생각을 갖게 한다. (a) '나는 옳지 않거나 비도덕적인 짓을 저질렀어.' (b) '그런 짓을 하다니 나는 정말 나쁜 놈이야! 어떻게 나 같이 나쁜 놈이 착한 사람이 될 수 있겠어?'

옳지 않은 행동을 한 것에 대해 자신을 비난하면, 단지 실수했다거나 비윤리적이라고 생각하기보다는 자신을 무가치하고 무능하다고 여기거나 자신이 잘못했다는, 혹은 그 행동을 했다는 사실 자체를 인정하려 하지 않을 것이다. 다시 말해서, 잘못에 대해 자책함으로써 스스로를 무가치하다고 느끼거나, 자신의 잘못된 행위에 집착하거나, 자신의 부도덕성을 부인하는 경향이 있다. 그렇게 되면 행동을 바로 잡으려는 비교적 간단한 노력도 하지 않으려고 한다. 자신에게 벌을 내릴지, 아니면 잘못을 저지르지 않았다고 부인할 것인지에 열중해 있기 때문이다. 어리석은 행동이나 비도덕적 행동이 아니라 자기 자신을 비난하면, 더 큰 비도덕적 행동과 위선, 책임 회피를 낳을 것이다.

4. 실수를 저질렀다는 이유로 자신을 가혹하게 비난하면, 또 다른 실수를 저지를까봐 실험적인 시도나 모험을 꺼리고 삶에 충실하지 못한다.

5. 자신이나 남의 잘못에 대해 자신이나 남을 탓하면 현명한 윤리

적 행동을 회피하게 된다. 사람들은 보통 도덕적으로 행동하고 남에게 피해를 주지 않는다. 그 이유는 자신을 인간 쓰레기나 부도덕한 죄인이라고 보기 때문이 아니라, 자신이나 사랑하는 사람들에게 해를 입히려 하지 않기 때문이다. 공연히 남의 권리를 침해하면, 그들이나 그들의 친구, 친지들로부터 보복을 당할 수 있다. 그렇게 되지 않더라도, 보통 부정적인 가치관이 형성된다. 그러므로 합리적인 이기심의 발로에서 사회의 규칙을 인정하고 자신과 사랑하는 사람들을 위해 윤리적으로 행동한다. 이는 인간쓰레기가 되지 않으려고 조신하게 행동하는 것과는 다르다.

6. 사람들을 비난하는 이유는 그들의 잘못된 행동을 악한 본성과 혼동하는 데서 나온다. 어떤 사람이 아무리 많은 악행을 저질렀다고 하더라도 본질적으로 악한 것은 아니다. 오늘 아니면 내일이라도 자신의 행동을 고쳐서 더 이상 나쁜 행동을 하지 않을 수 있기 때문이다. 자주 실패하는 사람이라도 그 사람 자체가 실패작이 아니듯, 비도덕적인 행동을 자주 하는 사람도 완전한 죄인이라고는 할 수 없다. 사람들의 선행과 악행은 그 사람에게서 나오지만 그 사람 자체는 아니다. 그들의 내재적이고 본질적인 가치라는 것은 정의에 불과하다. 실제로 존재한다 하더라도, 타인의 의해서 매겨지는 가치와는 아무 관계가 없다. 어떤 사람을 범죄자, 망나니, 혹은 악당이라고 부르는 것은, 과거에 그가 나쁜 짓을 저질렀기 때문에 그의 본성에 따라 앞으로도 계속 그러하리라는 의미를 담고 있다. 하지만 그 누구도 이것을 증명할 수 없다. 일단 죄인으로 낙인찍힌 사람은 희망을 잃고 앞으로도 계속 나쁜 짓을 하게 된다.

7. 타인을 비난하다 보면 화가 나고 적개심을 갖게 된다. 분노감은 과장을 나타낸다. 분노는 "조의 행동이 마음에 안 들어.", "내가 그런 행동을 싫어하니까 조는 그렇게 행동해선 안 되는 거야"라는 의미다. 이 두 번째 믿음은 전제와는 맞지 않은 비합리적 결론이다. 당신이 조의 행동을 마음에 들어하지 않는다고 해서 조가 그렇게 행동하지 말아야 하는 이유는 무엇인가? 조의 행동에 대한 당신의 호불호에 따라 그가 반드시 달리 행동해야한다고 믿는 것은 신에게나 어울리는 비현실적인 태도이다.

8. 앞서 지적한 것처럼 자신이나 남을 비난하면 분노감이 일어날 뿐 아니라, 분노로 인해 수많은 불쾌한 결과가 일어난다. 조의 행동이 부도덕하다는 당신의 생각이 옳다 해도, 조가 잘못된 행동을 해선 안 된다고 생각하고 화를 낸다고 해서 그가 나쁜 짓을 다시는 안 한다는 보장이 없다. 오히려 그에게 나쁜 짓을 계속하게 만드는 빌미를 제공할 뿐이다. 당신은 그를, 그는 당신을 증오하게 되기 때문이다. 그러면 당신은 울화가 치밀고, 고혈압이나 심신질환을 일으키며, 진짜 문제에 대처할 수 없게 된다. 즉, 어떻게 하면 효과적으로 조가 다시는 나쁜 짓을 못하게 할 것인가, 라는 문제를 해결할 수 없다. 주먹질, 결투, 고문, 강간, 전쟁 등 인간이 인간에게 가하는 거의 모든 비인도적인 폭력은 자기 입장에서 잘못됐다고 생각하는 행동을 한 타인을 너무도 당당하게 비난한 결과다. 악을 제압하는 악한 방법이 선을 낳지 않듯이, 잘못된 행동을 한 사람에 대한 분노는 그 행동을 바로 잡으려는 노력 중 최악일 것이다.

9. 내(엘리스)가 『화 −화내는 법, 화내지 않는 법 Anger −How to

Live With and Without It』이라는 책에서 지적한 것처럼, 잘못이라 여기는 행동을 한 다른 사람을 호되게 비난하는 사람은 자기 자신도 똑같은 잣대로 평가하고 결국 자신을 혐오하기 쉽다. 타인에게 관대하지 못한 사람은 자신에게도 엄격하다. 그런 사람은 자신의 실패에 완벽주의의 잣대를 들이댄다. 실수한 타인을 비난하는 사람은 자신의 인간성도 존중하지 않는다.

10. 앞서 말한 모든 이유에서 "비도덕적인 행동을 한 나는 형편없는 죄인이다"라는 비논리적인 결론을 내린다. 자신의 행동이 사회적으로 바람직하지 않기 때문에 그 행동을 '잘못'이나 '비도덕적'이라고 말할 수는 있지만, 그 행동이 곧 당신이 형편없는 인간이라는 증거는 아니다. '나는 쓰레기 같은 인간이다'라는 명제는 당신의 일부 행동이 나쁘다는 의미만은 아니기 때문이다. 사실 그 명제의 함축적인 의미는 다음과 같다. (a) 나는 나쁜 짓을 했다. (b) 나는 언제나 나쁜 짓을 할 것이고 나쁜 행동만 할 수 있다. (c) 나쁜 행동을 했으니 비난받아도 당연하다. 이 중에 첫 번째 문장은 정확하지만, 두 번째 문장은 증명할 수 없고, 마지막 문장은 정의에 불과하고 증명도 불가능할 뿐 아니라 파괴적이다.

비난과 자학의 사례로 데이브와 카렌 S의 경우를 보자. 눈만 마주치면 싸우기 일쑤였던 둘은 결혼 문제 상담을 위해 나(엘리스)를 찾아왔다. 신문 기자인 데이브는 남부의 인종 갈등 문제를 보도해 전국적인 명성을 얻었다. 그러자 뉴욕의 대형 신문사가 상당한 혜택 및 봉급 인상을 보장하며 스카우트 제의를 했다. 그는 카렌과 이 문제를 상의

한 후 제안을 수락했다.

데이브는 집을 구하기 위해 가족보다 먼저 뉴욕으로 왔는데, 여기서부터 문제가 시작됐다. 지금까지 살던 남부의 집보다 집세는 두 배나 비쌌지만 환경이나 시설은 오히려 더 형편없었던 것이다. 여유 자금도 없었던 데이브는 '편안한 보금자리를 찾을 동안 잠시 거처할 곳'으로 아파트를 빌렸다.

그 이후는 생활비가 비싼 도시의 봉급 생활자에겐 익숙한 이야기일 것이다. 집세와 식비, 의복비, 그 밖의 경비는 고스란히 인상된 봉급에서 빠져나갔다. 부인과 자식들에게 답답한 아파트 생활의 스트레스를 덜어주기 위해 야외에도 놀러가고 외식도 하다보니 생활은 더욱 쪼들리게 되었다.

더욱이 데이브는 새 직장에 실망하기 시작했다. 데이브는 새 직장에서 행정 책임자의 직책을 맡았지만, 그 업무에 익숙하지 않았고 별 관심도 없었다. 상사들은 자유주의를 내걸고 있었지만, 막상 부하 직원들의 거침없는 기사를 은근히 두려워했다. 광고주들이 항의할 수도 있기 때문이었다.

한편 데이브와 카렌은 절망 속에서 상담을 받으러 왔다. 가정과 직장에서의 행복은 영원한 꿈인 것 같았다. 카렌은 뉴욕으로 이사하겠다는 어리석은 결정을 내리고 자신과 아이들을 제대로 보살펴주지 않은 데이브를 비난했다. 데이브는 나름대로 새 직장에 대해 잘못된 판단을 내리고 온가족을 힘들게 만든 자신을 자책하고 있었다. 더욱이 비협조적이고 성적으로도 매력이 없으며 엄마 역할을 제대로 못하는 카렌에게 화를 내고 있었다. 상담 치료 초기, 다음과 같은 대화가 오고갔다.

카렌: 선생님, 가뜩이나 힘든데 이 이는 퇴근하면 곧장 집에 올 생각은 안하고 술집에 가 있는 거 있죠? 이 사람은 이제 더 이상 유능한 신문인이 아니에요. 과거의 화려한 추억만 먹고사는 퇴물 기자처럼 술집에서 빈둥거리면서 신입 사원들에게 남북전쟁 종군기자 시절의 무용담을 늘어놓기만 한다고요.

데이브: 내가 보기에는 요즘 우리 집 같은 전쟁터가 없던데? 내가 왜 퇴근하고 와서 집에 올 때마다 당신에게서 쓰레기 같다는 잔소리를 들어야 하지?

치료사: 두 분의 불만을 알 것 같군요. 그러면, 이렇게 해보지요. 데이브, 당신이 정말 어리석고 이기적이며 악의적인 잘못을 저질렀다고 가정해 봅시다.

카렌: 전 '악의적'이라고 말하지 않았어요. 이 이가 어떤 악의를 품었다고는 생각지 않아요. 하지만 다른 단어는 제 생각과 별로 다르지 않군요.

데이브: 아내는 악의적이었습니다. 선생님이 말씀하신 것보다 더 모독했어요. 조금만 생각하면 절 모독할 말을 몇 천 개는 만들 수 있을걸요?

치료사: 좋습니다. 카렌, 남편이 정말 바보 같은 실수를 저질렀다고 합시다. 그도 변명할 수 있을 것입니다. 뉴욕에서 이만큼 고생할 줄 몰랐으니 그 정도 실수는 용서할 만한 게 아니냐고요. 하지만 상황은 상황이고, 데이브가 그저 어리석은 실수를 되풀이했으면서도 마냥 젊은이들과 술을 마신다고 해봅시다. 그래요. 그는 실수를 했어요. 하지만 남편을 비난하면 뭐가 좋을까요? 남편을 욕하면 뭐가 좋아지나요?

카렌: 글쎄요……. 하지만, 그럼 잘했다고 상이라도 줄까요? 문제를

해결하기는커녕 술에 절어서 상황을 악화시키기만 하는데 어떻게 하라고요? 마냥 좋은 아내처럼 그를 위로하고 더 잘못하라고 격려라도 해주라는 말씀이신가요?

치료사: 아니요. 꼭 그런 뜻은 아닙니다. 그게 얼마나 효과적인지 알게 되면 깜짝 놀라시겠지만 말입니다. 하지만 그 정도까지는 기대하지 않겠습니다. 데이브가 심각한 잘못을 저질렀다 합시다. 그래서 데이브를 비난하면 문제가 해결될까요? 그러면 데이브의 잘못이 줄어들까요? 그러면 데이브가 당신을 더 다정하게 대하나요? 당신이 더 행복해지나요?

카렌: 아니요. 그렇지는 않아요.

치료사: 앞으로도 그렇지 않을 것입니다. 남편뿐 아니라 그 누구를 비난할수록, 상대방은 더욱 방어적인 입장을 갖고 자신의 잘못을 인정하지 않을 것입니다. 특히 당신에게는 더욱 그러겠죠. 조금 전에도, 데이브는 당신의 비난에 냉소적인 반응을 보였습니다. 공격받는 사람은 누구나 자신을 보호하기 위해 상대방을 반격하니까요.

카렌: 하긴, 데이브는 잘도 반격하더군요. 저도 인정해요.

치료사: 그렇습니다. 누가 안 그러겠어요? 데이브가 당신에게 반격할수록 당면 문제의 본질에서 점점 벗어나게 됩니다. '이번에는 제대로 못했는데, 다음에는 어떻게 해야 잘할 수 있을까?' 라는 생각을 못합니다. 더욱이 데이브가 당신의 비난을 인정하고 당신이 그를 무시하는 것처럼 스스로도 자신을 무시할수록, 어떤 문제가 벌어졌을 때 문제를 해결할 수 없다고 생각합니다. 이렇게 생각할 테니까요. '카렌 말이 맞아. 난 왜 그렇게 바보 같은 짓을 하는 걸까? 난 정말 멍청이야! 아내가 절대적으로 옳아! 나 같은 멍청이는 자기가 파놓은 함정에

서 빠져나올 수 없을 거야! 난 구제불능이야! 노력해 봤자 소용없어. 괜히 문제를 해결한다고 나섰다가 오히려 더 엉망으로 만들 거야. 차라리 술이나 마시고 이 끔찍한 일을 잊어버리자. 어차피 해결하지도 못할 텐데, 뭐.'

데이브: 제 머릿속을 훤히 들여다보시는 것 같군요! 바로 그렇게 생각했어요! 아내가 눈만 마주치면 구제불능에다 무능하고 벌레 취급을 하는데 누가 그런 생각을 하지 않겠어요?

치료사: 맞습니다. 누가 그런 말을 듣고 좋다고 하겠어요? 거의 누구나 그렇겠지요. 하지만 하나같이 잘못된 생각을 하고 있는 겁니다.

데이브: 잘못이라고요? 선생님이 방금 말씀하셨잖아요? 아내가 그렇게 저를 무시하면 당연히 그런 생각이 든다고요.

치료사: 그렇습니다. 통계적으로는 당연합니다. 대다수의 남편이 당신처럼 화를 내니까요. 그렇다고 해서 자기 자신을 무시하고 술을 마시는 게 '옳다' 라는 의미는 아닙니다.

데이브: 그러면 달리 어떻게 할 수 있나요? 제가 어떻게 하리라 예상하시나요?

치료사: 다른 행동을 '예상' 하는 것이 아닙니다. 다만 당신이 새로운 생각을 갖고 지금과는 다르게, 즉 아내의 비난을 인정하고 나아가 당신을 무시하던 행동을 그만두기를 '기원' 할 뿐입니다. 대다수의 남편이 그렇게 하지 않는다 해도 말이지요.

데이브: 그 새로운 생각이 뭡니까?

치료사: 그것은 당신에 대한 다른 사람의 부정적인 견해를 받아들여 자신을 비하해서는 안 된다는 생각입니다. 그 견해가 부분적으로는 맞다 해도 말입니다.

데이브: 하지만 자신이 잘못했다는 것을 아는 상황에서 선생님 말씀대로 생각할 수 있을까요?

치료사: 간단합니다. 합리적·정서적 행동치료의 ABC이론을 따르기만 됩니다. 당신의 경우, A(선행 경험이나 불행)는 당신이 잘못을 저질렀고 부인이 그 실수에 대해 당신을 비난한다는 사실입니다. C(정서적 결과)는 자신이 바보처럼 느껴지고 인사불성이 되도록 술을 마신다는 사실이지요. 당신은 A를 보고 아내의 비난이 당연하다고 생각합니다. 그 다음에 C를 보고는 수치심을 느끼는 게 당연하다고 생각합니다. 그러고 나서 생각합니다. 'A 때문에 당연히 C라는 결과가 나오는 거야. 내가 어리석다는 아내의 생각이 맞아. 이렇게 형편없이 행동하니까 나를 비난하는 거겠지. 그러니 술을 안 먹을 수 없잖아!'

데이브: 그렇다면 제 경우, A가 당연히 C로 연결되는 것이 아닙니까? 제 잘못을 인정하고 자책해서는 안 되는 건가요? 그렇지 않으면 나는 어떻게 행동을 바꾸지요?

치료사: 그렇습니다. 생각하신 것처럼 A가 당연히 C로 연결되는 것은 아닙니다. 사실 A와 C 사이에는 B, 즉 A에 대한 당신의 믿음이 있습니다. B는 당신의 일반적인 인생 철학에서 비롯됩니다. 카렌뿐 아니라 당신도 인생 철학을 쉽게 구축하는 경향이 있고, 또 사회적으로도 습득했습니다. 이 철학은 잘못된 행동을 하거나 심각한 실수를 저지르면 자책해야 한다고 말합니다. 나아가 온전한 인격체인 자기 자신을 무시하고 비난해야 한다고 말하지요. 따라서 카렌이 A에 대해 말로 당신을 비난했을 때, 당신은 그녀의 비판이 정확하다고 해석하고(B) 잘못을 저질렀기 때문에 당신의 행동뿐 아니라 당신 자신도 형편없다는 아내의 견해에 동의합니다. 그러한 당신의 믿음이 C를 낳습니다.

좌절하고, 술에 기대고, 또 다른 자멸을 경험하지요.

데이브: 하지만 그렇다 해도, A 때문에 아내가 절 비난하는 것이 옳지 않다는 말입니까?

치료사: 옳지 않지요. 아내가 당신의 잘못된 행동과 실수에 대해서만 이야기를 했다면 정당했을 것입니다. 하지만 그녀는 그것만 비난하지 않았습니다. 처음에는 당신의 잘못된 행동에 대해서만 말했습니다. "그러면 안 되는 거였어요! 그렇게 바보 같은 짓을 할 권리는 없어요." 하지만 인간에겐 잘못을 저지를 권리가 있지요. 실수가 바람직하지는 않다 해도 인간은 누구나 잘못을 저지를 수 있습니다. 따라서 나쁜 잘못을 저질렀다고 해서 당신이 나쁜 놈이 되는 것은 아니지요.

카렌: 선생님 말씀은 제가 데이브의 잘못을 지적하고 앞으로 더 잘할 수 있도록 도와주는 게 좋다는 말씀이신가요?

치료사: 맞습니다. 실수는 이미 지난 문제입니다. 그렇다면 현재를 개선하기 위해 어떤 일을 할 수 있을까요? 과거와는 다른 미래를 위해 두 분은 어떤 해결책을 생각할 수 있을까요? 실수에서 무엇을 배울 수 있을까요? 가족 모두가 더욱 행복하게 살기 위해 어떤 일을 할 수 있을까요?

데이브: 무슨 뜻인지 알 것 같군요. 일단 타조처럼 술집에 머리만 숨기는 행동은 그만둘 수 있을 것 같습니다.

카렌: 그렇게 약속한다면, 나도 한 가지 약속할게요. 앞으로는 지난 실수로 당신을 책망하지 않겠어요. 계속 질질 끌다가 박사님 앞에서 고백하고 있는 실수도 포함해서요. 선생님을 만나길 잘한 것 같아요. 당신이 뉴욕으로 이사를 와서 이상한 아파트를 구하게 된 사정이나 또다른 실수를 좀더 자세히 살펴보니 서서히 이해하기 시작한 것 같아

요. 저도 썩 잘한 일은 없는 것 같네요.

데이브: 와! 이 역사적인 말을 녹음이라도 해두고 싶군요! 남북전쟁보다 더 대단한 말이에요. 저도 어떻게 그렇게 어리석은 행동을 하게 되었는지 분명하게 알게 되었어요. 하지만 당신도 너무 매몰차게 굴었지요. 우리 둘이 서로를 비난하며 고통만 주는 대신 조금만이라도 문제의 본질을 보려고 노력했다면, 훨씬 나았을 텐데 그랬군요.

치료사: 그것 보세요. 두 분은 벌써부터 자기 자신과 상대방에 대한 감정이 좋아지기 시작했어요. 앞으로 두 분 모두 서로를 조금 덜 비난하고 문제 해결에 더 힘을 쏟을지 두고 봅시다. 그러지 못하면 여전히 조금은 싸우겠지만 해결이 아예 불가능해 보이지는 않는군요.

내 예견은 틀리지 않았다. 몇 달 후, 데이브는 중소 도시에 새 직장을 잡았고 카렌의 동의를 얻어 작은 집을 장만했으며, 술도 거의 마시지 않게 되었다. 나는 카렌으로부터 다음과 같은 편지를 받았다. "데이브는 새 직장에서 아주 좋은 대우를 받고 지낸답니다. 데이브가 쓴 '북부의 짐 크로이즘' 연재 기사를 못 보셨다면 알려주세요. 제가 기사를 복사해 보내드릴게요. 저희 가족도 아주 잘 지내고 있어요. 식구들 모두 많은 친구들을 사귀었답니다. 아이들도 학교에 만족합니다. 저도 이 집과 이웃이 좋아요. 데이브와 저에게 약간의 생각 차이는 있지만, 그래도 서로를 좋아하는 것 같아요. 예전에 비난에 대해서 뭐라고 하셨죠? 그런 말은 기억조차 나지 않네요. 감사드립니다."

대부분의 결혼 상담 케이스가 이번 사례처럼 부부에게 정서장애의 ABC를 가르치고 그들의 믿음을 바꾸게 하면 금방 해결되는 것은 아니다. 그렇다면 좋겠지만, 애석하게도 현실은 그렇지 않다. 많은 부부가 서로에게 상처를 주었다는 사실을 인정하지 않는다. 오히려 상대방으로부터 상처를 받았다고 주장한다. 스스로 자신의 감정에 상처를 주었다고 인정한다 해도 좀처럼 믿음을 바꾸지 못하는 사람들도 있다. 당연히 이 책에 나오는 사례는 환자들이 REBT의 ABC를 빨리 파악하고 자신을 바꾸기 위해 열심히 노력했던 경우들이다. 하지만 당신이 문제의 본질을 찾아내어 자신의 비합리적 믿음을 바꾸기 힘들다 해도 당황하지 말라. 거의 모든 사람이 자신과 주위 사람들에 대해 비뚤어진 시각을 갖기 쉽다. 당신 혼자서, 혹은 사랑하는 사람과 좀더 객관적으로 생각하고 좀더 이성적으로 행동하게 되기까지는 상당한 치료와 자기 훈련이 필요할 것이다.

당신이 자신과 남을 비난하고 있다는 사실을 인식하고 자기 파괴적인 비난 뒤에 놓인 비합리적 믿음을 바꾸기 위해 어떤 일을 할 수 있을까? 몇 가지를 소개하겠다.

1. 우울해지거나 죄책감이 들 때마다, 자신이 어느 정도의 수준에서 자책하는지를 인식하고, 자책하게 하는 구체적인 믿음을 찾아낼 수 있다. 일반적으로 다음과 같이 생각할 것이다. (a) '나는 잘못을 저질렀어.' (b) '그러니 나는 무능하거나 나쁜 인간이야.' 이러한 믿음을 다음과 같이 바꿀 수 있다. (a) '정말로 내가 잘못했는지도 몰라.' (b) '인간은 흔히 잘못을 저지르지.' (c) '그러니 자책하지 않고 내가 정확히 어떤 잘못을 저질렀는지 살펴보고, 다음에는 바로잡도록 노력해야지.'

2. 잘못된 행동을 고치겠다는 결심만으로는 불충분한 경우가 많다. 피아노를 잘 치기 위해서는 결심 외에도 꾸준한 노력을 해야 한다. 노력과 연습을 통해서만이 피아노를 치거나, 체중을 감량하

거나 과거의 잘못을 바로잡을 수 있다. 말 그대로 새로운 길을 가도록 자신을 채찍질할 때에야 가능한 것이다. 따라서 도덕적으로 행동하고 싶다면 다른 사람에게 책임 있는 행동을 하도록 자신에게 강요하는 것이 좋다. 또한 무책임한 행동으로 당장은 이익을 얻을지 몰라도, 장기적으로 보면 책임 있는 행동이 좋다고 점을 확신하라.

합리적 도덕성은 사익과 공익에서 비롯된다. '나는 잘못했어. 나는 악당이야. 그러니 나쁜 짓을 그만두어야 해'라는 생각으로 합리적 도덕성을 실천하지 않는다. '나는 나쁜 짓을 했어. 계속 그러면 나 자신의 목표도 이룰 수 없을 뿐 아니라, 모든 사람이 살고 싶지 않은 세상을 만드는 데 일조하는 셈이 되지. 그러니 행동을 바꾸는 게 좋을 거야'라는 생각으로 실천한다. 자책감에 빠지지 않기 위해선 먼저 첫 번째 통찰을 이용한다. "부모님이 자주 나를 못됐다고 말씀하셨기 때문에 인간 쓰레기 같다는 느낌이 들었고, 바보같이 그 말이 맞다고 생각했어." 그 다음 두 번째 통찰을 활용한다. "나는 이 허튼소리를 믿기로 선택했기 때문에 지금도 그 말을 믿고 있어." 그 다음은 세 번째 통찰이다. "나는 내 비도덕적 행동을 인정하긴 하지만 욕을 먹어도 싼 형편없는 인간으로 보지 않는 게 좋을 거야. 자책하는 믿음을 없애려고 노력하다 보면, 나를 좀더 윤리적으로 행동하게 할 수 있을 거야."

3. 무책임한 행동에 대한 자책감과 책임감을 구분하는 법을 배울 수 있다. 실제로 어떤 행동을 했고 이론적으로는 그 행동을 피했을 수도 있다는 의미에서, 당신은 행동에 책임을 져야 한다. 하

지만 무책임한 행동을 했다고 해서 무가치한 인간이 되는 것은 절대 아니다.

4. 분노를 느낄 때에는 당신의 완벽주의와 과장을 인정하라. 다른 사람의 반응이 단순히 마음에 들지 않다거나 짜증이 난다는 것은 건강한 부정적 감정이다. 사람들이 달리 행동하기를 선호하고, 그렇지 않을 때 좌절하거나 실망한다. 하지만 분노는 "딕의 행동이 마음에 들지 않아. 그러니까 딕은 그렇게 해서는 안 돼" 라는 믿음에서 비롯된다. 그 대신 "딕의 행동이 마음에 들지 않아. 어떻게 하면 딕이 달리 행동하도록 설득하거나 도울 수 있는지 생각해 보자"라고 믿을 수 있다. 화가 났을 때에는 억지로라도 딕과 그의 못마땅한 행위를 받아들이도록 노력하고 당신이 만들어낸 비난과 분노의 감정을 지워버리도록 노력해야 한다. 하지만 당신은 한계를 정해놓고 딕이 당신을 무시하려할 때는 그를 멀리해야 한다.

앞에서 말한 기법으로 자신과 남을 비난하는 믿음을 극복하려 노력한다고 해서 성인이나 극단적인 낙천주의자가 되지는 않는다. 여전히 자신과 타인의 행동이 마음에 들지 않는 경우가 많을 것이다. 하지만 못마땅한 것을 보고 속을 끓이기보다 당신이 싫어하는 것을 바꿀 기회가 훨씬 많아질 것이다. 인간은 누구나 실수를 저지른다. 잘못된 행동을 한 사람과 자신을 용서하는 것이 합리적이고 현실적이다. 죄는 나쁘고 파괴적이라 여기면서도 죄인은 받아들일 수 있다.

하지만 지금까지 말한 것처럼 자신과 타인을 용서하는 게 거의 불가능하다고 가정해 보자. 그렇다면 비난의 성향이 선천적으로-후천적인 것은 말할 것도 없고—강한 사람일 수 있지 않을까? 드물기는 하지만 그럴 수 있다. 하지만 그런 선천적인 성향을 타고났다면, 그 성향을 줄이기 위해 다른 사람들보다 더 열심히 노력해야 한다. 이렇게 열심히 노력하고 연습하면 대게는 가능하다. 그렇다, 노력하고 또 연습하라.

그래도 자기 자신과 다른 사람을 비난하는 습관을 줄이기가 힘들다면, 심리 상태를 진단하고 심리치료를 고려해 보라. 심각한 정서장애를 갖고 있다는 것은 수치가 아니다. 그저 해결해야 할 문제에 불과하다. 따라서 그런 문제를 갖고 있다고 해서 자기 자신이나 다른 사람을 무시하지 말라, 다시 말해, 그 어떤 것 때문에 자기 자신을 비난하거나 자책하지 말라.

13
실망하되 좌절하거나 분노하지 마라

지구상 99.9퍼센트의 사람들이 실망할 때에는 분노나 좌절감을 느낄 것이라는 어리석은 개념을 갖고 있다. 그리고 실망을 하면 공격성이 강해진다는 저 유명한 달라드-밀러(Dollard-Miller)의 견해를 믿는 심리학자도 많다. 정말이지 말도 안 되는 생각이다.

실망과 공격성 이론은 네 번째 비합리적 믿음, 즉 크게 실망하거나 부당한 대접을 받는다는 것은 두렵고 끔찍하고 비극적인 것으로 보아야 한다는 생각의 소산이다. 이 생각이 그릇된 것이라는 데에는 여러 가지 이유가 있다.

1. 살면서 원하는 것을 얻지 못한다는 것이 기분 좋은 일은 아니지만, 그 상황을 끔찍하거나 비극적이라고 '생각' 하지 않는 한 그런 기분은 들지 않는다. 일이 생각대로 되지 않을 때, '이 상황이 싫어. 이 상황을 바꾸기 위해 할 수 있는 일이 무얼까? 내가 바꿀

수 없다면 인생이 힘들기는 하겠지만, 두렵지는 않다' 라거나 '이 상황이 마음에 들지 않아. 견딜 수가 없어. 미칠 것 같아. 이렇게 되어서는 안 돼! 달라져야 해. 그렇지 않으면 도저히 행복할 수 없을 거야' 라고 믿겠노라 선택할 수 있을 것이다. 이 중 두 번째 믿음은 고통스럽고 자기 연민에 빠지게 하고, 좌절하거나 분노하게 만든다. 첫 번째 믿음은 실망감이나 유감으로 이어질 수는 있지만, 반드시 좌절이나 분노로 이어지지 않는다.

2. 아이들은 실망감을 조금도 참지 못하지만, 어른들은 가능하다. 아이들은 환경의 영향을 받는다. 아이들은 쉽사리 미래를 내다보지 못한다. 지금은 실망스럽지만 영원히 그렇지는 않을 것이라고 생각하지 못하는 것이다. 아이들이 현실적 제약을 철학적으로 생각하리라 기대할 수는 없다. 하지만 어른들은 가능하다. 어른은 현재의 실망감이 언젠가는 사라지리라는 점을 이해할 수 있다. 자신의 환경을 바꿀 수도 있고, 당장은 장애를 극복할 수 없을 때 그 한계를 철학적으로 받아들일 수 있다.

3. 실패에 대해 자기 자신을 몹시 혼란스럽게 '만든다' 면, 실패를 효과적으로 극복하지 못할 것이다. 자신의 불행한 운명을 한탄하고 패배를 향해 화를 내고, 절망 속에서 분노하는 데에 시간과 에너지를 소비하면 할수록, 점점 더 문제를 적극적으로 해결하지 못할 것이다. 실제로 다른 사람에게서 부당한 대접을 받는다 해도, 그게 왜 그토록 고통스러운 일인가? 분명 옳은 일은 아니다. 비윤리적이라는 점에서 옳지 않다. 하지만 사람들이 절대 부당하게 행동해서는 안 된다고 누가 그랬던가? 그건 당신 생각일 뿐이다.

4. 배우자가 죽어서 다시 살아날 수 없는 경우처럼 불가항력적인 슬픔을 느끼는 상황에서도 상실감 때문에 쓸데없이 자신을 괴롭힐 수 있다. 인생이 사랑하는 사람을 빼앗아갔다. 하지만 비탄에 빠져 울부짖으면 사랑하는 사람이 돌아올까? 불행한 운명에 저주를 퍼붓는다고 기분이 좋아질까? 그 대신 슬프다 해도 성숙하게 불가항력적인 운명을 받아들일 수는 없는가? 대단히 힘들고 슬픈 사건임은 틀림없다. 하지만 그것이 끔찍한 일이라는 것을 어떻게 증명할 것인가?

5. 라인홀트 니버(Reinhold Niebuhr)의 말처럼, 어찌할 수 없는 불쾌한 상황은 그냥 받아들이는 것이 좋다. REBT에서는 존재하는 것은 그냥 받아들이라고 주장한다. 그것이 불행과 좌절을 가져다주더라도 그냥 나쁘다고 생각하면 될 뿐 끔찍하거나 재앙이라고 생각하지 않는 것이 좋다. 살아 있는 한, 감정의 주인이자 영혼의 지배자는 바로 당신이다. 불행한 조건이 당신의 목표를 방해하거나 좌절시킬 수 있다. 간혹 당신을 죽음으로 몰고 갈 수도 한다. 하지만 완벽하게 당신을 패배자로 만들 수는 없다. 당신을 패배자로 만드는 것은 당신 자신일 뿐이다. 존재하는 것이 절대로 존재해서는 안 된다고 믿거나 상황이 괴로우면 우울해야 한다고 믿는다면 말이다.

몇 가지 사례를 살펴보자. 메리 M은 지금까지 나(엘리스)에게 상담을 받는다. 그녀의 불평은 항상 남편이 자신을 사랑하지 않고, 자신이 원하는 것을 준 적이 없으며, 따라서 아무짝에도 쓸모없는 개자식이라고 불평한다. 내 생각에 그녀의 불평은 최소한 조금은 정당하다. 팀은 분명 세상에서 가장 좋은 남편이 아니다. 남편이 그렇게 무례하고 무관심하다면, 이 세상 거의 모든 아내가 불평할 것이다. 이 점에 대해서는 메리의 생각이 맞지만, 그래도 그녀의 푸념을 인정할 수 없었다. 그러자 메리는 나를 공격했다.

메리는 화를 내며 말했다. "박사님께서도 직접 팀을 보시고 나서 그가 자주 절 함부로 대한다고 하셨잖아요. 게다가 지금 전 임신 중이에요. 평소보다 더 신경써줘야 하는 것 아닌가요? 그런데 어떻게 불평할 권리가 없다고 말씀하실 수 있어요?"

나는 차분하게 대답했다. "그렇게 말한 적 없습니다. 자살을 원하면 자살하실 권리가 있듯이, 원한다면 불평할 권리는 있지요. 하지만 지난 몇 주 동안 계속 불평했듯 앞으로도 계속 불평하면서 살겠다는 건 손목을 긋는 것과 비슷하군요. 당신은 계속 혈압을 높이고 있습니다. 그게 당신과 뱃속에 있는 아이에게 좋을 게 뭐가 있겠어요?"

"하지만 선생님께선 이해하지 못하시는 것 같군요. 그는 절 불행하게 만들어요. 제가 아니라 그가 계속 나쁜 행동을 하고 있잖아요."

"맞습니다. 나쁜 행동을 하지요. 하지만 당신은 더 나쁜 행동을 하고 있어요. 당신 자신에게 말입니다. 그가 당신에게 거의 도움을 주지 못했으니, 당신은 자신을 괴롭히지 않는 게 좋습니다. 당신이 자신에게 가하는 피해와 비교해 보면, 팀의 행동은 천사 같습니다. 정말로 당신을 병들게 하는 사람은 바로 당신 자신입니다."

"하지만 어떻게 그 사람의 그런 행동을 막을 수 있을까요? 내가 보기에는 그게 진짜 문제인 것 같아요."

"그렇지요. 당신이 보기에는 말입니다. 하지만 내가 보기에, 당신의 해로운 행동을 어떻게 중단시킬 것인가가 가장 중요한 문제입니다. 그러면 남편이 변하도록 도와줄 기회가 올 것입니다."

"무슨 뜻이죠? 제가 지금과 다르게 행동한다고 해서 어떻게 그를 바꿀 수 있다는 거죠?"

"간단합니다. 팀은 당신이 원하는 만큼 사랑을 주지 않았고, 바라는 만큼 좋은 행동을 보여주지 않는다고 했습니다. 저도 그렇게 생각합니다. 팀과 얘기해 보니 실제로 그는 당신을 사랑하지도, 다정하게 대하지도 않더군요."

"그것 보세요! 박사님도 그가 저를 함부로 대한다고 하시잖아요."

"그래요. 저도 인정합니다. 하지만 팀이 당신을 함부로 대한다고 해서 당신도 그렇게 대한다면, 그는 더욱 당신을 함부로 대할 겁니다. 그리고 당신을 사랑하지 않는다고 해서 그를 괴롭힐수록 그의 사랑은 점점 더 식을 것입니다. 당신은 진심으로 팀의 행동이 나아지기를 바란다고 하면서도 아무런 조치도 취하지 않았습니다. 하지만 진심으로 바란다면, 그가 비열하게 굴더라도 그를 더 사랑하고 덜 비난할 것입니다. 그의 행동에 비해 분에 넘치게 사랑해주고 친절하게 대하면, 남편도 당신이 진심으로 그를 사랑한다는 사실을 알게 될 것입니다. 그렇게 했는데도 팀이 당신을 전보다 더 사랑하고 더 잘 대해주지 않는다면 그의 마음을 사로잡을 방법은 없을 것 같군요."

"하지만 팀은 절 인격적으로 모욕하기 시작했잖아요?"

"팀이 당신에게 함부로 대한다고 해서 당신이 그를 비난한다면, 이제까지 그랬던 것처럼 팀은 더 함부로 대할 것입니다. 사실 팀은 자기가 먼저 당신을 모욕했음을 잊었는지도 모릅니다. 그래서 당신이 자신을 계속 비난하기 때문에 그런다고 주장할지도 모릅니다."

"바로 그렇게 말했어요!"

"그것 보십시오! 그런 식으로는 아무 소용이 없습니다. 하지만 다른 방식으로 접근해서 팀이 애정을 보이지 않아도 그를 더욱 다정하게 대하면 진정한 사랑을 받을 기회가 생길 것입니다."

"하지만 불공평하지 않나요? 그가 절 함부로 대하는데 왜 저만 그에게 잘해줘야 하지요?"

"그래요. 공평하지 않죠. 불공평합니다. 하지만 더 많이 사랑받기 위해 팀을 비난하는 일 말고는 뭘 하실 겁니까? 언제쯤이나 이 세상이 공평해야 한다는 생각을 버리고 더 행복하게 살기 위해 노력할 건가요?"

늘 그렇듯 메리도 좀처럼 쉽게 납득하지 못했고, 여러 번 상담을 중단할 뻔했다. 하지만 끈질기게 설득한 끝에 마침내 내가 이겼다. 메리는 몇 주 동안 노력해 보기로 했다. 팀이 함부로 굴어도 그를 더 많이 사랑하고 심한 말은 자제하려 노력했다. 그러자 기적 같은 일이 벌어졌다. 그 후 네 차례의 상담을 한 다음 그녀는 전혀 다른 얘기를 했다.

"박사님께서 어떻게 팀을 그렇게 잘 파악하셨는지는 모르겠지만, 처방은 정말 딱이더군요. 처음 열흘 동안은 이 세상에서 가장 지독한 인간 쓰레기처럼 굴더군요. 남자 힘이 필요한 집안일은 전혀 도와줄 생각도 안하고 거의 매일 밤늦게 집에 들어오질 않나, 옛날에 알고 지냈던 여자와 다시 만나고 있다는 얘기를 흘리기도 했어요. 처음에는 그 때문에 속상했지만, 이를 악물고 생각했어요(박사님께서 여러 번 말씀하신 것처럼). '좋아, 계속 그렇게 행동한다, 이거지. 설마설마 했는데! 하지만 그렇다고 내가 죽지는 않아. 도저히 견딜 수 없을 정도가 되면 헤어지지, 뭐. 그 때문에 술을 마시면서 울 필요는 없잖아?' 전 그에게 한 마디도 안 했어요. 일부러 더 다정하게 대하고 전보다 더 성적 매력을 풍겼지요. 그랬더니 정말 순식간에 변하더라고요. 지금은 집에 일찍 들어오고 가끔씩 꽃도 내밀어요. 믿을 수 없을 만큼 다른 사람이 되었어요. 두 주 전과 비교해 보면 정말 대단한 변화죠! 모두 박사님 덕분이에요. 팀의 사랑을 받기 위해 노력하자마자 사랑이 찾아오기 시작한 거예요. 절망스러운 상황을 한탄하며 울고불고하는 것보다 훨씬 나아요."

오랫동안 노력해도 팀의 행동이 달라지지 않았다면, 메리는 결국 이혼했을 것이다.

마이라 B의 사례도 새로운 생각으로 극심한 우울증을 극복할 수 있음을 보여준다. 마이라는 2년 동안 사귀던 여인이 배신을 하고 자신보다 훨씬 젊은 여자와 약혼을 했을 때 나(하퍼)를 찾아왔다. 외로워했던 그녀는 더 이상 살 가치가 없다고 하면서, 헤어진 애인을 대신할 남자는 없다고 했다. 나는 그 심정을 이해하면서도, 너무 힘들어하지 않으면 조만간 스티븐만큼 열렬히 사랑할 남자를 만날 수 있을 것이라고 얘기해 주었다.

그녀는 휴지에 얼굴을 파묻고 울부짖었다. "선생님께선 이해 못하시는 것 같아요. 스티븐은 저를 떠났어요. 전 그를 사랑했고, 모든 미래를 그에게 걸었어요. 이제 아무 것도 의미 없어요. 그가 없다면 제가 하는 모든 행동, 제가 가는 모든 곳, 저의 모든 생각은 공허할 뿐이에요." 열두 번째 상담이었다.

"정말 힘들겠지요. 하지만 다 끝났습니다. 당신과 그의 관계는 끝났어요. 의심의 여지가 없습니다. 끝, 종말이에요. 그 때문에 괴로워하면 무슨 소용이 있습니까? 그런다고 그가 다시 돌아오지 않잖아요?"

"저도 알아요. 하지만 선생님은……."

"예. 전 이해하지 못합니다. 하지만 저는 이해하고 있는데 당신은 모르는 것이 있어요. 두 사람은 헤어졌고 다시 되돌리기 위해 할 수 있는 일은 없습니다. 그 사실을 당신은 모르고 있어요. 아니 이해하려 하지 않는다는 표현이 낫겠군요. 당신은 관심을 갖고 즐거워할 수 있는 일과 사람에 대해 생각하려 애쓰는 것이 현명하다는 사실을 이해하려 하지 않습니다. '스티븐 없는 인생은 공허하다'고 되뇌어보았자 소용이 없어요. 그 자체가 공허한 것입니다. 제가 재클린 케네디 없는 인생은 공허하다고 되뇌어봤자, 그녀와 함께 할 수 없는 과거 속의 나를 슬퍼할 뿐입니다."

"절 비웃으시는군요!"

"예, 조금은요. 자책하는 것보다는 훨씬 낫지요. 사랑하는 사람을 잃은 지 몇 년이 지나도 우울증에서 벗어나지 못한 사람도 있습니다. 며칠 전, 54세의 남자가 어머니 얘기를 하다가 눈물을 흘리더군요. 그의 어머니가 돌아가신 지 몇 년이나 됐는지 아세요? 25년이나 됐어요. 하지만 그에겐 어제 돌아가신 것과 마찬가지였습니다. 그 불쌍한 남자는 틈만 나면 '어머니는 돌아가셨어. 정말 훌륭하고 모든 것을 희생하신 분이었는데! 이제는 영원히 만날 수 없어. 불쌍한 엄마! 엄마 없는 불쌍한 나!'라고 생각하면서 무려 25년 동안 어머니의 죽음을 생생한 사건으로 만들었습니다."

미라는 눈물을 흘리면서도 살포시 미소를 지었다. "전 그 정도는 아니에요."

"네. 아직까지는요. 하지만 스티븐이 없으면 더 이상 살 수 없다는 쓸데없는 생각을 계속 자신에게 주입시키는 한, 당신도 그렇게 될 것입니다. 방금 얘기한 남자처럼, 당신은 앞으로 25년 동안 스티븐이 떠났기 때문에 당신의 인생이 황량해졌다고 되뇌며 살아갈 게 분명합니다. 그 말도 안 되는 소리를 계속한다면 능히 그럴 수 있습니다. 그렇게 우울증에 파묻혀 세월을 보내는 대신, 즐겁고 행복하게 살겠노라 결심할 수 있습니다. 좀더 합리적으로 생각하고 그에 따라 믿고 행동하는 법을 배운다면 가능하지요."

"선생님은 정말 냉정하시군요. 저를 돌아가신 어머니에게 집착하는 노인네와 비교하질 않나, 재클린 케네디 때문에 슬퍼했다는 말도 안 되는 이야기를 꾸며내질 않나. 저는 정말 슬픈데, 어떻게 그런 농담을 할 수 있죠?"

"그래요. 제가 농담을 하는 이유는, 환자들의 절박한 욕구를 조롱하면 상담이 끝나고서도 계속 비탄에 젖어 있지 않기 때문입니다. 스티븐이 당신을 배신했으니 잠시나마 슬픔에 잠기는 것은 이해할 수 있어요. 당신이 무슨 잘못을 저질렀기에 스티븐이 당신을 떠났는지 알고 싶다면 도와드릴 수 있습니다. 그런 노력은 합리적이라고 할 수 있어요. 하지만 마냥 당신이 사랑하는 스티븐이 더 이상 당신 곁에 없는 게 정말 두렵고 불행하다고만 중얼거린다는 건 아까 얘기한 두 사례처럼 이해할 수 없군요. 스티븐은 당신을 떠났어요. 이제는 그 없이도 인생을 즐길 방법을 찾아야 합니다. 이 상황을 한탄하지만 말고, 존재하는 것은 그대로 내버려두십시오. 상황을 호전시키기 위해 무슨 일을 할 수 있을지 한번 생각해 봅시다."

상실감과 함께 마이라를 사로잡고 있던 비합리적인 생각을 조금씩 깨뜨리자, 그녀의 생각은 달라지기 시작했다. 금세 새로운 관심거리와 활동을 만들기 시작했다. 더 이상 인생은 공허하지 않았다. 인생 자체가 근본적으로 변한 것은 아니지만, 인생을 색다른 각도에서 해석하기 시작했다. 그것이 모든 변화의 출발점이었다.

극심한 좌절감을 경험할 때 어떤 길을 선택할 수 있을까? 역경을 극복할 수 있는 방법은 다음과 같다.

1. 절망적인 상황에 직면했을 때에는 우선 그 상황이 정말로 어려운 것인지, 아니면 자신이 어렵다고 생각하는지 파악해야 한다. 못생긴 얼굴 때문에 마음에 드는 이성을 유혹하는 데 정말 방해가 되는가? 가장 잘 생긴 사람이 아니면 안 된다는 어리석은 욕심 때문에 이성을 사귀지 못하는 것은 아닐까? 부모의 반대 때문에 어떤 직업을 갖지 못하는가? 부모의 반대를 무릅쓰고 그 일이 뛰어들 용기가 없기 때문에 너무 쉽게 포기해 버린 것은 아닐까? 실패가 두려워서 부모의 반대를 핑계 삼으려는 것은 아닌가? 스스로 좌절을 끔찍하게 만드는 것은 아닐까? 도전하고, 의문을 품고, 살펴보라.

2. 깊은 좌절감에 빠져 있고 그것을 극복할 방법이 전혀 보이지 않는다면, 의연하게 받아들이는 것이 좋다. 비탄과 절망에 잠겨 마지못해 받아들이지 말고 당당하게 받아들여라. 에픽테투스는 2000년 전에 말했다. "운명에 지지 않는 사람은 그 누구도 이기지 못한다." 시드니 스미스(Sydney Smith)는 이렇게 말했다. "기어가야 한다면 기꺼이 기어가리라. 날아야 한다면 선뜻 날아가리라. 그러나 피할 수만 있다면 결코 괴로워하지 않으리." 수용의 철학을 비합리적인 극단으로까지 확대할 수 있다. 하지만 합리적인 수준에서만 이익을 얻을 것이다.

3. 좌절감을 줄이거나 없앨 수 있다고 결심하라. 이성적으로 사고

하면 아무리 힘든 상황에도 굴복하지 않을 수 있다. 이성적 사고에 복종이나 체념의 철학은 포함되지 않는다. 이성적 사고는 정말로 어쩔 수 없는 상황만을 받아들이고 바꿀 수 있다면 받아들이지 말라고 조언한다. 이는 성 프란치스코(St. Francis), 라인홀트 니버, 금주단체, 그리고 몇몇 동양 철학자들의 가르침과 비슷하다. REBT에서는 이렇게 표현한다. "제가 바꿀 수 있는 것은 바꿀 용기와 노력을 발휘하게 하시고, 바꿀 수 없는 것은 받아들일 수 있는 평화를 주시며, 그 차이를 깨달을 지혜를 주소서."

4. 극심한 좌절감에 빠질 때마다 이렇게 자문해 보라. "내가 절대로 좌절하면 안 된다고 누가 그랬지? 안 그러면 좋겠지만, 지금은 절망하고 있어! 힘들어! 그렇다고 내가 죽을까? 그럴 리 없지? 절망감이 나를 괴롭힐까? 그럴 수도 있어! 그러니 괴로워하지 않는 게 좋아. 괴롭다는 감정 때문에 괴로워할 이유가 없어. 그러면 문제 하나를 두 개로 부풀리게 되니 말이야." 다시 말해 좌절과 분노는 인간의 정상적인 면임을 확신하라. 누구나 수없이 좌절하고 화를 내며 살아간다고, 좌절과 분노가 큰 재앙은 아니라고, 그래도 잘 살아갈 수 있다고 확신하라.

　　시련을 겪는다고 해서 좌절할 필요는 없다. 절대로 시련이 존재해서는 안 된다는 생각을 버리면, 두려워하거나 좌절하기보다는 그저 조금 실망하거나 유감스러워할 것이다.

5. 상실감과 좌절감이 클수록, 그것에 대해 더욱 현명해질 수 있다. 상처가 클수록 더욱 좌절할 것이라 생각하는 대다수 사람들을 따르지 마라. 어리석은 생각이다! 문제가 심각할수록 더욱 실망

하거나 싫어할 것이다. 하지만 실망과 혐오를 극심한 좌절로 발전시킬 필요는 없다. 이는 다음과 같은 생각 때문이다. (a) '내겐 사랑하는 사람도, 간절히 바라는 즐거움도 얻을 수 없어. 너무 슬퍼!' 그리고 (b) '내가 간절하게 원하고 꼭 필요하다고 생각하는 것을 가질 수 없으니, 내 인생은 불행하고 불공평해. 그래선 안 되는데!' 첫 번째 믿음은 합리적이지만 두 번째는 비합리적이고 파괴적이다. 이러한 믿음에 도전해 근절할 수 있다.

6. 도저히 완화할 수 없는 육체적 고통 같은 실질적 장애가 있다면, 감각을 무시하거나 기분을 전환해볼 수 있을 것이다. 그렇게 해서 고통이나 짜증스러운 감정을 무시하거나 잊으려 할 수 있다. 혹은 의도적으로 그것들에 대해 생각해 보거나 다른 일을 할 수도 있다. 예를 들어, 두통 때문에 힘들어한다면 "머리 아파! 계속 아프면 어쩌지?"라고 한없이 중얼거리는 대신, 두통을 잊으려 노력할 수 있다. 또는 일부러 즐거운 일을 생각하려고 할 수도 있다(며칠 전의 즐거운 시간이나 다음주 토요일에 계획한 소풍 등). 혹은 체스나 독서, 그림 등 기분을 전환하는 활동을 할 수도 있다. 고통스런 자극을 잊기는 쉽지 않기 때문에, 대게는 의도적으로 좀더 즐거운 다른 자극으로 마음을 다른 곳으로 돌리는 두 번째 방법이 더 효과적이다.

마음을 다른 곳으로 돌린다고 해서 정서장애가 치유되거나 근본적으로 자기 파괴적인 행동을 해결할 수는 없지만, 간혹 이익이 된다. 몇 년 전, 나(엘리스)는 치과의사가 내 치아와 잇몸을 난도질할 때 애써 즐거웠던 경험에 집중하거나 머릿속으로 작곡을 하면서 치료의 고통을 거의 느낄 수 없었다. 그때 이 방법의 장점을 깨달았다. 이후 나는 치과를 두려워하는 환자들에게 이 방법을 가르쳐 주었다.

그로부터 몇 년 후, 오클라호마 호텔의 어두침침한 계단에서 넘어져 한 달간 병원 신세를 질 때에도 기분 전환 방법으로 육체적 고통을 다스렸다. 나는 즐거운 상상의 나래를 펼쳤다. 퇴원 후 할 일을 계획했고, 이 책의 개정판을 상당 부분 손보았다. 한 시도 가만있지 않고 바쁘게 움직였다. 그렇다고 육체적 고통을 완전히 잊을 수 있었던 것은 아니다. 하지만 확실히 고통이 줄어들었고 입원 기간 거의 내내 고통을 거의 느끼지 않았다.

이런 기분 전환 방법은 실제로 정서적 혼란을 바꾸는 것이 아니라 일시적으로 몸과 마음을 달래주는 것뿐이기 때문에 부작용을 낳기도 한다. 다른 사람과 싸우거나 술이나 마리화나, 안정제를 복용하면, 순간적으로는 기분이 좋아진다. 때문에 불안감이나 우울증을 낮추기 위해 다른 것은 필요 없다고 믿을 수 있다. 일부 치료사들이 이용하는 기법은 주로 감정에 초점을 맞춰 근원적인 문제를 간과하게 하고 순간적인 희열을 안겨주기도 한다. 하지만 그러한 방법은 실제 회복이 아니라 기분만 나아지게 할 뿐이다.

기분 전환 방법이 종종 유용할 수는 있지만, 그것만으로는 부족하다. 비합리성을 타파하지 않고 그저 기분 전환에만 몰입하지 말라. 하지만 육체적 고통과 심리적 괴로움을 이겨내기 위해 적절하게만 활용한다면, 큰 이익을 줄 수 있다.

좌절감에 성숙하게 대처하기에 쉬운 길은 없다. 그 중 가장 험난한 길, 즉 기독교 순교자들과 일부 독실한 교파의 극단적인 극기는 보통 사람에게는 대단히 힘들 것이다. 오히려 마조히즘이나 광기와 관련될 것이다. 불가항력적인 좌절감을 균형 있게 수용하겠다는 생각이 더욱 현명할 것이다.

테드의 사례는 좌절감에 대한 자기 철학을 얻는다는 것이 바람직하다는 사실을 잘 보여준다. 나(하퍼)를 찾아왔을 당시, 테드는 자기가 당한 부당한 대접을 하나도 잊지 않고 마음속에 차곡차곡 쌓아두고 있었다. 그럴 만한 이유가 있었다. 부잣집에서 태어난 그는 여덟 살 때부터 캠프와 기숙학교를 전전했다. 부모는 그의 탄생을 원하지 않았던 듯했다. 네 명의 형제자매는 테드보다 훨씬 사랑받고 자라 다들 크게 성공했지만, 방황을 거듭하던 테드는 결국 직장을 잃은 후 술에 절어 살면서 세상이 자신을 버렸다고 원망했다.

심리치료에 관한 책을 상당히 많이 읽은 테드는 내가 자기를 소파에 앉히고 몇 년이고 자기 얘기에 귀를 기울여주고 함께 아파하면서 마음속 깊이 박혀 있는 부모와 형제에 대한 적개심을 분출하게 해주리라 생각했다. 하지만 나는 왜 부당한 대접을 마음속에 담아두느냐고 비난했다.

"부모님은 당신을 사랑하지 않습니다. 당신을 거부하고 소홀하게 대했지요. 그래요. 그렇다고 합시다. 하지만 도대체 왜 지금 그렇게 화를 내는 건가요? 어릴 적엔, 그래요, 정말 힘든 시절이었습니다. 하지만 지금은 성인이 되었습니다. 어린 시절에 얻지 못한 것 때문에 왜 지금까지 슬퍼하고 있나요? 지금 이 순간 좀더 건설적이고 재미있고 즐거운 일을 하는 건 어떨까요? 여덟 살 때 부모님으로부터 거부당했다는 집착에서 벗어나면 좋지 않을까요? 최소한 나이로만 보면 당신은 성인입니다. 그러니 생각도 어른답게 할 수 없을지 생각해 봅시다."

테드는 황당하다는 표정이었다. "심리학자시니 그게 그렇게 쉬운 일이 아니라는 걸 아실 텐데요. 선생님 분야에 대해 그리 많이 알지는 못하지만, 대부분의 심리학자들은 유년기에 거부당한 사람은 장기간 심리분석을 받지 않는 한, 사랑에 대한 욕구를 극복할 수 없다고 하지 않습니까? 제겐 바로 그게 필요해요. 제가 읽은 책의 환자는 장기간에 걸쳐 과거의 증오와 좌절감을 살펴보고 자신을 괴롭혀온 것을 진심으로 이해하더군요. 그런 심리분석은 안 하시나요?"

"아니오. 안 합니다. 몇 년 전에는 그랬습니다. 저 역시도 그 책을 읽고 감명을 받았었죠. 하지만 수많은 환자를 만나면서 과거의 경험과 부모에 대한 증오심을 되살려 볼수록, 효과가 없음을 확신하게 됐습니다. 환자들은 그 방법을 좋아했어요. 맞아요. 어린 시절에 느꼈던 좌절감과 증오심을 다시 불러일으키는 것을 즐기는 듯했지요. 하지만 회복되진 않았습니다. 그래서 뉴욕의 앨버트 엘리스 박사와 함께 기존의 심리치료와는 전혀 다른 방식으로 치료해 보았습니다. 그렇게 극적이거나 환자들에게 만족감을 주지는 못했지만, 그 결과는 훨씬 좋았습니다. 예전에는 환자들이 저를 굉장히 좋아했지요. 하지만 지금은 이 방법을 믿든 안 믿든, 실제로 환자들이 자신을 받아들이게 하고 있습니다."

"음…… 무슨 말씀인지 알겠습니다. 하지만 저같이 특별한 경우에는 부모님의 거부에 큰 상처를 받았고 과거의 그 부정적인 감정이 가득하니, 장기적으로 이 감정을 해소시키고 난 다음에 선생님과 엘리스 박사가 강조한 합리적 방법을 쓰는 게 좋지 않을까요?

"아니오. 전혀 그렇게 생각하지 않습니다. 정신분석학자들이 오랜 시간에 걸쳐 당신의 상처를 극복하도록 도와줄 수도 있습니다. 하지만 그렇지 않을 확률이 더 높습니다. 왜냐하면, 당신이 두세 살 때 했던 부모의 세세한 말이나 행동, 그리고 그에 대한 당신의 반응을 몇 년에 걸쳐 몇 년 동안 되살려낸 다음에도 문제가 있기 때문입니다. 거부와 좌절에 대한 지금의 철학을 다시 구축하고 30년이 지난 지금까지 계속 자신에게 되풀이해서 주입하고 있는 비합리적인 믿음을 버려야 하지요.

"비합리적인 믿음이란 어떤 것을 말하시는 거죠?"

"상담을 시작한 후 20분 동안 말했고 지금도 굳게 믿고 있는 믿음이지요. 즉, 특히 부모로부터 거부당한다는 것은 끔찍한 일이고, 거기에 분노를 드러내지 않거나 이 세상으로부터 보상받지 못하면, 인생은 살 가치가 없으니 차라리 죽을 때까지 술을 마시는 게 낫다는 믿음 말입니다."

"거부당하는 게 좋은 일이던가요? 선생님은 그런 일을 당하면 슬프지 않겠습니까?"

"그렇습니다. 어린아이였을 때에는 몹시 슬펐을 것입니다. 아이들은 객관적으로 생각하지 못하고 자신을 방어할 수도 없으니까요. 하지만 지금은 객관적으로 생각할 수 있고 자신을 방어할 수도 있어요. 아직까지 시도를 안 했을 뿐이죠. 당신은 용케 지금까지 절망적인 상황에 대한 태도를 바꾸거나 피하지 않았습니다. 즐겁지 않은 직장은 좀 더 즐겁게 만들려 노력하지 않고 그만두거나, 현재 직장을 최고의 곳으로 만들려하지 않고 여기저기 전전했습니다. 그리고도 부족해서 지금 이 순간까지도 한가하게 몇 년 동안 정신분석을 하자면서 좌절감을 정면으로 극복하지 않으려 하지요. 그렇게 하면 고통을 극복하기 위해 노력하지 않고 그저 자기 연민에 빠져 또 다시 허송세월을 보낼 것입니다. 또 내면을 들여다보지 않고 그저 남을 탓하며 쓸데없는 증오심을 키우겠지요."

"선생님은 내가 여전히 근본적인 문제를 직면하지 않고 그저 피하려고만 한다고 생각하십니까?"

"아닌가요? 30년 전에 부모님이 당신에게 어떻게 했는지, 그것이 지금 당신의 행동에 어떤 영향을 미쳤는지를 낱낱이 파헤치고 싶을 뿐입니다. 매일매일 상실감을 느끼기 위해 당신이 어떻게 하는지는 잠깐이라도 들여다보려 하지는 않지요."

"제가 어떻게 하는지요?"

"왜 직접 살펴보지 않으십니까? 바로 그 문제에 대해 치료를 받는 게 나을 것입니다. 그러면 저와 함께 당신이 지금 당신을 괴롭히고 그 괴로움에서 벗어나지 못하도록 계속 당신 자신에게 주입시키는 비합리적인 믿음을 찾아볼 수 있겠지요. 혼란에 빠진 부모님이 오래 전 당신에게 한 일을 살펴보려는 대신에 말입니다."

"제 자신에게 계속 주입시키는 믿음이요?"

"그래요. '난 부모님에게서 사랑받지 못했어. 부모님은 나보다 형과 누나들을 더 사랑하셨기 때문에 힘들었어. 난 정말 불쌍해! 부모님이 날 미워하는데 내가 뭘 어떻게 할 수 있겠어?' 같은 믿음 말입니다. 오래 전 부모님의 행동이 당신의 지금 행동에 영향을 준다니, 우습지 않습니까? 또 '나 혼자서 이 세상의 좌절과 맞선다는 건 너무 힘들어! 내가 왜 이렇게 살아야 하는 거지!' 같은 믿음도 있지요. 그런 생각이 시련을 줄이기는커녕 오히려 더한다는 사실을 모르시겠습니까?"

"흠. 박사님은 제가 읽은 심리분석 책과는 전혀 다른 말씀을 하시는군요. 그 책에 따르면, 박사님의 말씀으로는 제 무의식적 감정을 건드리지 못하기 때문에 실제로 절 괴롭히는 문제를 해결하지 못할 텐데요.”

“좋습니다. 그 책대로 하고 싶다면 그렇게 하십시오. 오랜 시간에 걸쳐 심층적인 정신분석을 받고 싶으시다면, 제 친구를 소개해 드리겠습니다. 그 친구는 지금도 그 방법을 굳게 믿고 있습니다. 앞으로 7년이든 8년이든 기꺼이 당신을 분석할 것입니다. 하지만 분석이 끝났을 때 진심으로 삶의 방식을 바꾸고 싶고 부모님이 아니라 당신의 인생 철학을 바꾸고 싶다면, 여전히 힘겨운 과제가 남아 있을 것입니다.”

“그렇다면 제가 과거의 일은 그저 받아들이고 더 이상 부모님을 원망하지 않으면 제 문제를 비교적 빨리 해결하고 제 자신을 훨씬 더 깊게 이해할 수 있다고 생각하시는 겁니까?”

“그렇습니다. 당신의 근본적인 인생 철학이 원래 어떻게, 언제 형성되었든, 그것을 직시하고 삶의 기준으로 삼고 있는 비합리적 생각에 과감하게 도전하는 것만큼 인생의 심층을 더 깊이 파고드는 것은 없습니다. 당신의 철학은 간단히 말해, ‘나는 과거에 힘든 세월을 보냈고 보통 사람들보다 더 많이 힘들었어. 그런데 지금은 또 다른 고통을 겪어야 하는 거야? 죽을 때까지 내 부모님을 증오해서 기분이 좀 나아진다는 데 뭐가 나빠?’ 대단히 그럴 듯하지만 쓸데없는 생각입니다. 언제쯤 인생에 대해 좀더 현실적인 태도를 가질까요?”

“하퍼 박사님, 정말 냉정하시군요. 하지만 저도 박사님처럼 냉정하게 생각하기 시작했어요. 말씀을 듣다보니 모든 게 너무 쉽고 그럴 듯해 보였다는 생각이 듭니다. 제가 읽은 책 중에 존 스미스인지 조 블로우인지 하는 사람이 수 년 동안 상담을 받던 어느 날 갑자기 깨달았다고 하더군요. 평생 자신이 원했던 것은 사실 아버지를 대신해 어머니와 동침하는 것이었음을요. 그러자 느닷없이 노이로제 증상이 씻은 듯이 나았다고 했지요. 이 대목을 여러 번 읽으면서 전 마술을 찾아다녔습니다. 가만히 앉아서 눈만 깜빡하면 박사님이나 다른 치료사가 절 치료해주길 바랐던 것입니다. 박사님 말씀이 맞아요. 그런 치료법은 절 바꾸지 못하게 하고, 저를 바로잡지 않는 데 대한 좋은 변명거리를 주겠지요.

사실 오랫동안 그런 식의 치료를 받았던 친구가 있습니다. 짐은 교회에 가듯 1주일에 네다섯 번씩 분석을 받으러 다니면서 조금만 문제가 생기면 정신분석가에게 전화를 했지요. 그런데 지금도 술독에서 벗어나지 못했습니다. 정신분석이 어떠냐고 물을 때마다 "좋아. 아주 좋아. 내 마음 깊은 곳을 계속 파고 들어가거든. 아주 깊숙이 말이야. 조금만 있으면 밑바닥에 닿을 거야. 그러면 그 밑에 뭐가 있는지 알게 되겠지. 그러면 더 이상 힘들어하지 않을 거야"라고 대답합니다. 하지만 방금 말씀하신 것처럼 짐 같은 사람에게는 바닥이 없지요. 그는 회복하기를 진심으로 원치 않습니다. 그러려면 자신이 진정으로 노력해서 바뀌어야 할 테니까요."

"맞습니다. 교회에 가듯 정신분석을 받는 한, 회복 못하는 데 대한 좋은 핑계가 되겠지요. 그리고 비합리적인 믿음을 살펴보고 그것을 바꾸려 노력하지 않는 데 대한 핑계도 되고요. 하지만 그게 바로 문제인데 말이에요. 그렇다면 당신의 그 엉터리 인생 철학에 대해선 어떻게 하실 건가요?"

"하퍼 박사님, 지금은 그 어떤 약속도 하고 싶지 않네요. 전에도 제 자신이나 다른 사람들과 수많은 약속을 했지만 한 번도 지켜본 적이 없어서요. 하지만 이것 한 가지는 말씀드릴 수 있어요. 진심입니다. 일단 정말로 노력해 보겠습니다. 박사님 말씀처럼 저 자신을, 저의 믿음을 더 깊이 들여다보겠습니다. 지금까지는 자기 연민에 빠져 살려달라고 외치기만 했던 것 같아요. 당분간은 박사님 말씀대로 해보고 어떻게 되는지 살펴보겠습니다."

테드는 이후 몇 달 동안 자신의 믿음과 자신(부모가 아니라)의 잘못을 살펴보았다. 술의 양은 눈에 띄게 줄었다. 난생 처음으로 한 곳에 정착할 생각을 했다. 서른여섯의 나이에 다시 학생이 되어 전자공학자가 되기 위해 준비했다. 과거에는 전자공학을 공부하면서도 진지하게 추구해본 적이 없었다. 쉽게 좌절하는 현상은 완전히 치료되지 않았다. 하지만 수많은 좌절을 겪으면서도, 그에 대한 태도는 크게 바뀌었고 더 이상 과거와 현재의 부당한 대우에 분노하지 않았다.

수년 전 상담 내용을 녹음해두었던 이 사례처럼, 많은 사람들이 현재의 생각과 행동보다는 과거에 집착한다. 현재의 생각과 행동을 들여다 보면 내면을 통찰하여 빠르게 회복될 수 있다. 하지만 기존의 치료방법이 여전히 인기를 끌고 있다. 자신의 현재 행동과 적극적으로 바꾸어야 한다는 책임을 회피할 수 있기 때문이다. 불쾌한 일을 하기 시작했다는 느낌이 들면 쉽게 좌절한다고 생각한다. 하지만 그건 바람일 뿐이다. 사실은 그 반대의 경우가 맞다. 공부처럼 귀찮되 생산적인 일을 어렵게 감행할수록, 그 일이 쉽고 재미있음을 알게 된다.

원초적 치료나 수많은 절규나 감정 중심적 치료법도 좋은 핑곗거리를 제공한다. 치료사들은 정서장애자들에게 우선 그들이 유아기에 부모 때문에 상처받고 분노했다고 말한다. 그리고 지금도 그 상처의 흔적을 갖고 있고, 이 아픔이 남긴 끔찍한 흔적이 없어지지 않았으며, 그 과거의 경험을 되살려서 잊어야 한다고 말한다. 사실은, 정서장애자들이 어릴 적 조금은 큰 상처나 분노를 느끼기로 '선택' 했고, 여전히 이 세상이 살기 좋은 곳이어야 한다고 '주장'하겠다고 '선택'한다.

절규 치료법을 신봉하는 사람들은 상실감이 여전히 두렵고 끔찍하다고 주장하면서 성장하기를 거부한다. 두 살배기 어린아이처럼 짜증을 부리면서 자신을 달래곤 한다. 그렇게 해서 좌절감을 견딜 기회를 줄여 평생 어린아이로 살아가는 것이다.

그렇다고 해서 감정 표현 치료 방법이 무가치하다는 의미는 아니다. 간혹 도움이 되기도 한다. 자신의 상처와 분노를 표출하면서 그 감정을 만들어내는 비합리적 믿음을 살펴보고, 그것을 건설적으로 바꿀 수도 있기 때문이다. 감정 표현은 치료의 중요한 부분일 것이다. 단, 좀더 성숙하고 적절하게 느끼고 행동하게 하는 수많은 REBT 사고와 행위 방법과 함께 한다면.

14
감정을 통제하라

대부분의 사람들은 다른 사람의 행동을 바꾸거나 통제하겠다는 불가능한 일에 너무 많은 시간과 노력을 낭비한 나머지, 자신의 생각과 행동을 바꾸겠다는 가능한 목표는 달성할 수 없다고 착각한다. 물론 잘못된 생각이다. 이들은 다섯 번째 비합리적 믿음, 즉 힘든 상황에서는 괴로워할 것이며 혼란스러운 감정을 통제하거나 바꿀 수 없다는 믿음을 고수하고 좀처럼 극복하지 못한다.

이 생각이 터무니없다는 데에는 여러 가지 이유가 있다. 다른 사람과 외부에서 일어난 사건은 최악의 경우라도 육체적으로 피해를 입히거나 여러 불편함이나 상실감을 줄 뿐이다. 그것이 일으키는 대부분의 고통(특히, 공포, 경악, 수치심, 죄책감, 증오심)은 다른 사람의 비난을 견딜 수 없다고 확신하거나 싸움과 불편함을 끔찍하다고 믿으면서 당신에 대한 타인의 비판이나 거부를 지나치게 심각하게 받아들이는 데에서 비롯된다.

외부로부터 가해진 육체적 상처(우연히 화분이 떨어져 발가락을 부러뜨렸을 때처럼)는 스스로 부상에 따른 불편을 철학적으로 받아들이고 '아파! 너무 짜증나!' 라고 거듭 중얼거리지 않는 한 그리 큰 고통을 일으키지 않는다. 이는 완벽하게 통제할 수 없다. 외부의 사건에 대해 철학적인 자세를 갖는다 해도 개중에는 상당한 불편과 고통을 초래하는 것도 있다. 버틀란트 러셀(Bertrand Russell)은 이렇게 말했다. "행복이 오로지 내면에서 기인한다고 주장하는 사람들은 눈보라가 치는 영하의 기온에서 누더기만 걸친 채 아무것도 먹지 못하고 36시간 동안 길거리에 서 있게 해야 한다."

그렇다 해도 육체적 고통을 최소화할 수 있는 상당한 능력을 갖고 있다. 그리고 불건전한 정서적 고통을 줄일 수 있는 독특한 능력도 갖고 있다. 단, 이 능력을 발휘하지 않았을 뿐이다.

스스로 만들어낸 고통을 통제하기가 쉽다는 얘기는 아니다. 반대로 자신에게 상처를 주고, 힘들게 만들고, 다른 사람의 말과 행동을 너무 심각하게 받아들이는 것이 쉬울 것이다. 하지만 자신에게 상처를 주는 것이 아무리 자연스럽다 해도, 장기적으로는 그렇게 하지 않도록 스스로를 단련시키는 것이 훨씬 유익하다.

예를 들어 환자들은 흔히 "내가 어리석다는 제리의 말에 큰 상처를 받았다"라고 말한다.

환자들이 이 말을 할 때마다 우리는 이렇게 반론한다. "당신을 어리석다고 말했다고 해서 제리가 당신에게 상처를 입힐 수는 없습니다. 그 말도 당신에게 상처를 주지는 못하지요. 사실 당신에게 상처를 입힌 것은 당신 자신입니다. 제리의 말을 듣고는 '제리가 날 어리석다고 하다니! 말도 안 돼! 난 어리석지 않아. 제리는 그런 말을 해선 안 돼!'

라고 생각하기 때문입니다. 혹은 '어떻게 하지! 내 바보 같은 짓을 그가 봤나? 내가 그렇게 어리석다니, 큰일이야!' 제리의 말이 아니라 그 말에 대한 당신의 믿음이 당신에게 상처를 준 것입니다. 다르게 생각할 수 있었기 때문이지요. '제리는 날 어리석다고 생각하고 있어. 그가 편견을 갖고 있을지도 몰라. 하지만 그의 말이 맞을지도 모르니 앞으로는 조심하는 게 좋겠어. 어떤 경우든, 내가 어리석다는 제리의 말은 지나친 일반화야. 그 말대로라면 나는 항상 바보같이 행동해야겠지. 그의 말은 바보같이 행동했기 때문에 내가 무능하다는 뜻이야. 실제로 내가 자주 어리석은 행동을 했을 수도 있지 그렇다 해도 내가 완벽한 멍청이는 아니야' 라고 말입니다.

환자들은 또한 "일이 안 풀릴 때는 견디기가 힘들다"라는 말도 자주 한다.

이번에도 우리는 반박한다. "견디기가 힘들다는 게 무슨 말입니까? 당연히 견딜 수 있습니다. 침착하게 일을 제대로 풀어갈 수 있을 때에도 이성을 잃고 견디기를 '거부'할 수도 있습니다. 혹은 견디면서도 상황이 힘들다고, 그래선 안 된다고 투덜거리면서 고통을 가중시키는지도 모릅니다. 하지만 장담하건데 이 불쾌한 상황 때문에 당신이 이 세상에서 사라지는 것은 아닙니다. 분명히 견딜 수 있습니다. 그런데 왜 자신에게 계속 속삭이는 그 바보 같은 생각을 살펴보지 않습니까? 그래서 이 불리한 상황을 의연하게 인정하고 개선하려 노력하는 게 어떨까요?"

또한 "내 감정을 조절할 수 없다"라는 말은 사실 바로 이 순간 너무나 괴로워서 자율신경계에 일시적으로 문제가 생겨 제어할 수 없다는 의미다. 사실이다. 맥박, 본능적 반응, 그리고 식은땀 등이 감각 기능을 방해할 수도 있다. 하지만 그렇다 해도 스스로 자신을 괴롭히는 비합리적 믿음을 직시해 없앤다면, 다시 감정을 조절할 수 있음을 알게 될 것이다. 그것도 놀라울 정도로 짧은 시간 내에.

나(하퍼)의 환자였던 릭 S는 극심한 우울증을 도무지 통제할 수 없다고 했다. 우울증을 깨닫기도 전에 압도되기 때문이었다. 우울증이 깊어지면, 그 상태로는 아무것도 알 수 없을 것 같았다. 릭이 말했다.

"제 믿음을 살펴보고 제 스스로 우울증을 만들어냈음을 파악하라는 선생님 말씀을 알겠습니다만, 왜 그런지 도무지 모르겠습니다. 무의식적으로 우울해지거든요. 그러니 어떻게 우울 증세가 나타나기 전에 기분을 살펴보고 그 증상을 막을 수 있겠어요?"

"그럴 수 없지요. 최소한 처음에는 그렇습니다. 우울 증세가 나타난 다음 그 기분을 관찰할 수 있고, 그 다음에야 당신이 비합리적인 당위성을 믿음으로써 자신을 우울하게 만들었음을 이해할 수 있습니다. 그러한 당위성을 찾아보면 분명히 발견할 수 있을 것입니다. 그건 당신의 수만 가지 무의식적인 개념이 아니라 소수의 근본적인 비합리적 개념으로 이루어져 있으니까요. REBT의 원리를 알면 쉽사리 발견할 수 있어요."

"어떤 무의식적인 이유에서든 우울하다는 것을 느꼈을 때 더 우울해지지 않도록 하고 스스로 우울한 기분을 자초했음을 파악할 수 있겠군요. 그 다음 우울증의 원인인 저의 비합리적 믿음도 찾을 수 있고요."

"맞습니다. 물론 처음에는 힘들 것입니다. 하지만 할 수 있어요. 가장 최근에 우울했던 때가 언제인가요?"

"음…… 어디보자, 어제던가요? 일요일에 늦잠을 자고 일어나 신문을 읽다가 라디오를 잠깐 듣고 있었어요. 그때 갑자기 온몸에 힘이 빠지고 우울해지더군요."

"지금까지 신문 읽고 라디오 들은 것 외에 뭐 다른 일은 없었습니까?"

"예. 제 기억으로는 없는 것 같아요. 잠시 기억을 더듬어볼게요. 없는데…… 아니, 있었어요! 대단한 건 아닌데. 요즘 사귀는 낸시에게 전화를 할까 하다가 그만뒀어요."

"왜 안 했죠?"

"보통 매주 토요일 밤에 그녀를 만나거든요. 그런데 이번 주에는 그녀가 다른 남자를 만나기로 했다는 거였어요. 물론 좋지는 않았죠. 그녀와 결혼하고 싶은 건 아니니 가지 말라고 할 수도 없었어요. 어쨌든 일요일에 그녀에게 전화를 걸어 늦게라도 만날 수 있는지 물어보고 싶었지만……." 릭은 잠시 망설였다.

"그런데요?"

"저기요, 만에 하나 그녀가 아직 데이트 상대와 함께 있는데 제가 전화를 하면 그녀가 당황할지도 몰라서……."

"아! 왜 우울증이 일어났는지 확실한 것 같은데, 아닌가요?"

"무슨 말씀인지 알겠습니다. 전 '그녀가 아직도 그 남자와 같이 있으면 어떡하지? 그 남자와 밤새 즐거운 시간을 보내고서 더 이상 나를 만나고 싶지 않다고 하면? 그 남자가 나보다 침대에서 더 잘하면? 그럼 큰일이야!' 라고 생각했어요."

"그래요, 이제 분명해졌습니다. 그 남자가 당신보다 더 매력적이어서 낸시가 당신과 헤어지자고 하면 큰일이겠지요. 그러면 당신은 우스워지니까요! 그렇게 생각하지 않았나요?"

"정확하게 짚으셨어요. 그렇게 생각했어요. 그래서 전화하기가 두려웠습니다. 진상을 알게 될까봐 겁이 났어요. 낸시가 더 이상 절 좋아하지 않아서 무가치한 존재가 될까봐 무서웠어요. 제가 우울해졌던 건 당연하군요!"

"그래요. 당연합니다. 당신이 무의식적으로 자신을 힘들고 우울하게 만들었지만, 어떻게 그 무의식적인 생각들을 의식의 수면 위로 떠오르게 했는지 알겠습니까?"

"우리가 방금 한 것처럼, 그렇게 자문했기 때문에, 그리고 선생님이 계속 말씀하신 것처럼 제가 제 자신에게 속삭이는 생각을 바라보고 그다음 '무의식'을 바라보기 때문에 그랬겠지요. 여기서 무의식이라는 건 제가 자세히 살펴보지는 않았지만, 그래도 생각은 하고 있던 것이겠지요. 맞나요?"

"그렇습니다. 우리가 말하는 무의식이 바로 그런 뜻입니다. 인간에게는 깊숙이 자리 잡은 무의식적 사고나 직시하기가 부끄러워 억누르는 생각이 있을 수 있습니다. 프로이트가 찾아낸 것이지요. 억압된 사고와 감정이 무의식에 존재한다는 사실을 말입니다. 하지만 불행히 프로이트는 지나치게 비약해 실질적으로 모든 무의식적 사고가 억압에서 비롯되었고 쉽게 그것을 찾아낼 수 없다고 믿었습니다. 그렇지 않습니다. 대부분의 무의식적 사고는 조금만 파내려가도 의식할 수 있으니까요."

"그러니까 제가 무의식적으로 우울해지면, 그 우울증을 일으킨 제 생각을 금세 찾아내어 다시 기분이 좋아질 수 있다는 말씀인가요?"

"그렇습니다. 하지만 전에도 말했듯 힘들 수 있습니다. 말씀하신 것처럼, 기분이 가라앉으면 다시 기분이 좋아질 것 같지 않고, 계속 그 상태로 있기를 원하니까요. 그래서 그 기분을 떨쳐내고 우울증을 만들어낸 근본적 믿음을 적극적으로 찾지 않는 한 계속 우울증에서 벗어날 수 없을 겁니다. 그래서 어떤 의미에서는 최악의 상태만 피할 수 있습니다. 계속 우울한 기분에 파묻힐 것인가, 아니면 내키지는 않지만 그 원인을 찾아내어 우울증을 극복할 것인가. 물론 힘든 선택입니다. 그러나 둘 중 그나마 좀더 나은 것, 즉 우울한 기분의 원인을 찾아내어 극복하려 한다면, 부정적인 생각을 바꾸어 다시는 우울해지지 않을 것입니다. 그리고 의식적으로나 무의식적으로 우울증을 일으켰다 해도 쉽게 벗어날 수 있을 것입니다."

릭은 내 말에 귀를 기울였다. 다음 상담 시간에는 한껏 들뜬 얼굴로 찾아왔다. "이번에는 해낸 것 같아요. 전처럼 무의식적으로 우울해졌는데 금세 빠져나왔어요!"

"좋아요. 자세히 말해 보세요."

"지난 주에 여자 친구 낸시가 다른 남자와 데이트한다고 말씀드렸죠? 이번 주에 그녀를 다시 만났는데, '릭, 얼굴 좀 펴요. 왜 그렇게 표정이 어둡죠? 꼭 시체 같아요'라고 말하더군요. 세상에! 그 말이 내 명치를 후비는 것 같았어요. 그 말을 듣자마자 제가 아직도 지난주의 일에서 헤어나지 못해 그게 겉으로 드러났다는 걸 알게 되었답니다. 그러자 갑자기 더 우울해지더군요. 그 순간부터 한 5분 동안은 당장이라도 목을 매고 싶더군요.

그런데 다행히 선생님 말씀이 귓전에 울렸습니다. '우울해지기 시작하면 당신을 우울하게 만들기 위해 당신 스스로 무어라 속삭였는지 자문해 보십시오'라는 말씀이요. 그래서 생각했답니다. '좋아. 이렇게 되도록 나 자신에게 뭐라고 속삭였을까?' 그러자 짐작하시겠지만, 곧바로 답이 떠올랐어요. 처음엔 '낸시가 나를 만나러 다시 나타나긴 했지만, 진심으로 나를 원하고 있을까? 사실은 지난주에 만났던 그 남자를 만나고 싶은지도 몰라. 그녀가 나 아닌 그 녀석을 원한다면 어떡하지!' 라고 말했지요. 그때 낸시가 얼굴을 찌푸리지 말라고 했을 때에는 이렇게 생각했지요. '젠장, 끝이구나. 낸시는 나보다 그 자식을 더 좋아할 뿐 아니라 내가 따분하게 보이는 거야. 다시는 나를 만나려 하지 않겠지. 그야말로 내가 바보라는 증거야!' 라고요."

"그렇게 자신을 합리화했군요. 연거푸 두 번이나!"

"말해 뭣하겠어요. 정말 그럴 듯하게 했지요. 하지만 이번엔 깨달았답니다. 정말로 깨달았어요! '네가 무슨 생각을 하는지 잘 봐. 박사님 말씀이랑 똑같잖아. 세상에, 이게 뭐야! 낸시가 나보다 그 녀석을 더 좋아한다고 쳐. 그게 나와 무슨 상관이지? 낸시가 찌푸린 내 얼굴을 싫어한다고 쳐. 그렇다고 내가 그녀와 사귈 수 없는 멍청이라도 된단 말이야? 이따위 생각은 집어치우고 다시 원래의 나로 돌아가는 게 어때? 그러면 낸시가 진심으로 그 남자보다 나를 더 원하는지 알 수 있을 거야. 그런데 그녀가 나보다 그 놈을 원한다면? 괴롭겠지. 하지만 그게 뭐 대순가? 그래도 살아갈 거야.'

선생님, 믿기세요? 불과 5분 만에 우울증을 날려버렸어요. 5분도 채 안 되었는지도 몰라요. 전에는 우울해질 때마다 정말 힘들었어요. 머리까지 다 아팠거든요. 그런데 이번엔 아무렇지도 않더군요. 단 몇 분 만에 웃으면서 낸시와 장난을 쳤답니다. 그날은 낸시와 데이트를 시작한 이래 가장 즐거운 시간이었어요. 낸시는 얼마나 즐거웠는지, 다시는 다른 남자를 만나고 싶지 않다고 하더군요. 지금은 그녀와 결혼까지도 생각하고 있어요. 그러나 가장 중요한 건 저예요. 선생님께선 그 지긋지긋한 우울증을 통제하거나 없앨 수 있는 건 바로 저라고 하셨죠. 바로 그 좋은 일이 제게 일어난 거예요!"

그렇게 해서 릭은 자신의 사고를 관찰하고 간혹 우울증을 제어할 방법을 배우게 되었다. 그 밖에 다음과 같은 방법을 활용할 수 있을 것이다.

1. 실제로 몸이 아프거나 병에 걸려 고통스러울 때에는 그 상황을 개선하거나 없애기 위해 노력한다. 그럴 수 없다면 그 현상을 있는 그대로 받아들이고, 가능한 한 고통스러운 상황을 무시하거나 다른 곳으로 주의를 돌리도록 하라. "너무나 무서운 일이 일어나고 있어"라고 생각하는 대신, "이런 상황에 처한다는 건 애석한 일이야. 유감이긴 하지만, 두렵지는 않아!"라고 생각할 수 있다.

2. 신랄한 비판을 받을 때에는, 우선 비판하는 사람의 동기와 개선 방법을 살펴본다. 그 비판이 타당하다면 자신의 행동을 바꾸도록 노력하거나 자신의 실수 및 사람들의 비난을 인정하라.

3. 불안감이나 분노, 좌절감, 혹은 죄책감 등에 압도당했다는 느낌이 들면, 외부의 사건이나 사람이 아니라 주로 자신의 비합리적 믿음이 그러한 기분을 만들어낸다는 점을 깨닫는다. 그러한 감정에 매몰되어 있을 때에도 자신의 생각과 이미지를 직시하고 그와 관련된 비합리적인 요구를 찾아내어 극복해야 한다. 문제는 당신이다. 항상 완전한 행복을 누릴 수는 없다. 모든 육체적 고통과 좌절에서 벗어날 수는 없다. 하지만 정신적·정서적 고통을 줄일 수는 있다. 단, 할 수 있다고 생각하고 믿음을 바꾸기 위해 노력하는 한.

4. 해로운 충동을 억제할 수 있다. 담배를 피우거나 폭식을 해야 한

다는 생각이 들면, 그 믿음에 의문을 품고 저항할 수 있다는 강한 욕망으로 바꾼다. 조지프 데니쉬(Joseph Danysh)는 『금연 아닌 중연 *Stop Without Quitting*』에서 '흡연'과 '금연'의 의미에 집중하면 흡연 욕구도 바꿀 수 있음을 증명했다. 사람들은 '흡연'을 단지 평안, 오락, 즐거움으로 생각하기 때문에 흡연의 또 다른 의미인 고통, 비용, 질병 그리고 죽음에 대해서는 생각하지 못한다. 흡연의 전반적인 의미를 세세하게 살펴보면, 흡연에 대해 전혀 다른 느낌을 가질 것이다. REBT는 '흡연'이나 '음주' 같은 단어의 전반적 이익과 손실을 분석하는 데니쉬의 방법을 차용해 수많은 중독 증세에 적용해 보도록 한다. 그러면 유해한 충동의 단점과 그것을 포기했을 때의 장점을 완벽하게 파악할 수 있을 것이다.

15
불안감과 공포심을 극복하라

　우리의 환자와 동료들은 간혹 REBT가 불안감을 해결해주지는 못한다고 토로한다. "대부분의 정서적 문제가 자기 자신에게 주입하는 비합리적 믿음에서 비롯되고 그 믿음을 바꾸면 정서 문제를 극복할 수 있다는 주장은 맞습니다. 하지만 불안감은 어떡하죠? 제가 세운 가정을 의심하면 그 불안감을 조절할 수 있나요? 박사님이 아무리 합리적이라 해도, 목숨을 좌우하는 불안감을 바꾸지는 못할 거예요."

　당치도 않다! 객관적으로 생각하면 불안감을 통제할 수 있다. 불안감은 여섯 번째 비합리적 믿음, 즉 어떤 일이 위험하거나 두려우면 거기에 사로잡혀 탈출하려 할 것이라는 생각에서 비롯된다.

　진정한 두려움이나 합리적인 두려움이 없다는 것이 아니다. 분명히 존재한다. 혼잡한 차도를 건널 때에는 차에 치일 가능성을 두려워하고 안전에 신경 써야 한다. 이러한 두려움은 인간의 본성일 뿐 아니라 생명을 보존하기 위한 필수 요소다. 안전에 대한 관심이나 건전한 두려움이 없다면, 이생의 생명은 짧을 것이다.

하지만 두려움과 불안감은 전혀 다르다. 여기서 말하는 불안감이란 과장되거나 불필요한 두려움에 대한 지나친 걱정이다. 이는 육체적 상해나 질병이 아니라 정신적 상처와 관련된 경우가 많다. 사실 대부분의 불안감은 다른 사람이 당신을 어떻게 생각하는지를 지나치게 걱정하기 때문에 일어난다. 이러한 두려움은 육체적인 상해의 과장된 두려움만큼 자기 파괴적이다. 그 이유는 다음과 같다.

1. 어떤 것이 정말로 위험하다면 그에 대한 합리적인 방법에는 두 가지가 있다. 첫째, 그것이 실제로 고통이나 부상과 관련되는가를 결정한다. 둘째, 만약 그렇다면 위험도를 낮추기 위해 실질적인 대책을 세우거나 대책이 없을 경우 그저 받아들일 것인가를 결정한다. 불평하거나 푸념하기만 해서는 그 두려운 상황을 바꿀수도, 대비할 수도 없다. 반면 그 상황에 대해 화를 낼수록 현실적인 위험에 현명하게 대처하지 못할 것이다.

2. 사고나 질병(비행기 사고나 암처럼)이 발생할 수는 있지만, 그러한 사태를 피하기 위해 합리적으로 조심했다면 그것으로 충분하다. 걱정한다고 해서 불행을 피할 수 있는 것은 아니다. 오히려 걱정하다 보면 긴장감이 고조되기 때문에 질병에 걸리거나 사고를 당할 확률이 높아진다. 자동차 충돌을 걱정하는 사람일수록 사고 확률이 높아진다.

3. 사람들은 좋지 않은 사건과 관련된 불쾌감을 과장하곤 한다. 죽음은 인간에게 가장 힘든 일일 것이다. 하지만 누구나 때가 되면 죽는다. 암에 걸린 사람이 그 어떤 진통제를 복용해도 소용없는

것처럼 오랫동안 극심한 고통을 경험했다면, 자살을 선택할 수도 있다. 하지만 사랑하는 사람을 잃거나 좋은 직장에서 해고되는 등의 불행한 사건은 사실 생각보다 그리 힘겹지 않다. 가장 큰 불행은 공포에 대한 과장된 믿음에서 비롯된다.

인생은 모두에게 힘겹다. 하지만 진정한 비극(고문을 당하거나 수많은 사람의 죽음을 목격하는 것 같은)은 거의 드물다. 공포는 상상의 산물이다. 공포란 곧 크나큰 불행이 아니라, (자신의 감정을 솔직하게 직시했을 때) 절대 존재해서는 안 될 만큼 나쁘다고 여기는 것을 의미한다. 공포를 그저 불행한 것으로 여기지 않고 과장하곤 한다.

나아가 이는 끔찍한 일은 절대 있어서는 안 된다는 의미이다. 불행이 있어서는 안 된다는 것을 증명할 수는 없다. 명백한 현실을 부정한다는 것은 불가능을 믿는 것과 같다. 현실을 직시한다면 머릿속에만 존재하는 우주의 법칙을 잊고 불쾌하고 불편한 상황을 있는 그대로 받아들일 것이다.

4. 걱정 자체는 가장 고통스러운 상황 중 하나다. 많은 사람들이 지속적인 고통 속에서 살기보다는 죽음을 택할 것이다. 진짜 위험에 직면했을 때에는 그에 대한 또 다른 위험-공포-를 만들어내기보다는 당당하게 맞서 싸우는 것이 나을 것이다.

5. 육체적 고통과 정신적 상실감을 제외하고서 가장 두려운 일은 무엇인가? 사람들의 비난을 듣거나 미움받는 것, 부당한 대접을 받는 것, 수치를 당하는 것이다. 대단히 힘든 일이다. 사람들의 비난을 받고 말 그대로 굶주리거나, 감옥에 가거나, 육체적으로 고통을 느끼지 않는 한 자기 자신을 철저하게 괴롭힐 이유가 있

을까? 사람들의 부정적 평가를 더 이상 걱정하지 않거나 어떤 대책을 세운다면 그런 사태를 줄일 수 있다. 아무런 대책도 세우지 않는다면 다시 힘들어질 것이다. 일이 잘 풀리지 않는다고 해서 불평하거나 푸념하면서 인생을 더 힘들게 하지 마라. 조바심내지 마라.

6. 어린아이에게는 두려운 일이 많다. 아이에겐 자신의 운명을 통제할 힘이 거의 없거나 전혀 없기 때문이다. 하지만 어른에게는 아이보다 통제력이 많고 위험한 상황을 바꿀 기회가 많다. 그럴 수 없다면 두려워하지 않고 살아갈 방법을 배워야 한다. 어릴 적에 느꼈던 두려움을 되살릴 필요는 없다. 그렇지 않은가?

제인은 어리석게도 어린 시절의 두려움을 버리지 못했다. 여섯 살 때 아무 저항도 못한 채 아버지에게서 당했던 사디즘을 고스란히 받아들였다. 아버지는 자신의 권위가 조금이라도 손상된 것 같으면 가차없이 벌을 내렸다. 제인은 존중받을 자격이 없다고 스스로 믿고 있었기 때문에 아버지와 비슷하게 사디스트적인 남자와 결혼했고 10년을 같이 살았다. 결혼 생활 10년째 되던 해, 남편은 정신병으로 병원 신세를 지게 되었다. 그녀는 어린 시절과 첫 번째 결혼 생활 동안 실제로 공포 속에서 살았다. 하지만 두 번째 남편 샘은 대단히 온순하고 다정했기 때문에 두 번째 결혼 생활은 그렇지 않았다. 그럼에도 제인은 불안감과 공포감으로 나(엘리스)를 찾아왔다. 대학에서 심리학을 전공한 그녀는 내게 전문 용어를 이용해 자신의 증상을 설명했다.

"제가 파블로프 실험의 개처럼 행동하는 것 같아요. 가까운 사람을 보면 두려워하고 심장이 뛰면서도 복종하고 사실은 불만스럽게 반응하도록 제 자신을 조건화시킨 것 같아요. 그 오래된 조건-반사를 벗어나지 못하고 있어요. 샘은 정말 다정하고 한창 사춘기의 딸들도 사랑스러워요. 그런데도 한없는 두려움 속에 살고 있어요. 고기를 주기 전에 벨을 울리면 개는 벨이 울릴 때마다 고기를 먹으리라는 사실을 알기 때문에 침을 흘리지요. 저는 벨이 울리면 두려움에 몸이 움츠러들어요. 이제는 아버지나 첫 남편이 휘두르던 폭력은 더 이상 존재하지 않는데도 말이에요. 벨이 울리든 아니든, 가족 중 누군가가 근처에 있기만 해도 몸을 떨고 있어요."

"당신에게 조건화된 것 같군요. 하지만 '조건화'란 말 자체는 모호하고 일반적이기 때문에 당신 공포의 진짜 원인을 찾아낼 수 없게 하죠. 그러면 그 조건화 과정이라는 것에 대해 좀더 자세히 살펴봅시다. 먼저, 아버지와 첫 남편과 함께 지내던 시절에 대해 얘기해 보세요."

"아버지와 전 남편 모두 제가 했든 안 했든, 아주 사소한 일에도 몹시 화를 냈어요. 화가 나면 그 다음엔 꼭 저를 때렸지요. 그래서 화를 내는 기색이 보일 때마다 이어지는 폭력을 두려워하게 되었어요. 도망가거나 무서워서 바들바들 떨지 않으면, 차라리 빨리 때려달라고 부탁했어요. 그래야 이 두려운 상태에서 한시라도 빨리 벗어나리라는 생각이 들었기 때문이죠.

"그랬군요. 말씀을 아주 잘하시는군요. 하지만 중요한 부분을 빠뜨리셨습니다."

"뭔데요?"

"자, 아버지와 전 남편은 화가 날 때마다 당신에게 폭력을 휘두른다고 하셨습니다. 그리고 그 사실을 알기 때문에 공포에 빠졌다고요. 하지만 당신에게 폭력을 휘두를 거라는 두 번째 부분은 다소 애매하게 얼버무리신 듯하군요. 그들이 화가 났다는 것을 눈치 챈 당신은 자신에게 이렇게 속삭였을 거예요. '이런, 또 시작이구나. 별것도 아닌 일로 내게 화를 내겠지. 무서워! 불공평해! 왜 아버지(혹은 남편)는 아무힘도 없는 내게 화풀이를 하고 주먹질을 하는 거야! 난 너무 불쌍해! 왜 내겐 힘이 없는 거지?' 아버지나 남편이 화가 났다는 게 느껴질 때 그런 생각을 안 했나요?"

"그랬어요. 특히 아버지하고 함께 살 때 그랬죠. 가장 친한 친구 캐럴의 아버지는 소리 한번 안 지르고 폭력을 휘두르지 않으시는데 왜 나는 이런 아버지와 살아야 할까, 너무 싫다고 생각하곤 했어요. 그런 아버지 때문에 창피하기도 했어요. 캐럴뿐 아니라 그 누구도 제가 그런 가정에서 산다는 걸 아는 게 싫었어요."

"그러면 첫 남편과 살 때는 어땠나요?"

"마찬가지였어요. 다른 점이 있다면 그가 부끄러운 게 아니라 그와 결혼했다는 사실이 부끄러웠죠. 그가 화를 내면 주먹질을 하리라는 사실을 알았기 때문에 그가 화를 낼 때마다 생각했어요. '어떻게 이런 인간하고 결혼할 생각을 했지? 너는 도대체 생각이 있는 거야? 집에서 이런 일을 그렇게 당하고도 부족하니? 집에서 간신히 탈출했는데 다시 이런 실수를 되풀이하다니! 여기서 나가면 아이들과 먹고살기 위해 뼈 빠지게 일하며 살더라도 그를 떠날 결심을 해야 하는데 계속 함께 사는 건 뭐야? 어떻게 그런 멍청한 짓을 할 수 있는 거지?' 라고요."

"좋습니다. 아버지와 첫 남편의 분노라는 자극에 대해 폭력에 대한 두려움이라는 조건 반응이 형성되었군요. 그리고 그들의 분노에 대한 두려움에 대해 당신은 자책하며 해석했습니다. 달리 생각할 수도 있었을 것입니다. '미치광이 아빠가 또 화를 내면서 부당하게 날 때리려

하는구나. 너무해! 하지만 견뎌낼 수 있어. 크면 집을 나가서 편안하게 살 거야'라고요. 하지만 '나는 이 형편없는 집안에서 태어나고 아무 힘이 없어서 멍청한 영감이 날 마음대로 해도 아무 말도 못하는 바보 야'라고 생각했지요. 그리고 첫 남편과 살 때는 이렇게 생각할 수도 있었어요. '이건 아니야! 이런 사디스트와 결혼을 하는 실수를 저지르 다니! 하지만 나는 강해. 저 남자에게서 벗어날 거야.' 하지만 또 다시 '이 불한당과 결혼한 나는 뭐야? 바보 같아! 힘도 없고 어리석어서 그 로부터 벗어날 수 없어. 그야 말로 내가 정말 가치 없다는 거잖아!'

"그러니까 선생님께선 남편과 아버지가 제가 저를 무시하도록 조건 화시킨 것이 아니라, 사실은 그 행동을 자책하면서 해석했기 때문에 그랬다는 건가요?"

"맞습니다. 일부 부조리한 해석 때문이죠. 아버지와 함께 살 때는 폭력을 고스란히 당하던 어린 소녀였기에 당신이 어떻게 생각하든 실 제로 위험을 겪었습니다. 전혀 두려움을 느끼지 않았다 하더라도 건강 하지 못한 반응을 형성했으니까요."

"하지만 첫 남편과 결혼했을 때는 사정이 달랐어요."

"그렇습니다. 그때 당신은 두려워할 만한 이유가 있었습니다. 전 남 편이 미친 듯 행동하며 당신을 죽일 수도 있었으니까요. 하지만 당신 이 조금 전 지적했듯, 아버지와 살 때는 떠날 수 없었지만 남편에게서 는 벗어날 수 있었어요. 따라서 남편에 대한 '조건화된 두려움'이라는 것은 당신이 만든 것입니다. 상황을 헤쳐 나갈 수 없고, 그와 결혼하지 말았어야 했고, 그와 계속 같이 사는 당신 자신은 멍청이라는 잘못된 생각을 스스로에게 주입한 것입니다. 자기 자신에게 좀더 현명한 믿음 을 제시했더라면 훨씬 이전에 그를 떠날 수 있었을 겁니다."

"그러면 조건화란 말이 사실은 대부분 자기가 자신에게 하는 행동을 가리킨다는 말씀이신가요?"

"그렇습니다. 대부분 그렇지요. 파블로프의 실험에서는 파블로프가 개를 외부에서 조건화시켰다는 사실을 상기하세요. 그는 벨을 울릴 때 개가 고기를 얻을 것인지 아닌지를 완전히 통제했어요. 당신보다 훨씬 덩치도 크고 힘도 셌던 아버지가 화가 났을 때 당신을 때릴 건지 아닌지를 대부분의 경우에는 통제했던 것처럼 말입니다. 하지만 완전히 통제한 건 아니었어요. 아버지와 함께 살 때 당신이 다른 견해를 가졌다면, 파블로프의 개와는 달리 상황을 바꿀 수도 있었어요. 물론 그럴 수 있는 어린 소녀는 그다지 많지 않겠지만 말입니다. 즉, 아버지가 화를 낼 때마다 집에서 나올 수도 있었을 것입니다. 혹은 고통을 체념한 채 묵묵히 받아들이면서 그것 때문에 자신을 괴롭히지 않을 수도 있었을 것입니다. 하지만 당시 당신은 조잡한 인생 철학을 가지고 있었기 때문에 수동적으로 그의 주먹을 맞았고 그런 아버지를 두었다는 사실과 그가 화를 낸 데에는 자신에게 책임이 있다며 자기 자신을 비난했습니다. 당신이 처했던 상황이 두려움을 불러일으키기도 했지만, 절박한 두려움에 빠진 데에는 당신의 책임도 있어요."

"무슨 말씀인지 알겠어요. 첫 남편의 경우에는 제가 상황을 훨씬 더 악화시켰던 것 같아요. 그에게 복종할 필요가 없었지요. 그런데도 조잡한 철학으로 제 자신에게 그렇게 하도록 강요하고 결국 다시 제 자신을 두려움에 떨도록 만든 거지요."

"바로 그렇습니다. 아버지의 경우 그 조건화에는 당신의 책임이 적지만, 남편의 경우에는 훨씬 책임이 크지요. 그 형편없는 인간이 당신에게 고통을 주도록 만든 것은 정말 어처구니없다는 생각을 자신에게 주입해 조건화 과정에서 벗어날 수 있었는데도, 정반대로 자신을 조건화시키는 데 더 열심히 노력한 셈이니까요."

"그러면 두 번째 남편과 사는 지금은요?"

"현재 상황은 REBT 이론을 훨씬 확실하게 뒷받침해주고 있습니다. 파블로프 실험의 개는 파블로프가 벨을 울리며 고기를 주지 않자 조건화에서 벗어나 침을 흘리지 않게 되었지요. 고기와 벨이 더 이상 동시에 나타나지 않는다는 사실을 깨달았거나 어느 정도는 스스로에게 신호를 보냈기 때문입니다. 따라서 당신이 아버지와 남편이라는 두 독재자의 경험에 의해 조건화되어 왔다면, 앞의 두 사람에 비하면 천사 같은 두 번째 남편과의 경험을 관찰함으로써 서서히 조건화의 사슬에서 벗어날 수 있었습니다."

"그 사람은 정말 천사 같아요. 믿을 수 없을 만큼 다정하고 제게 어떤 고통도 주지 않아요."

"하지만 당신은 남편이나 딸들이 곁에만 있어도 두렵다고 하셨지요?"

"예. 저도 이해가 안 돼요. 하지만 그냥 그런 걸요."

"충분히 이해할 수 있을 것 같은데요. 단, 지금 상황을 더 자세히 들여다보고 과거의 경험 때문에 자동적으로 조건화되었다고 스스로에게 확신을 주지 않는다면 말입니다. 현재 남편의 행동이 과거에 학습한 두려움을 강화시키지 않는데도 이런 두려움이 계속 생생하게 나타난다면, 당신 스스로 두려움을 강화시키고 생생하게 만든다는 뜻입니다."

"정말 그렇게 생각하세요?"

"예. 신비한 마술을 믿지 않는다면 말입니다. 남편과 아버지가 기존의 공포심을 형성하는 주요인이었고 당신 자신이 거기에 일조했습니다. 하지만 지금의 남편은 공포심을 강화시키는 데 아무 역할을 하지 않지요. 그러니 당신말고 누가 있을까요?"

"흠……. 무슨 말씀인지 알겠어요. 그러면 제가 어떻게 공포감을 되살리는 걸까요?"

"지금 제 생각을 물으시는 겁니까? 당신이 직접 자문해 보면 금방 알아낼 수 있을 텐데요."

"선생님께서 전에도 말씀하신 것처럼 계속해서 '나는 늘 나약하고 무능했으니 지금도 그럴 거야'라고 생각했던 것 같아요. 그래서 제가 진짜 두려워해야 할 것은 나약하다는 것 때문에 저 자신을 비하하는 것이죠."

"좋은 지적입니다. 그게 계속 되풀이됩니다. 먼저, 아버지가 폭력을 휘두르면 당신은 폭력을 막을 수 없다고 자신에게 말합니다. 그러면서 불안해하지요. 일단 불안해지면 불안감을 극복하려 하지 못합니다. 그러면서 자신은 아무것도 할 수 없다고 말하기 시작하지요. 그래서 불안감을 두려워합니다. 그래서 궁지에 몰리는 거구요."

"맞아요. 아버지와 전 남편을 두려워했었지만 사실은 제 나약함이 더 두려웠어요. 지금은 여전히 남아 있는 불안함, 남아 있는 나약함이 두려워요. 현재 남편과 딸들은 제가 아무런 해를 끼치지 않지만, 만약 해를 끼친다면 제가 그 상황에 대처할 수 없다는 사실이 두려운 거예요. 제 무능함과 매 순간마다 깜짝깜짝 놀라면서 사는 것이 겁난다는 사실이 두려운 겁니다."

"바로 그겁니다. 그러면 한 단계 높여서 나갑시다. 당신이 스스로를 두려워하도록 만들었고, 두려움 때문에 올바른 행동을 하지 못했습니다. 그 때문에 처음의 가설을 굳게 믿습니다. 당신은 대단히 나약하고 무기력하기 때문에 현 남편을 포함해 그 누구도 당신을 사랑할 수 없다는 생각을 갖게 되었지요."

"그래서 사랑을 갈망하면서도 제가 무가치한 존재이기 때문에 사랑의 욕구를 충족할 수 없을 거라는 두려움을 갖기 시작했어요. 그런데 불안감 때문에 제대로 행동하지 못했지요. 그 사실을 알고는 '그러니까 난 무가치한 존재라니까' 라고 생각했지요. 그래서 다음에도 사랑을 받을 자격이 없는 사람이라는 생각에 더욱 두려워지게 된 거구요."

"맞습니다. 또한 한 단계 더 나가서 자신이 그렇게 나약하고 간절하게 사랑받고 싶어한다는 사실 때문에 자기 자신을 미워하게 되었습니다. 현재 남편이 당신의 욕구를 원하는 만큼 채워주지 않기 때문에 그에게 불만을 갖고 있어요. 아버지와 전 남편이 당신에게 저질렀던 고통과 모든 분노를 보상해줄 만큼 사랑을 주지 않아 불만을 품은 것입니다. 그래서 당신은 폭발 일보직전의 불만을 마음속에 담아두고 있습니다. 그게 결국은 당신을 더욱 불안하게 만들게 되었지요."

"진짜 궁지에 몰린 거군요! 하지만 거기서 벗어나려면 어떻게 해야 할까요?"

"어떻게 해야 한다고 생각하시나요? 당신의 비합리적인 믿음이 당신을 불안하게 만든다면, 불안감을 느끼지 않기 위해 어떻게 해야 할까요?"

"제 믿음을 바꾼다?"

"그렇습니다. 그리고 또한 이렇게 생각하셔야 합니다. '더 이상 존재하지도 않는 과거의 위험을 되살리기 때문에 불안하다면, 왜 내 행동을 이해하지 못하고 빨리 나를 안정시키지 못하는 걸까?' 라고요."

"알겠습니다. 제 비합리적 믿음에 계속 도전한다면, 오랫동안 저 자신이 만들어낸 공포에 더 이상 빠져들 이유가 없겠죠."

"그렇습니다. 전혀 그럴 이유가 없어요. 한번 시도해 보십시오. 제 생각대로 효과가 있다면 그 결과는 대단할 겁니다. 효과가 없다면, 그것이 효과를 발휘할 수 없게 하는 또 다른 장애물을 찾아보아야겠지요."

"두려움의 실체가 무엇이든 간에 지금은 제 자신이 두려움을 만든다는 사실을 믿는 게 나을 것 같네요. 과거에는 안 그랬을지 모르지만, 지금은 저 자신이 문제인 것 같군요."

"대부분은 그렇습니다. 당신이 타고 있는 보트가 가라앉고 있다거나 달리는 차가 갑자기 말을 듣지 않는 것처럼 현실적인 공포를 느끼는 경우도 간혹 있겠지요. 하지만 이런 종류의 현실적인 공포는 상대적으로 드뭅니다. 자신을 공포의 도가니로 몰아가는 대부분의 것들은 스스로 만든 위험입니다. 거의 전적으로 상상 속에서 존재하는 것이지요. 그건 대부분 자기 자신이 만드는 거예요. 거기에서 벗어나려면, 자신의 왜곡된 생각을 찾아내서 바로잡으면 되지요."

"좋아요. 선생님 말씀이 맞는 것 같습니다. 그럼 한번 해볼게요."

제인은 약속대로 노력했다. 그로부터 몇 주일이 지나자, 남편과 딸들이 곁에 있어도 두려워하지 않았고 또한 전에는 엄두도 내지 못했던 마을회관 연설도 하고 그 외 몇 가지 모험을 할 수 있었다. 제인은 마음속에서 자신의 감정과 반응을 재조건화하거나 조건화를 풀어낼 수 있고, 분노라는 자극에 공포감으로 반응할 필요가 없다는 사실을 배웠다.

파블로프를 인용했던 수많은 사람들이 깨닫지 못하는 점이 있다. 쥐, 개, 그리고 모르모트는 대개 벨과 고기처럼 자극을 가함으로써 조건화시킬 수 있지만, 인간은 더욱 복잡하고 소위 제2의 신호체계인 생각을 통해 조건화된다고 파블로프는 생각했다. B. F 스키너(Skinner) 역시 비언어적 행위뿐 아니라 언어 행위에 대한 책에서 인간은 외부의 강화뿐만 아니라 자기 진술에 의해 조건화된다고 주장했다. 그는 『자유와 존엄 너머 *Beyond Freedom and Dignity*』라는 책에서 다음과 같이 말했다.

우리는 자신을 관찰하고 인간 행동에 대한 완벽한 설명에 그 결과를 포함해야 한다. 의식을 무시하기보다는 행동에 대한 실험적 분석은 어떤 중요한 문제를 강조한다.

맞는 말이다! 하지만 스키너의 말에는 무언가 부족하다. 내(엘리스) 가 〈행동 치료 *Behavior Therapy*〉라는 잡지에 기고한 『자유와 존엄 너머』의 서평에서 지적했듯, 그는 자기 강화를 충분히 강조하지 않았다.

아이로니컬하게도 스키너 자신은 자유와 존엄에 관한 견해를 지지받지 못했다. 사람들의 감정은 환경의 영향을 받으면서도 대부분의 사람들이 통제할 수 있다고 보는 나의 반대 견해도 지지받지 못했다. 하지만 스키너와 나는 크게 지지받지 못한 이들 견해를 고집한다. 이유는? …… 스키너는 인간에 관한 몇 가지 중요한 정보를 무시하고 있다. (1) 순수한 자유의지는 존재하지 않는다. 그렇다고 해서 전혀 선택할 수 없는 것은 아니다. (2) 행동은 어느 정도 그 결과에 의해 형성되고 유지된다. 인간은 행동의 결과를 느끼고 인식하며 적어도 어느 정도는 바꾸겠노라 결정하기 때문이다. (3) 인간은 속으로 어떤 결과를 바람직하거나 바람직하지 않다고 정의한다. 위에서 지적한 것처럼 대다수 심리학자들은 스키너의 견해에 반대했지만 그는 자신의 결론을 훌륭하다고 '정의' 했으며 심리학자들의 거부를 특별히 나쁘다고 여기지 않겠노라 '선택' 했다. 스키너와 견해가 같은 다른 사상가는 동료들의 반대에 대해 맞서기에는 너무나 완강하다고 해석하겠노라 선택했을 수 있다. 그래서 결국 자신의 견해를 바꾸거나 적극적으로 주장하지 못하거나, 다수의 반대에 좌절하거나 자살했을 것이다. (4) 스키너의 고집에는 환경적인 결정 요소도 있지만, '자유선택'의 몇 가지 요소를 행사했을 수도 있다. 그 자신은 '유기체와 환경의 상호작용'에 대해 말했으며, 이는 환경이 유기체를 형성하고 유지할 뿐만 아니라 유기체가 환경을 해석하고 조작한다는 사실을 암시한다. 인간을 포괄적이고 치료적인 입장에서 볼 때, 스키너의 생각처럼 필자 역시 유기체와 환경 모두 어느 정도는 힘과 자율성을 갖고 있다고 생각하지만, 그의 몇몇 극단적인 진술은 잘못된 듯하다.

불건전하고 불필요한 걱정에 대해 가장 효과적으로 도전하는 방법은 다음과 같다.

1. 걱정을 일으킨 믿음을 추적해 보라. 대부분은 자기 자신에게 분명하게, 혹은 은연중에 이렇게 말하고 있음을 알게 될 것이다. "~는 것은 두렵지 않을까?"와 "~한다면 무섭지 않을까?" 한번 자문해 보라. "~가 왜 그렇게 두려운가?" "~한다면 정말 두려울까?" 분명 불편하거나 짜증나거나 불운한 경험을 한 적이 있을 것이다. 그러나 그 일이 두렵거나 끔찍하다는 것을 진정 증명할 수 있는가? 사실 어떤 일이 대단히 나쁠 때에는 이러한 표현을 쓰지 않는다. 이는 완벽하게 나쁘거나 100% 나쁘다는 뜻이다. 과연 그러한가? 혹은 너무나 나쁜 일이기에 절대로 있어서는 안 된다는 의미다. 과연 그러한가?

2. 위험한 상황(금방이라도 멈출 듯한 고물 자동차를 타고 갈 때)에

서, 현명하게 (a) 상황을 바꾸거나(아예 타지 않는다) (b) 위험을 불행한 사건으로 받아들인다(따라서 행복한 인생을 위해서는 감수해야 할 위험도 있다는 사실을 인정한다). 위험을 최소화할 수 있다면 무슨 수를 써서라도 위험을 줄여라. 그럴 수 없고, 위험을 무릅쓰는 것보다 피하는 것이 더 불리하다면 위험을 그냥 받아들이는 편이 낫다. 아무리 위험을 줄여도 피할 수 없는 일은 피해갈 수 없다. 걱정한다고 위험이 줄어드는 것은 아니다.

3. 무서운 일이 일어날 가능성이 있고 그것을 피할 방도가 없을 때에는 그 일이 일어날 확률을 계산해 보고 실제로 일어났을 때 입을 수 있는 피해를 현실적으로 따져보라. 내일 제3차 세계대전이 일어날 수도 있지만, 정말로 발생할 가능성이 있을까? 만약 전쟁이 발발한다면, 불구가 되거나 죽을까? 그게 10년이나 20년 후에 침대에서 평화롭게 죽는 것보다 훨씬 끔찍할까?

4. 지나친 불안감을 극복하기 위해서는 생각과 행동을 모두 동원하는 것이 좋다. 첫째, 비합리적 믿음이 불안을 낳았다는 사실을 깨닫고 그 믿음을 극복한다. 둘째, 근거 없는 두려움을 몰아내고 거듭 이 두려움에 저항한다.

버스 타기가 대단히 두려워한다면 지나친 걱정은 자신의 부정적 견해(버스는 대단히 위험하다, 버스를 타면 무서운 일이 일어날 것이다, 나쁜 일이 일어나면 견딜 수 없을 것이다)에서 비롯된다는 점을 인식하라. 그 다음 이 터무니없는 생각에 대해 다음과 같은 사실로 반론을 제기할 수 있다. 버스를 타고 가다 다치는 사람은 극히 드물다, 버스는 상당히 안전하다, 문제가 발생해도 대처할 수 있다. 그 다음 가능한 한 계속 버스를 타고, 그 동안 합리적으로 자신에게 계속 말을 걸게 하라. 자신을 불행하게 만드는 것을 거부하고 막연히 두려워했던 일을 자주 할수록 불안감은 줄어들 것이다.

5. 많은 이들이 다른 사람들 앞에서 실수를 하지 않을까, 사람들과 적이 되지 않을까, 사랑을 잃지 않을까 불안해한다. '객관적인' 불안감 뒤에 비난받을지도 모른다는 두려움이 깔려있지 않은지 의심해 보라. 비난을 받으면 힘들 수도 있지만 그것은 자신이 만든 불안감에 불과하다는 사실을 자신에게 증명하고 당당하게 그 두려움에 도전하라.

6. 수많은 상황을 걱정하면 상황을 오히려 악화시킬 것이라는 사실을 확신하라. 자기 파괴적인 사람은 불쾌한 일을 걱정하기만 한다. 하지만 쓸데없는 걱정을 한다고 해서 자신을 비난하지는 말라.

7. 어떤 대상의 중요성이나 의미를 과장하지 마라. 에픽테투스가 수백 년 전에 지적했듯, 아무리 좋다 해도 컵은 컵일 뿐이다. 아내와 아이들이 아무리 소중하다 해도, 언젠가는 죽을 수밖에 없는 인간이다. 방어적인 태도를 취하지 마라. 행복하게 살기 위해서는 컵과 아내와 아이들을 사랑하는 것이 좋다. 이 세상에서 유일한 컵이라거나 아내와 아이들 없는 인생은 공허할 것이라고 지나치게 강조하면, 그 가치를 과대 평가하게 되고 그들을 잃었을 때 상실감이 지나치게 커질 것이다.

어떤 것을 진심으로 좋아한다는 것이 곧 그것이 없어졌을 때 불행해진다는 의미가 아니라는 점을 잊지 말라. 컵과 아내, 아이들을 진심으로 좋아할 수도 있다. 하지만 그들이 갑자기 없어지면 대단히 슬프겠지만, 그렇다고 꼭 불행할 필요는 없다. 상실감이 아무리 크다 해도 간절히 원하고 사랑하던 것이 없어진 것이지, 자기 자신이 없어진 것은 아니다. 사랑하는 사람과 물건을 자신과 동일시하고 그로 인해 자신을 혼란에 빠뜨리지 않는 한.

8. 14장에서 지적한 것처럼, 주의를 다른 곳으로 돌리면 일시적으로 근거 없는 두려움이 없앨 수도 있다. 비행기가 추락할까봐 걱정될 때 애써 책이나 영화에 집중하면 두려움이 줄어들 수도 있다. 군중 앞에서 말할 때 가슴이 떨릴 때, 청중의 반응보다는 원고의 내용에 집중하면 두려움이 잦아들 수도 있다. 하지만 깊은 불안감을 영원히 없애고 싶다면 15장 앞부분에 언급했던 방법을 이용하고 철학적으로 접근해 보라.

9. 현재 가지고 있는 두려움의 원인을 추적하여 과거에는 현실적으로 보였던 두려움이 지금은 더 이상 그렇지 않다는 사실을 파악하면, 효과적으로 불안감을 해소할 수 있다. 어린 시절에는 캄캄한 곳에 있거나 어른과 싸우는 일 등 두려운 일이 많다. 하지만 지금은 성인이 되었다! 이 사실을 자신에게 계속 상기시키고 어린 시절에 기피했던 수많은 기회가 있음을 숙지하라.

10. 걱정의 원인이 아무리 터무니없다 해도 부끄러워하지 말라. 성인이 어리석은 두려움의 제물이 된다는 것은 잘못이다. 하지만 잘못이나 실수가 죄악이나 비난받을 만한 대상은 아니다. 사람들의 사랑을 받지 못한다는 것을 두려워하는 것은 좋지 않다. 하지만 파괴적이지는 않다. 자신이 쓸데없이 두려워한다는 사실을 인정하고 어리석은 걱정을 과감하게 벗어던져야 한다. 하지만 공연히 불안해했다며 자학하는 데 시간을 낭비하지 말라. 쓸데없는 걱정을 할 시간과 에너지를 더 좋은 일에 투자하라!

11. 아무리 효과적으로 불안감을 이겨냈다 하더라도, 다시 불안감이 찾아왔을 때 두려워하지 말라. 과거에는 두려워했던 것이 더 이상은 두렵지 않다고 해도, 또 다시 쉽게 두려워질 수 있다. 한때는 대중 앞에서 연설하는 것을 두려워했으나 의도적으로 연설을 많이 하여 그 두려움을 정복했다 하더라도, 여전히 가끔은 연설이 두렵게 느껴질 때가 있다. 그렇다면 다시 찾아온 두려움을 그냥 받아들이고 다시 한번 이겨내도록 노력하라. 그렇게 하면 대부분의 경우 두려움이 잦아든다는 것을 깨달을 수 있을 것이다.

다음과 같은 점을 명심하라. 인간은 언젠가는 죽는다. 인간은 분명한 한계를 가지고 있다. 근거 없는 두려움과 불안감을 완벽하게 극복할 수는 없다. 인생은 비합리적인 걱정에 대항해 한없이 싸우는 과정이다. 하지만 꾸준히 노력하면 거의 모든 근심걱정에서 벗어날 것이다. 더 이상 바랄 것이 무엇인가?

16
자기 훈련 방법

가장 간단한 해결 방법은 바로 가장 좋은 생활 양식에서 나온 것이다. 하지만 손쉽게 수많은 역경과 의무를 회피하면서도 충실하게 살아갈 수 있다는 일곱 번째 비합리적 믿음을 가진 이들이 많다. 이 개념이 잘못된 데에는 여러 가지 이유가 있다.

첫째, 역경에서 벗어나는 가장 '편한' 방법이 가장 '좋은' 방법이라는 생각 때문에 많은 이들이 결정의 순간에 머뭇거리고 이후 계속해서 불안해한다. 예를 들어 유진 M이라는 환자는 몇 년간 사귀어온 제니가 자신의 애정 표현을 거부할까봐 불안해 했다. 팔을 그녀에게 두르거나 그녀의 손을 잡으려 할 때마다 거절당할지도 모른다는 두려움에 휩싸여 그녀에게서 물러나는 쉬운 해결책에 기대었다. 그녀에게서 물러서는 바로 그 순간 안도의 한숨을 쉬곤 했다. 하지만 그날 밤 내내, 그리고 이후 며칠 밤 내내 그는 자신을 혐오하고 편한 것을 찾았던 순간을 두고두고 후회하며 고통스러워했다. 두려운 과제를 피하면 대부분은 결국 더 큰 갈등과 불안감을 일으킨다는 사실을 깨달았기 때문이다.

난관을 회피함으로써 그 어려움이 주는 고통과 불편함을 사실 이상으로 과장하는 경향이 있다. 만일 유진이 기회를 얻어 제니의 몸에 팔을 둘렀고 실제로 그녀가 거부한다면, 거부당했을 때 입은 상처가 상상만큼 괴로울까? 그가 거부당할 위험을 무릅쓰고 계속 시도한다면 처음 거부당했던 때처럼 고통스러울까? 그가 정말로 고통스러웠다면, 이 세상이 무너질 듯 고통스러울까? 그가 제니의 호감을 얻기 위해 꾸준히 노력한다면, 이들 질문의 대답이 '아니오'라는 사실을 알게 될 것이다.

유진이 애정 표현을 시도했는데 거부당하고 상처받았다고 가정해 보자(아니, 좀더 정확하게 표현하면 자신의 애정 표현이 받아들여져야만 한다고 고집하기 때문에 스스로 상처를 입힌다). 그렇다 하더라도 거부당한 후 상처를 입는 게 아무 시도도 하지 않은 것을 자책하는 것보다 더 고통스러울까? 그렇지 않을 것이다.

이번엔 유진이 애정 표현을 시도했다가 실패했다고 가정해 보자. 이때 그는 실패를 통해서 무언가를 배울 것이다. 반면, 아무 시도도 하지도 않는다면 배우는 것도 없을 것이다. 계속 시도하면 제니가 결국은 그를 받아들일지도 모른다. 끝내 그녀가 유진을 받아들이지 않는다면, 거절당하면서 얻었던 지식이 다른 여자를 만났을 때 도움이 될 수 있을 것이다.

성공 확률이 높지 않은데도 유진이 계속 시도한다면 어떤 여자든 만날 수 있을 것이다. 여자를 사귀려는 노력을 포기한다면, 그의 삶은 '시도하지 않으면 얻는 것도 없다'는 고전적인 교훈을 증명할 것이다. 하지만 실패를 무릅쓰고 노력하면, 분명 어떤 종류든 만족을 얻을 것이다. 모험을 하지도 않고서 큰 기쁨을 얻을 수는 없다. 투자된 시간과 에너지와 관련해 유진은 양자택일을 해야 한다. 적극적으로 노력할 것인지, 가만히 있든지. 적극적으로 노력하지 않을수록, 인생이 우울할 줄어들 것이다.

자제력이 부족한 경우도 비슷하다. 살을 빼고 싶어하는 제니스가 계속되는 다이어트의 어려움을 헤쳐 나가려 하지 않는다면, 쉬운 해결책을 찾을 것이다. 하지만 여전히 그녀가 먹는 것을 좋아한다고 해도, 10킬로그램이나 되는 지방 덩어리를 출렁이는 걸 좋아할까? 더 날씬한 여자들에게 마음에 드는 남자를 뺏기는 걸 좋아할까? 항상 피곤하고 불쾌한 기분으로 살고 싶어할까? 비만에 따르는 각종 질병의 위험에 시달리며 살고 싶을까? 반드시 그렇지 않을 것이다.

살아가면서 부딪히는 역경과 책임을 피해 쉬운 길을 택한다면, 이와 비슷한 상황에 처할 것이다. 더 쉬운 방법은 장기적으로 볼 때 사람을 더욱 힘들게 한다. 시간과 에너지를 조금만 투자하는 게 쉬워 보이지만, 이 역시 결과는 더 나쁠 것이다.

스티브 P의 경우를 예로 들어보자. 몇 년 전 나(하퍼)를 찾아왔던 그는 머리가 좋고 장래가 촉망되는 법과 대학원생이었다. 그는 인생을 쉽게 사는 버릇이 있었고 힘든 일을 피하는 갖가지 요령을 터득하고 있었다. 열심히 공부에 매진하기보다는 담당 교수가 무엇을 좋아하고 싫어하는지 등의 정보를 얻는 데에 상당한 시간을 소비했다. 그 덕에 공부도 안하고 빈둥대면서도 좋은 학점을 얻을 수 있었다.

나를 만났던 당시 스티브는 동료 학생과의 깊은 관계 때문에 힘들어했다. "수전은 참 괜찮은 친구지만 너무 의타심이 강해요. 그녀와 정상적인 교제를 할 수가 없어요. 저를 완전히 소유하는 것 같아요. 전 아무 일도 할 수 없어요. 그녀를 만나기 전에도 공부를 많이 한 건 아니지만, 그녀가 옆에 있으면 정말 아무 일도 할 수가 없어요. 우리가 하는 일이라곤 섹스뿐이에요. 그게 끝이에요. 수전은 절 지겹게 만들어요. 마치 제가 자기 소유물이나 되는 것처럼 굴거든요. 자기가 필요하면 낮이나 밤이나 아무 때나 나를 불러대고요. 좀 과장해서 말하면, 화장실을 갈 때에도 따라 오거든요. 그녀가 제 뒤에서 그림자처럼 버티고 서 있으니 어떤 여자도 내 근처에 올 수 없어요."

"수전과의 관계가 학교를 졸업하고 변호사 자격시험 통과를 목표로 하는 당신의 장기적인 계획에 방해가 되는 것 같은데, 왜 그녀와의 관계에 변화를 주거나 헤어지지 않나요?"

"그래 봤자 소용이 없어요. 수전은 변하지 않을 걸요. 갓난아이처럼 달라붙어요. 말할 여지를 주지 않아요. 그녀를 차버릴 수는 없었어요. 울면서 발작을 일으키는 걸 볼 자신이 없거든요. 몇 주 동안 계속 울 거예요. 그리고 그녀가 나에 대해 알고 있는 것도 마음에 걸리고요. 시험 볼 때 커닝한 일이나 여러 가지 제 비리를 알고 있기 때문에 문제를 일으킬 소지가 있어요. 얼굴을 마주보고 매몰차게 헤어지자는 말은 못 할 거 같아요."

"사태가 이 지경에 이르렀으니 그녀가 당신에게 귀찮은 존재라고 하지 않았나요? 그녀와 헤어지는 게 어렵다는 점을 인정한다고 해도, 장기적으로 보면 헤어질 가치는 충분한 것 아닌가요?"

"저도 그렇게 생각해요. 하지만 헤어지긴 싫어요. 지금 그녀에게 느끼는 부담의 반 정도만 느끼는 관계면 좋겠는데. 그래도 그녀는 침대에서는 끝내줘요! 그녀를 지금보다는 조금 덜 만나고 항상 그녀가 주위에 맴돌지만 않는다면 좋겠어요. 하지만 어떻게 해야 할까요?"

"케이크를 다 차지하고 싶다는 거군요?"

"음…… 그렇게 표현할 수도 있겠네요. 하지만 가능할지도 모르죠. 파트타임처럼 수전과 관계를 유지하면서도 지금처럼 그녀에게 많이 시달리지 않아도 되는 묘책을 찾을 수 있을지도 모르잖아요."

"이미 방법을 찾은 것 같은데요. 굉장한 비책인 것 같은데, 그게 무언지 나에게 얘기해 주시겠어요?"

"선생님, 이런 거예요. 선생님이 수전을 불러 제 진단 결과를 알려주시고, 치료를 위해서 필요한 사항을 말해 주시는 거예요. 더 이상 저와 동거하지 말고 일주일에 두 번 정도 찾아오라고, 그리고 저에게 너무 집착하지 말라고 말씀해 주세요. 그렇게 하면 그녀를 완전히 포기할 필요도 없고, 무리해서 그녀를 고통스럽게 만들지도 않으면서 좋은 관계는 계속 이어갈 수 있을 테니까요."

"저더러 당신이 수전을 쉽게 처리하도록 도와달라는 거군요. 당신은 곤란하거나 책임질 일은 하지 않고 원하는 것을 얻도록 말이지요. 제가 수전을 속여 반 조각만 갖게 하면, 당신은 당신 몫과 나머지 반 조각을 더 얻을 수 있다는 계산이네요."

"그렇게 하는 게 수전에게도 더 쉬울 것 같은데, 안 그렇습니까? 그녀가 마음에 상처를 입을 것도 없고 제 입장도 이해할 겁니다. 선생님도 쉽게 해결하실 것 같은데요. 치료에 도움이 된다면 이런 일도 하셔야 되는 것 아닙니까?"

"전 남을 속이거나 쉽게 문제를 푸는 해결사도 아니에요. 더욱이 감정을 속이게 하지도 않지요. 오히려 반대입니다. 사람들이 문제에 당당하게 맞서 힘들게 해결하도록 돕는 게 제 일입니다. 이렇게 하는 것이 장기적으로 보았을 때 마음에 안정과 행복을 주기 때문이지요. 내가 당신이 원하는 대로 한다면, 당신에게서 좋은 기회를 빼앗는 셈입니다. 당신이 생애 최초의 이 어려운 상황을 해결하기 위해 팔을 걷어붙이고 당당하게 문제를 해결할 수 있다는 자신감을 얻을 기회 말입니다. 또 당신과 공모한다면, 수전이 스스로 어려운 선택을 하지 못하도록 만들겠지요. 즉, 당신이 원하는 대로 당신을 받아들일지, 아니면 지금처럼 앞으로도 계속 덩치만 큰 어린애 같이 굴 것인지 사이의 선택 말입니다. 그런 의미에서 저는 단호하게 거절하겠습니다. 가능하면 당신이 이번에는 삶에 정면으로 도전하도록 도와드릴 생각입니다. 그렇게 하면 인생을 헤쳐나가는 방법과 당장의 쾌락만을 추구하는 성향을 바꾸는 방법을 생각해내는 것도 배울 수 있습니다."

"당황스럽군요. 심리학자들 사이에서 선생님은 진보적인 분으로 알려져 있습니다. 대학에 계신 분들로부터 그런 말을 들었어요. 그런데 선생님은 계속해서 구태의연하게 인격 형성에 관한 장광설만 늘어놓는군요. '낙담하지 마라. 열심히 노력하라. 훌륭한 순교자처럼 살면 천국에 가서 빵 한 쪽이라도 더 얻어먹는다' 라는 식의 얘기는 지겨울 정도로 많이 들었습니다."

"제 말을 어떤 식으로 왜곡하든 그건 당신 마음이지만, 당신이 이제까지 학업, 수전과의 관계, 그리고 가장 간편한 방법만 선택하는 버릇을 고치지 않는다면 당신이 진심으로 원하는 성취감, 자신감, 그리고 이로운 인간 관계 같은 것은 얻을 수 없을 것입니다. 좋든 싫든(물론 좋아하지 않겠지만), 이 세상의 현실과 어려움에 당당하게 맞서고 용감하고 당당하게 행동하는 방법을 배우지 못하면 큰 즐거움을 얻지 못할 것입니다. 제가 하는 말이 청교도적인 처벌, 일을 위한 일, 내세에서 구원받기 위한 인격 형성의 철학 같겠지요. 하지만 그렇지 않습니다. 그건 이 세상이 갖고 있는 냉엄하고 엄격한 현실입니다."

"그럴지도 모르지만 그보다 더 나은 방법을 있을 거예요. 선생님보다 온화한 생각을 가진 치료사가 어딘가 있겠죠. 선생님이 주장하신 것보다 더 쉬운 방법으로도 행복을 얻을 수 있는 방법이 분명히 있을 거예요."

그 후로 나는 스티브의 소식을 듣지 못했다. 어려움을 극복하기 위한 손쉬운 방법과 더 다정한 치료사를 찾으려고 여기저기를 기웃거렸을 것이다. 하지만 그렇게 당장의 이익만을 찾아나서는 그에게 언젠가는 인생이 큰 벌을 내릴 것이 틀림없다. 내기를 해도 좋다. 그때가 되면 그는 아주 작은 문제에도 버거워할 만큼 나약해져서 중증치료를 받으러 올지도 모른다. 그때도 여전히 내가 '인격 형성' 접근 방법이라는 기존의 입장을 고수하고 그도 나의 방식대로 따른다면, 언제라도 기꺼이 그를 다시 받아줄 용의가 있다.

인생의 어려움과 책임을 회피하게 되면 대부분의 경우 결과가 좋지 않고, 자신의 행동과 능력에 대한 자신감이 줄어들 것이다. 따라서 더 힘든 방법을 받아들이는 것이 더 합리적이다. 더 구체적으로 말하면 다음과 같은 방법을 시도해 볼 수 있다.

1. 쓸데없는 일과 책임을 떠안으라고 권고하지는 것은 아니지만, 바람직한 행동을 찾아내어 기꺼이 실천해 보라. 바람직한 일은 다음과 같다. (a) 밥을 먹고 추위를 막아줄 집을 짓는 등, 생존에 도움이 되는 일. (b) 충치를 예방하기 위한 이 닦기, 전원 생활을 즐기면서 도시에 있는 직장으로 통근하는 것처럼 생존과 직결되지는 않지만 목표를 얻기 위한 일상적인 일.

2. 일단 어떤 목표를 생존에 필요하거나 (자신이 생각하기에) 행복을 얻기 위해 바람직하다고 보면, 합리적인 말과 행동으로 자신을 훈련할 것이다. 특히, 제일 먼저 자신을 해이하게 만드는 생각들을 집중 공략할 수 있다. 지금까지 당신의 생각을 지배해온 비합리적인 생각에는 다음과 같은 것이 있을 것이다. "피해가면서 살아도 별 문제 없을 거야", "도저히 자기 훈련을 할 수 없어", "원하는 결과를 얻으려고 꼭 이렇게 힘들게 해야 하는 거야?" 이러한 생각 대신 철학적인 태도를 갖도록 노력하라. "쉬운 해결책을 찾아버릇하면 장기적으로 볼 때 더 힘들어지고 노력에 대한 보상도 더 적어질 것이다", "자기 훈련은 힘들지만 내게는 그럴 수 있는 힘이 있다", "원하든 원하지 않든, 책임지고 실천하지 않으면 원하는 결과를 얻지 못할 것이다."

3. 인간은 누구나 실패한다. 따라서 건설적으로 어떤 일을 시작하려 할 때에는 큰 어려움에 부딪힐 수도 있고 평소의 습관이 자신의 노력을 방해하거나 시작 자체를 어렵게 만들 수도 있음을 인정하라. 이런 문제들이 일어날 것을 예상하고, 자기 훈련이라는 목표로 매진하기 위해서는 더 많은 노력과 에너지를 투자해야 할 경우가 많다는 사실을 인정하라. 일단 아침 일찍 일어나고 운동하기 시작하면 날이 갈수록 처음보다는 더 쉬워지고 간혹 즐거워지기까지 할 것이다. 하지만 처음에는 대단히 고통스러울 것이다! 쉽든 어렵든, 어떤 결과를 얻고자 한다면, 훈련밖에는 없다. 슬프지만 그게 현실이다.

4. 일단 자기 훈련을 시작하면 일이 더 수월해지는 경우가 많다. 규칙적으로 스케줄이나 프로그램을 세워라. 큰 프로젝트와 하위

목표들을 세워라. 하루에 정해진 양만큼 걷거나 최소한의 횟수 이상은 운동을 해야 한다, 처럼 구체적으로 계획을 세워 움직여라. 노력한 대가를 중간에 꼭 끼워 넣어라. 이를테면 공부를 얼마만큼 하거나 집안 청소를 얼마만큼 한 뒤에는 영화관에 가서 휴식을 취한다, 처럼 말이다. REBT는 처음부터 자기 강화나 자기 관리 원칙을 이용해 왔으며, 최근에는 더욱 구체적으로 이를 이용한다. 치료사들은 빈도수가 높은 행동(독서나 좋은 식사 등)은 빈도수가 낮은 행동(공부 등)을 했을 때에만 보상하는 방법을 가르칠 것이다. 이 같은 REBT 기법으로 자신을 훈련할 수 있다.

5. 자신의 노력에 지나치게 신성한 의미를 부여해서 과도한 절제를 강요하거나 지나친 고행을 하는 것은 좋지 않다. 정해 놓은 규칙에 너무 얽매어서 경직된 태도를 취한다거나, 조금만 힘들어도 핑계를 대며 제대로 실천하지 않는 것은 목표 달성에 방해가 된다. 지나친 절제는 건강한 자기 통제를 피하는 것만큼 자기 파괴적이다.

요약하면 다음과 같다. 어려운 일을 만나면 쉽게 포기하거나, 오늘 하는 것이 좋은데도 내일로 미루는 등의 평소 습관을 없애기가 어려울 것이다. 그렇다. 그래서 훈련이 어려운 것이다. 하지만 중요한 책임을 다하고 장기적인 즐거움을 얻기 위해선 자기 훈련을 하는 것이 좋다. 당신의 목표와 욕구에는 꾸준한 자기 감시가 필요하다. 힘들지만 불완전한 인간에게 이외에 다른 방법이 어디 있겠는가?

처음 나(엘리스)를 찾아왔을 때 브라이언 J는 자기 파괴의 길을 걷고 있었다. 심리학과 대학원생이었던 그는 내가 만난 사람 중에서 가장 머리가 좋은 것 같았지만 박사 학위 논문을 마무리 짓지 못하고 차일피일 미루고 있었다. 심리학계에서 할 수 있는 모든 중요한 일을 천성적인 게으름이 가로막고 있던 것이었다.

"제가 생물학적인 구조 때문에 다른 사람처럼 쉽게 자신을 관리하지 못하는 건 아닐까요?"

나는 그가 주장하는 생물학적 가설을 인정하지 않았다. "전 그렇게 생각하지 않습니다. 다른 방면에서는 탁월하게 자기 관리를 하시는 것 같던데요?"

"학생 가르치는 일을 말씀하시는 건가요?"

"네. 당신은 수업 준비를 철저하게 하기 위해 상당한 시간과 노력을 투자한다고 말씀하신 걸로 들었는데요. 그리고 열심히 수업 준비를 하고 존경받는 교사가 된 것에 상당한 자부심을 갖고 있는 걸로 알고 있는데……."

"맞습니다. 진짜 가르치는 데에는 열심이죠."

"그렇다면 '천성적인 게으름' 이란 생각은 어디서 생긴 건가요? 가르치는 일에 그렇게 열심히 매달릴 수 있다면 논문 쓰는 일도 분명히 잘할 수 있을 텐데요."

"하지만 그건 다르다고 생각해요. 교실에서는 즉각적인 반응이나 보상을 받거든요. 학생들은 절 사랑하고 수업에 적극적이지요."

"분명히 그럴 겁니다. 당신은 분명히 학생들의 호응을 받을 만한 자격이 있어요. 다른 교사는 못하는 일을 당신은 하고 있으니까 학생들이 고마워하는 것은 당연하죠."

"정말 그런 것 같아요."

"대단하십니다. 하지만 당신의 경우는 제 짐작이 맞는 것 같군요.

힘든 일을 하더라도 즉각적인 보상이 뒤따르면 별 어려움 없이 자신을 관리할 수 있지만 논문의 경우는 그렇지 않다는 것이죠. 논문을 완성하려면 지금부터 1, 2년은 족히 걸릴 것이고 또 1, 2년은 지나야 지도교수들이 평가를 내릴 테니 당신은 이렇게 생각할 것입니다. '아! 나는 게으른 천성을 갖고 태어났으니 자기 관리를 할 수 없을 거야.' 하지만 당신의 진짜 속마음은 '나는 즉각적인 보상이 꼭 필요한데 그걸 얻는다는 보장이 없다면 자기 관리를 할 수 없어'라는 것입니다. 전혀 다른 모습 아닌가요?"

"선생님 말씀이 맞아요. 하지만 그것 때문에만 제가 논문을 안 쓰는 건가요?"

"아니오. 아마 아닐 겁니다. 당신같이 똑똑한 사람이 어떤 방면에서 자기 관리를 못하는 데에는 다른 이유가 있는 경우가 많습니다."

"전 어떤 경우일까요?"

"음. 먼저 관성이 법칙이죠. 논문 쓰는 것처럼 쓰는 데도 시간이 많이 걸리고 그에 따른 보상을 받는 데도 시간이 많이 지나야 하는 장기적인 프로젝트를 일단 시작하고 계속하기를 힘들어하는 사람들이 많습니다. 어이들에게는 뒤따르는 보상이 아무리 크다고 해도 장기적인 프로젝트를 하도록 동기를 부여하기가 어렵다는 사실은 알겠지요. 어른들도 이렇게 어린애 같은 성향이 많이 있습니다."

"그렇다면 저도 어린애 같다는 건가요?"

"하지만 비정상적이라고 생각할 필요는 없습니다. 당신에게는 정상적인 어린애 같은 성향이 있고 그런 성향을 포기하지 못하고 주저하는 것이 비정상은 아니라는 겁니다. 아마 그것이 '천성적인 게으름'의 요소가 되고 있는지도 모르지요."

"그렇군요. 하지만 누구나 어느 정도 그런 면을 갖고 있지 않나요? 그렇다면 왜 제 경우가 더 특이한 걸까요?"

"음…… 한 가지는 지적으로 뛰어난 많은 사람들처럼 이제까지 공부를 너무 잘했어요. 머리가 좋아서 특히 초등학교와 중고등학교에 다닐 때에는 다른 학생들보다 훨씬 노력을 덜 하고도 우수한 성적을 받아왔겠지요."

"선생님 말씀이 맞아요. 초등학교와 중고등학교 때 사실 공부를 거의 안 했는데도 상위권을 유지했거든요. 대학에 와서도 공부에 별로 어려움을 느끼지 못 했고요."

"바로 그것입니다. 그러니 최근 대학원에 들어올 때까지 좋은 습관을 만들 필요가 없었던 겁니다. 그런데 지금은 경쟁이 치열해지고 논문이 저절로 써지는 것도 아니니 좋은 습관을 들일 필요가 있습니다. 하지만 이제까지 최소한의 노력으로 잘해왔는데 이제는 더 이상 이것이 통하지 않는다는 게 부당하게 느껴지는 것이지요. 당신은 열심히 노력해야 한다고 생각하지 않는 거예요."

"어렵군요. 전에는 이렇게 할 필요가 없었어요."

"네. 어렵죠. 정말 어려워요! 하지만 지금 원하는 보상을 얻으려면 그렇게 하는 게 좋습니다. 어린애처럼 반항한다고 해서 쉬워지지는 않아요. 오히려 정반대죠. 당신도 요즘 겪고 있지 않습니까?"

"맞습니다. 제가 빈둥거릴수록 점점 뒤로 쳐지고 따라잡기도 점점 더 힘들어 지는 것 같아요. 게다가 교수님들도 절 좋지 않게 생각하시죠. 이건 절대 도움이 안 돼요."

"결코 도움이 되지 않지요. 그렇게 빈둥거리다간 특히 교수들도 당신을 외면할 거고, 결국은 자신도 스스로를 싫어할 것입니다."

"제 자신을 싫어한다고요?"

"물론 그래선 안 됩니다. 사실 어떤 일에 대해서도 자학해서는 안 되지요. 하지만 할 수 있는 일을 자꾸 뒤로 미루게 되면 자신의 능력에 회의를 품게 되지요."

"흠…… 무슨 뜻인지 알겠습니다. 사실은 계속 논문을 뒤로 미루게 되자 마음속에서 이런 생각들이 떠오르더군요. '아마 나는 못할지도 몰라. 이건 내가 할 수 있는 일이 아닐지도 몰라. 학생들을 가르치는 일은 문제가 없지만 박사 과정을 끝내기에는 내 능력이 모자랄지도 몰라.'"

"짐작대로군요. 처음에 당신은 과거의 습관과 어린애 같은 버릇 때문에 논문 쓰는 일을 자꾸 미루었습니다. 즉각적인 보상을 간절히 바라는 마음에서 가르치는 일에만 온통 신경을 쓰다 보면 차츰 지도교수에게서 좋은 소리를 듣지 못하겠지요. 그러면 '나는 이 프로젝트를 할 수 없을 거야'라는 생각이 들 것입니다. 그러면 실패를 지나치게 두려워한 나머지 그 부정적인 가설을 실험해 볼 용기를 내지 못하고 논문 쓰기를 더욱 멀리하게 되겠지요. 그렇게 되면 교수님들은 당신을 더 싫어하게 되고 결국은 자신을 싫어하게 됩니다. 결국 악순환에 빠져서 논문 쓰기가 점점 더 싫어지고 손에 잡는 것조차 두려워하게 될 것입니다. 그러면 모든 게 끝나는 것이죠. 당신이 이런 비합리적인 생각에서 벗어나서 악순환의 고리를 끊지 못하면 당신의 경력은 끝나는 게 아니겠어요?"

"선생님은 제 행동이 병적일 정도로 문제가 있는 것처럼 말씀하시는군요?"

"그렇지 않습니까?"

"그러면 어떻게 생각해야 할까요?"

"당신이 어떻게 생각하든 상황이 달라지거나 행동이 더 합리적으로 바뀌지는 않아요. 중요한 점은 당신이 지금 상황에서 무엇을 하는가, 입니다."

"습관, 어린애 같은 반항심, 즉각적인 보상 요구, 논문을 쓸 수 없다는 생각에 대해 조치를 취해야 한다는 말씀이지요?"

"예. 정확히 파악하고 계시는군요. 그러면 앞으로 어떻게 하실 겁니까?"

"지금 당장 이런 태도를 버리고 즉시 논문 쓰는 일에 착수하겠다고 하면 안 믿으시겠지요?"

"물론입니다. 실제로 행동에 옮기기 전까지는요. 그렇다고 무조건 당신의 말을 불신하지는 않습니다. 당신처럼 가르치는 일에 그렇게 열심인 사람은 논문 쓰는 일도 잘할 수 있다고 믿기 때문이지요. 문제는 당신이 할 수 있느냐가 아니라 과연 실제로 시도해 볼 것이냐가 중요합니다. 아마 시도하실 것 같군요. 차일피일 미루다가 어떻게 자기 파괴적인 길에 접어들게 되었는지 경험하셨으니까요."

"저도 그러기를 바랍니다."

"바란다는 말이 듣기 좋군요. 하지만 바라는 것만으로는 충분하지 않습니다. 어린애 같은 반항심과 실패의 두려움을 극복하겠다고 결심해야 합니다. 그것도 적극적이고 굳은 마음으로 말입니다. 이제까지 당신이 자기 자신에게 주입했던 어리석은 생각을 찾아내서 없애야겠지요."

"맞아요. 행동이 가장 중요하다는 말씀이군요. 한번 해보겠습니다!"

실제로 우리는 해냈다. 브라이언은 논문을 쓴 지 몇 주 만에 심사에

통과했고 곧장 연구에 착수해 일년 후, 실험심리학의 학위를 땄다. 그는 훌륭한 교수로 유명해졌다. 요즘 심리학 학술 대회에서 만나면, 그는 우스꽝스럽게 차렷 자세를 하고 내게 프러시아 군대식 경례를 붙이면서 이렇게 외친다. "행동! 노력! 자기 훈련!" 다른 사람은 재미있어하지만 그만은 아주 진지해 보인다.

17
개인사 다시 쓰기

역설적이게도 지난 세기의 가장 중요한 심리학적 발견 중 하나가 심리 분석학파와 전통적인 행동주의 학파의 큰 지지를 받았음에도 많은 사람들에게 해를 끼쳤다. 즉, 과거의 경험이 현재 삶의 패턴에 영향을 미친다는 개념이 바로 그것이다. 사람들은 부분적으로만 도움이 되는 이 의견을 통해 과거는 시간이 흘러도 중요하며 한때 인생에 큰 영향을 미쳤기 때문에 지금도 감정과 행동을 결정한다는 여덟 번째 비합리적 믿음을 만들고 뒷받침했다.

나(엘리스)는 매일 평균 15명의 환자를 진료하고 10개 그룹을 집단 치료한다. 그들 중 대부분은 과거의 조건화나 유년기의 영향 때문에 신경증적으로 행동해야 한다고 믿는다. 마흔 살의 매력적인 이혼녀는 나에게 이렇게 말했다. "박사님께서 권하신 대로 남자를 만나는 데 이렇게 적극적이었던 적은 없었어요." 한 젊은 주부는 자기 남편이 다시 해고되느니 차라리 사업하다가 5만 달러를 날리는 편이 더 낫다고 말한다. 남편이 지금 직장을 얻기 전까지 근무했던 곳들은 전부 마음에 들지 않았는데, 여기서 또 잘린다면 이만한 곳에서 근무할 수 없을 것이 분명하다고 확신했기 때문이었다. 스물두 살의 잘생기고, 교육 수준도 높으며, 똑똑한 젊은 남자는 현재의 여자 친구가 떠나버리면 다시는 자기 마음에 드는 여자를 만날 수 없을 것이라고 고백했다. 자신은 너무 보잘것없는 존재여서 진심으로 원하는 사람을 얻을 수 없다는 생각을 갖도록 어린 시절부터 조건화되었다고 말했다.

내가 상대하는 많은 환자들은 지난 시절에 입었던 가혹하고 심한 피해는 지금도 복구될 수 없다고 주장한다. 이 지워지지 않는 영향에서 벗어나도록 내가 도와주지 않는다면 그럴 수 없을 것이다. 그들의 주장에 나는 이렇게 대꾸한다.

"바보 같은 소리! 어린 시절에 어떤 조건화나 영향을 받았던지 애초에 당신이 그것을 느꼈다고 해서 그 효과가 계속 되지는 않습니다. 애초에 주입되었던 헛소리를 지금도 믿고 있기 때문에 그 상처가 지금까지도 아물지 않고 있는 것이지요. 도대체 언제쯤이나 반복된 믿음과 싸워 이겨서 자신을 조건화의 주술에서 풀려나게 할 것입니까?" 치료를 둘러싼 논쟁은 내가 이길 때까지 계속된다. 간혹 안타깝게도 과거의 조건화에 대한 잘못된 견해를 바꾸기 위해 해야 할 일을 포기한 채 도망가는 환자들도 있다.

대부분의 사람들은 한때 나빴던 것이 자기 인생에 영향을 미쳤다면 그것은 영원히 그렇게 그대로 있어야 한다고 믿는 것 같다. 그래서 한때 부모에게 복종해야 했기 때문에 어른이 된 지금도 그래야 하고, 과거에 사기를 당한 적이 있으니 지금도 사기를 당하는 것이 당연하거나, 미신에 빠진 적이 있으니 지금도 무언가에 잘 현혹되는 경향이 있다고 믿는다.

과거의 영향은 변할 수 없다고 굳게 믿는 것은 몇 가지 점에서 비합리적이다.

1. 여전히 과거의 경험에 과도하게 영향을 받는다는 느낌이 들면, 당신은 지나친 일반화의 오류를 범하고 있는 것이다. 특정 상황에서 어떤 일이 일어났다고 해서, 그 일이 모든 상황에서도 일어나야 하는 것은 아니다. 어린 시절에 아버지에게 학대를 당했다고 해서 모든 권위는 독재적이고 그것에 대항해서 싸워야 하는 것은 아니다. 한때 너무 약해서 군림하는 엄마에 맞서지 못했다고 해서 항상 그렇게 나약해야 하는 것은 아니다.

2. 과거의 사건에 너무 압도되어 그 영향에서 벗어나지 못하고 있다면 어떤 문제가 대두되었을 때 여러 가지 대안을 찾으려는 노력을 포기하게 된다. 어려운 일을 해결할 수 있는 대책이 한 가지만 있는 경우는 드물다. 유연하게 생각할 수 있다면 더 나은 해답을 얻을 때까지 계속 해결책을 찾으려 할 것이다. 하지만 과거의 경험으로부터 지나칠 정도로 영향을 받는 상태가 지속돼야 한다고 믿는다면, 주로 과거에 사용했거나 적절치 못한 해결책을 생각할 것이다.

3. 어떤 시기에는 건강했던 행동이 다른 시기에는 도움이 안 되는 경우가 있다. 특히 아이들은 울거나 꼼짝 않고 있거나 떼를 써서 부모와의 문제를 해결하려는 다양한 방법을 생각해낸다. 하지만 이 행동은 나중에는 소용이 없다. 어른들이 그 행동에 반응을 보이지 않기 때문이다. 그러므로 과거에 좋았던 문제 해결 방법만

을 고집하다 보면, 지금은 효과가 없다는 사실을 알게 될 것이다.

4. 현저하게 과거의 영향을 받는다면 정신분석가들이 쓰는 용어로 '감정전이 효과'의 영향을 받는다고 할 수 있다. 이는 과거 주변 인물들에 대한 감정을 현재 가까운 사람들에게 편파적으로 이전한다는 의미다. 그래서 회사 사장의 명령을 들었을 때, 20년 전 강압적으로 명령하던 부모님의 생각이 떠올라 사장에게 반항하는 경우가 있다. 이러한 감정전이는 비현실적이고 해롭다.

5. 당신이 과거에 어떤 방식으로 일을 했다고 해서 지금까지도 계속 그 방법을 고집하면 새로운 경험을 통해서 배우고 얻는 기회를 놓치게 된다. 10대 때 스포츠를 즐겼다는 이유만으로 계속 스포츠에 몰입한다면 예술 활동은 해볼 엄두도 내지 못할뿐더러 스포츠보다 더 큰 만족감을 줄 수도 있다는 사실을 깨닫지 못할 것이다. 또는 한때 회계직에 있다가 실직했다고 해서 영영 회계 사직을 갖기를 포기한다면 회계와 연관된 직책을 얻거나 즐길 수 있을 만한 실력을 기르지 못할 것이다.

6. 고집스럽게 과거의 영향을 받아들이게 되면 현실 감각이 떨어지게 된다. 현재는 과거와 다르기 때문이다. 구식 차를 타고 오늘날의 초고속도로를 달리면 위험하다. 오래된 도로와 교통 상황은 더 이상 존재하지 않기 때문이다. 엄마를 대하듯 아내를 상대하면 문제가 발생하기 쉽다.

요약해 보면, 정신분석가와 고전적인 행동주의자들이 분명히 증명한 것처럼, 과거는 실제로 존재하며 간혹 과거의 행동 유형을 되풀이하도록 영향을 주지만 큰 영향력을 발휘하도록 해서는 안 된다. 과거부터 깊숙이 각인된 버릇에도 불구하고 어느 정도는 본성을 바꿀 수 있다. 그렇지 않다면 우리는 머나먼 조상처럼 여전히 동굴에서 살고 있을 것이다.

더욱이 당신의 잘못된 버릇은 과거의 경험에 의해 형성되었지만 바꿀 수 없는 것은 아니다. 하지만 바꾸기 위해서는 몇 년에 걸친 심층 분석이 필요하다. 자신을 불안하게 만드는 비합리적 믿음의 허구성을 적극적으로 밝힐 뿐 아니라 REBT의 정서적이고 행위적 방법으로 열심히 노력한다면 몇 달 안에 놀랄 만한 결과를 얻을 수 있을 것이다. 하지만 항상 그런 것은 아니다.

대부분의 사람들은 자신을 철저하게 바꾸기를 꺼려하는 경향이 있다. 이 책에서 얘기한 것처럼 그들은 자신의 믿음을 계속 강화시킨다. 자신에게 되풀이해서 이렇게 속삭인다. '너는 아무짝에도 쓸모없는 놈이야.' 또는 '직장에서 성공하지 못하면 끝이다.' 하지만 자기 강화는 인간의 본성이 변할 수 없다는 사실이 아니라, 오히려 그 반대를 보여준다. 믿음으로 인해 과거의 실수를 되풀이한다면, 이러한 믿음을 바꿈으로써 현재의 실수를 바꿀 수 있다. 현재의 행동은 대개 생각에서 비롯된다. 그래서 단호하게 과거의 생각을 바꾸고 실천하면, 오늘의 행동을 통제할 수 있고 또한 더 나은 미래를 준비할 수 있다.

해럴드 S는 불 같고 괴팍한 성격을 교정하고자 했다. 꿈에 그리던 여자와 결혼하려면 자신의 성질을 죽여야만 한다는 것이다. 그는 애원했다. "하퍼 선생님, 저를 좀 도와주세요. 켈리가 다시 한 번 제가 성질을 부리면 헤어지겠답니다. 그녀가 몇 년 전 사장에게 화를 자주 낼 때 선생님 덕을 많이 보았다고 하더군요. 선생님의 도움을 받지 못하면 그녀는 저를 버릴 거예요."

"글쎄요. 전 최선을 다할 뿐입니다. 아니, 당신이 최선을 다하도록 도울 뿐이지요. 하지만 먼저 어떻게 하다가 당신의 성격이 그렇게 됐는지 듣고 싶군요."

그러자 헤럴드는 옛날이야기를 하듯 얘기를 풀어나갔다. 어릴 적부터 아주 사소한 것이라도 마음에 들지 않을 때는 난리를 피웠는데, 거기엔 부모도 일조했다는 것이었다. 그의 기억에 의하면, 엄마는 집에 온 손님들에게 자랑하듯 자신이 젖먹이 때부터 하고 싶지 않은 일을 하게 하면 화를 내며 울부짖었다고 말했다 한다. "헤럴드는 태어날 때부터 자기 생각을 가지고 있었어요"라고 말했다. 어쨌든 헤럴드가 자기 하고 싶은 대로 하겠다고 고집을 부리면 어머니는 잘 들어주었다.

헤럴드는 어머니가 떼쓰는 행동을 자연스럽고, 어쩔 수 없으며, 심지어는 귀엽게 본다는 사실을 깨달았다. 성질을 부리면 다른 사람으로부터 자신이 원하는 것을 효과적으로 얻을 수 있음을 깨달았다. 특히 협박에 잘 넘어갔던 여자들은 그의 밥이었다. 하지만 켈리가 그의 협박에 넘어가지 않고 오히려 버릇없는 아이처럼 굴면 헤어질 것이라고 하자, 헤럴드는 더 이상 떼쓰는 것은 효과가 없으니 다른 방법을 찾는 게 낫다는 사실을 깨닫게 되었다. 그는 자기 성격이 이렇게 된 이유를 쉽게 알아냈다. 어머니가 그로 하여금 떼를 쓰도록 훈련시킨 셈이니 일부는 어머니의 책임이기에 자책하지 않는 편이 좋다고 생각했다. 게다가 자기 비난은 그에게 거의 도움이 되지 않을 것이었다.

헤럴드가 물었다. "하지만 이제부터 어떻게 해야 하나요? 제 문제가 어떻게 시작되었는지 알았으니 앞으로 어떻게 극복하죠? 어려서부터 형성되어 오랜 세월 동안 나의 일부가 되어 내 깊숙이 파고 들어와 있는데 실제적으로 없앤다는 게 불가능한 것은 아닐까요?"

"아니요. 툭하면 화를 내던 세월의 길이와 떼쓰기를 좋다고 생각하던 기간을 감안할 때 성질을 죽이는 것은 어렵겠지요. 하지만 그렇게 어렵지는 않을 것입니다."

"하지만 어떻게요? 그것들을 어떻게 벗어던질 수 있나요?"

"기본적으로는 당신이 그 버릇을 들인 것과 똑같이요."

"하지만 방금 전에 결론을 냈잖아요? 어머니가 떼쓰도록 만들었고, 거기에 대한 보상을 해서 계속 그 방법을 쓰도록 조건화시킨 게 원인이라고요."

"아니오. 꼭 그런 것은 아닙니다. 겉으로 보기에는 그래도 말입니다. 실질적으로는 어머니가 보상을 해주었지요. 맞습니다. 하지만 더 중요한 점은 당신은 그 보상을 받아들였고 더 많은 보상을 원했다는 것입니다. 이렇게 생각하지 않았나요? '아! 엄마가 또 나더러 떼를 쓰라고 하네! 좋아. 그러면 앞으로 계속 이걸 써먹어야지.', '아! 엄마는 내가 떼를 쓰면 꼼짝 못하는구나. 아빠까지 덩달아 그러네! 게다가 가정부 플로렌스도 마찬가진데? 그러면 차근차근하게 생각을 좀 해보자. 내가 무엇인가를 원할 때마다 처음에는 거절한다. 그러면 엄마, 아빠 그리고 플로렌스 같은 사람들에게 원하는 것을 가질 때까지 소리를 질러대야지. 이렇게 하면 사람들이 나를 좀 귀찮게 여기기는 하겠지만, 원하는 것을 얻을 수 있다면 그런 게 무슨 상관이람. 원하는 것을 갖지 못하는 건 무섭고 끔찍해. 내가 사람들을 계속 성가시게 만들어야 하는 번거로움이 있어도 원하는 것을 가질 수 있다면 그만이야. 소리를 지르고 난리를 떨어도 꼼짝하지 않는 사람은 지옥에나 가라고 해. 그럼 다른 사람을 찾지 뭐!' 라고 말입니다."

"찬찬히 생각해 보니 선생님이 아주 비슷하게 짚으신 것 같군요. 말

쓸하신 것처럼, 저도 한때는 친구가 많았던 걸로 기억이 납니다. 어린 꼬마였을 때는 동네에서 가장 인기 있는 아이였어요. 하지만 몇몇 아이들이 내 성질을 견디지 못하거나 떼를 쓰며 난리를 부려도 제 마음대로 하지 못하게 하는 거예요. 그래서 그런 아이들은 안 만나고 제가 원하는 대로 따라오는 마음 약한 아이들 몇 명만이 남게 된 거죠. 다시 생각해 보니 끝까지 내 곁에 남아 있던 아이들은 머리도 좋지 않고 능력도 시원찮았던 것 같아요. 하지만 내가 하고 싶은 대로 할 요량으로 걔네들과 같이 놀았죠."

"즉각적인 욕구를 충족시키기 위해 가장 똑똑하고 능력 있는 아이들을 기꺼이 포기했군요. 지금까지 그런 식으로 살아온 건 아닌가요? 당신이 소리를 지를 때마다 엄마, 아빠, 가정부가 한 것처럼 재빨리 당신의 욕구를 충족시켜주는 사람들만 주위에 두다보니 더 능력 있는 친구들을 멀리하게 된 것은 아닌가요?"

"예. 그런 것 같아요. 하지만 어떻게 하면 이제까지 살아온 방식에서 벗어날 수 있을지 아직도 모르겠어요."

"아까 말했듯, 그 버릇을 형성한 것과 똑같이 하면 됩니다. 당신이 툭하면 떼를 쓰게 된 것은 남이 훈련시킨 것이 아니라 자신의 욕구를 즉시 충족시키고 싶은 마음에서 스스로 훈련시킨 결과입니다. 그러니 이제부터는 성질부리는 것을 참고 장기적인 목표를 위한 훈련을 해야지요."

"선생님은 원래 제 생각과 똑같은 말씀을 하시는군요. '자! 계속해! 헤럴드, 성질 내고 네가 원하는 대로 하도록 협박하란 말야.' 하지만 지금은 이렇게 스스로에게 타이르죠. '헤럴드, 이제 바보 같은 짓은 그만두자. 네가 진짜 원하는 것을 얻으란 말야. 켈리를 얻는 것처럼 오래

가고 더 깊은 만족을 주는 목표 말이야. 어른스럽게 행동하고 이제 더 이상 떼를 쓰지 않으면 가능하지.' 그렇게 하면 변할 수 있을까요?"

"예. 당신은 이제 이렇게 생각하고 있습니다. '어린 시절부터 내 성격의 일부로 굳게 자리 잡은 버릇을 어떻게 바꿀 수 있겠어?' 하지만 그 대신 이렇게 생각해 보세요. '어린애 같은 버릇을 아무리 오랫동안 가지고 있어도, 그리고 아무리 많은 사람들을 내 마음대로 좌우해도 결국 좌절할 뿐이야. 그러니 지금까지와는 다르게 행동함으로써 내 버릇을 없애고 진정한 나를 위해 노력하는 편이 나을 거야' 라고 말입니다." "당장 즐거움을 얻지 못하는 것을 두렵게 생각하지 말고 참아낼 수 있다고 다짐하는 것이 나을 것 같군요. 더 나은 것을 위해 내 방식을 바꾼다는 생각으로 말이죠."

"그렇습니다. 행동만이 아니라 철학도 바꾸는 것이 좋지요. 당신이 성인다운 철학을 받아들이면 그때부터 더 성숙하게 행동할 수 있어요."

"하지만 선생님이 하라는 대로 해서 한동안은 잘 되다가 실패하면, 그러면 또 벌컥 화를 내는 버릇이 나타날까요?

"그럴 것입니다. 화를 내야 하고, 변할 수 없다고 스스로에게 입증하려는 버릇을 없애지 않는 한 그렇게 될 겁니다. 하지만 작은 실수입니다. 이렇게 과거로 퇴행하는 횟수가 점차 줄어들면서 결국은 나쁜 버릇을 없앨 수 있을 겁니다."

"현재에 집중하고 다른 미래를 위해 열심히 노력하는 한 과거의 부정적인 조건화를 무시할 수 있다는 말씀인가요?"

"그렇습니다. 과거의 나쁜 버릇으로 퇴행할 때마다 이렇게 말하는 겁니다. '또 시작이구나. 비합리적인 믿음이 또 작동했구나. 방금 내가 무슨 생각을 했지? 다음에 또 못된 버릇이 나오지 않도록 이번 경우를 어떻게 이용할 것인지 한번 잘 생각해 보자.' 당신이 퇴행을 잘 살펴보고 그것을 유발한 믿음을 적극적으로 찾아본다면, 과거의 부정적인 조건화는 오늘 긍정적으로 스스로를 조건화시키는 계기가 되어 문제를 해결할 수 있게 될 것입니다."

드디어 증명의 기회가 왔다. 6주 후 헤럴드가 결과를 보고했다. "선생님도 도저히 믿어지지 않겠지만 우리 결혼하기로 했습니다. 청첩장을 인쇄하는 대로 사람들에게 알릴 거예요. 사실은 그녀가 더 적극적으로 청혼을 하더군요. 며칠 전 그녀가 결혼하자고 했을 때 전 이렇게 말했죠. '저기, 지난 6주 동안 한 번도 성질을 부리지 않은 건 당신이나 나를 위해서도 얼마나 다행인지 모르겠어. 하지만 당장 내일이라도 벌컥 화를 내지 않는다고 어떻게 보장할 수 있지?' 그러자 켈리가 이렇게 말하더라고요. '나도 모르지. 사실 그런 의심이 드는 것도 사실이야. 하지만 당신이 원하는 것은 내가 마땅히 주어야 한다는 어린 소년 같은 태도가 아직까지는 견딜 만했거든. 게다가 당신이 하퍼 박사를 찾아간 이후로 태도가 많이 달라졌잖아. 다시 옛날로 돌아가는 경우가 그렇게 자주 있는 건 아니라고 생각해. 만일 당신의 옛날 버릇이 도지면……' 하더니 미소를 짓더군요. 선생님도 그녀의 미소가 기억나시죠? 정말 누구도 흉내 낼 수 없는 미소죠. 그러면서 이렇게 말하더군요. '그럼, 이혼해버리면 되지 뭐!'"

켈리와 헤럴드는 결혼식을 올렸다. 그가 새로 무장한 어른다운 태도는 어린애 같은 생각으로 퇴행하지 않았고 아직까지는 이혼 법정에 가지 않고 있다.

다음의 방법을 시도해 보면 과거의 영향을 극복할 수 있을 것이다.

1. 과거가 어떤 면에서는 큰 영향을 미쳤다는 점을 인정하라. 하지만 현재는 미래의 과거라는 사실도 받아들여라. 어느 날 갑자기 전혀 다른 사람이 될 수는 없다. 하지만 오늘부터 자신을 전혀 다른 사람으로 만들기 위해 노력하기 시작하면 결국은 다르게 행동할 수 있다. 새롭게 생각하고 경험을 쌓으며 과거를 난공불락의 성이 아니라 단지 하나의 결점으로 본다면, 내일은 눈에 띄게 다르게 행동하는 자신을 발견하게 될 것이다.

2. 과거의 실수를 솔직하게 인정하되 그 때문에 자신을 비난하지 말라. 그러면 미래를 위해 과거를 이용하는 방법을 배울 수 있다. 과거에 실수를 했기 때문에 아무 생각 없이 그 실수를 되풀이하지 말고 잘 관찰하고 의문을 가져라. 관행과 버릇을 잘 살펴보고 옥석을 구분한 다음, 바람직한 방향으로 인생을 바꾸어 보라.

3. 목표를 방해하는 과거의 경험에 압도되어 그 영향에서 벗어나지 못할 때에는 과거에 보였던 반응을 억제하라. 그래서 어린애같이 굴면서 자신이 진심으로 원하는 것을 하지 못할 때는 이렇게 다짐하라. "계속 이런 식으로 행동해서는 안 돼. 더 이상 애가 아니잖아? 할 말이 있으면 당당하게 원하는 것을 요구해. 내가 엄마에게 모든 권한을 넘기지 않는 한 더 이상 엄마도 나에게 이래라 저래라 할 힘이 없어. 내 인격을 모욕할 수도 없고 내가 원하는 것을 못하게 할 수도 없어. 필요 이상으로 엄마에게 상처를 주기도 싫지만 그렇다고 내가 엄마 눈치를 보며 하고 싶은 것을 못할 수도 없잖아? 내가 엄마에게 대들면 큰일 나는 줄 알던 때가 있었어. 바보같이. 절대 그렇지 않아." 그러면 과거의 비합리적인 것들이 영향을 미치려고 할 때마다 제지할 수 있다. 그것이

얼마나 어리석은 생각이며, 득이 되기보다는 해가 되고, 그런 생각들을 바꾸면 더 나은 결과를 얻을 수 있다는 점을 스스로에게 증명해 보여라.

4. 부정적인 버릇을 바꾸기 위해서는 생각하고 행동하는 것이 좋다. 과거의 영향에서 벗어나도록 의식적으로 노력하라. 예를 들어, 어른스러운 태도로 아버지를 대하려고 노력하고 아버지가 반대하더라도 전에는 두려워 감히 생각도 못했던 것을 말하고 행하라. 지금까지는 한 번도 해본 적이 없더라도, 두려움을 과감히 떨쳐버리고 당당해지도록 하라. 버스 안에서 낯선 사람에게 말을 건다든지, 파티에 혼자 간다든지, 첫 번째 데이트에서 이성에게 키스를 한다든지, 그 밖에 하고 싶었던 일들을 해보라. 생각만 하지 말고 행동하라! 지금 당장 시작해서 며칠 혹은 몇 주 동안 애써 실천해 보면 과거 수년간의 불안과 무기력을 극복할 수 있을 것이다.

5. 자기 관리 일정표를 사용해 '위험한' 일들을 하도록 할 수 있다. 예를 들어, 버스 안에서 낯선 사람에게 말을 걸 때마다 독서나 TV 시청 같은 즐거움을 누리며 자신에게 상을 준다. 그런 기회를 놓칠 때마다 이런 활동을 하지 못하게 만들어라. 과거의 두려움에 대항해서 이겨냈을 때는 보상하고 어리석게 행동했을 때는 즉시 벌을 가해라.

6. 합리적이고 정서적인 이미지를 상상해 보라. 매일 몇 분 동안 평소 두려워하던 일을 하는 이미지를 상상하라. 낯선 사람에게 말을 걸었다가 무안당하는 상황을 상상해 보고 그로 인해 창피한 감정 상태를 만들어라. 그러고 나서 거부당했을 때의 두려움에

대한 생각을 바꾸어 공포가 아닌 실망이나 유감 같은, 건강한 부정적 감정 상태로 바꾸어라. 이와 같이 위험한 상황을 생생하게 상상하면서 불안해하기보다 실망하는 감정을 느끼도록 꾸준히 연습하라.

7. 무엇보다도 과거는 흘러가 버렸다는 점을 기억하라. 과거는 현재나 미래에 마술을 부리거나 저절로 영향을 미치지 않는다. 최악의 경우라 해도, 과거의 버릇이 현재의 바람직한 행위가 되기보다는 바꾸기 힘들 행동일 뿐이다. 힘은 들겠지만 불가능한 것은 아니다. 노력과 시간을 투자하라. 연습하고 또 연습하라. 생각하고 이미지를 상상하고 실제로 시도해 보라. 과거의 실패 사례를 차곡차곡 쌓아놓았던 창고의 문을 열어 다 비우고 그 대신 현재의 성공 사례와 즐거움으로 꽉 채워라. 물론 이 문은 그냥 열리지 않는다. 이 문을 여는 열쇠는 생각, 이미지 상상 훈련, 그리고 실천이다.

18
냉혹한 현실을 인정하고 헤쳐나가라

현실은 생각만큼 아름답지 않다는 사실을 직시하자. 사람들은 우리가 바라는 대로 행동하지 않는다. 이 세상은 분명 우리가 상상하는 것 중 최선의 것은 아니다. 수많은 심각한 문제와 난관은 절반도 해결하지 못한다. 게다가 세상의 사정은 점점 더 악화되고 있다. 환경 오염, 경제 침체, 인종 차별, 정치적 혼란, 폭력, 미신, 천연 자원 고갈, 성차별, 지나친 획일주의 등이 날로 심각해지는 듯하다.

하지만 아직은 그렇게까지 불행하다고 생각할 필요는 없다. 냉혹한 현실이 사람들을 불안하게 만들지 않는다. 그러면 무엇이 그렇게 만드는가? 사람과 사물은 그 자체보다 절대적으로 더 좋아야 한다는 생각과 냉혹한 현실을 자신에게 맞게 바꿀 수 없다면 끔찍한 일이라는 아홉 번째 비합리적 믿음에 중독되어 있기 때문이다. 이 역시 어리석은 생각이다. 그 이유는 다음과 같다.

1. 사람들이 아주 나쁜 행동을 했을 때라도, 그보다 더 나은 사람이 돼야 할 이유는 없다. 이렇게 과장된 생각을 할 것이다. "사람들이 흔히 하는 행동이 마음이 들지 않아. 그러니 그렇게 해서는 안 돼." 마찬가지로 사물이나 사건이 생각하는 대로 존재한다면 좋겠지만 사실은 그렇지 못한 경우가 많다. 자신이 원한다고 해서 불행이 일어나서는 안 될 이유도 없다.

2. 사람들이 당신이 원하는 대로 행동하지 않을 때, 그것이 당신에게 나쁜 영향을 준다고 생각하지 않는 한 실제로 나쁜 영향을 주지 않는다. 정상적인 사람도 배우자나 친구가 보기 싫은 행동을 하면 짜증날 것이다. 하지만 신경이 예민해서 스스로 그 행동을 필요 이상으로 불안하게 받아들이지 않는 한, 전혀 참을 수 없는 경우는 없다. 어떤 일이나 사건이 잘못된다는 것은 불행한 일이고 당신에게 나쁜 영향을 미칠 것이다. 하지만 "이럴 수는 없어! 나는 도저히 참을 수 없어!"라고 생각할 만큼 나쁘지는 않다.

3. 사람이나 사건이 당신에게 해를 끼쳤다고 가정할 때 그로 인해 불안해한다고 해서 문제가 해결되는 것은 아니다. 반대로 불안해할수록 사람이나 일을 호전시킬 가능성은 줄어든다. 배우자에게 책임감이 없다고 해서 격분한 나머지 상대방을 비난하면, 그는 화를 내며 더 무책임하게 행동할 것이다.

4. 에픽테투스가 2000년 전에 지적했듯, 자기 자신을 바꾸고 통제할 수 있는 막강한 힘은 가졌다 할지라도 다른 사람의 행동을 통제할 수는 없다. 아무리 현명하게 사람들에게 조언해준다 해도 그들 역시 자기 생각이 있는 사람이기에 당신의 말을 무시할 권리가 있다. 그러므로 타인의 행동에 어떻게 반응할 것인지를 신

중하게 생각하기보다는 지나치게 자신을 자극하게 되면 사태가 걷잡을 수 없이 악화되어 더 불안하게 만드는 경우가 자주 있다. 이것은 기수, 권투 선수, 또는 배우가 당신이 원하는 대로 하지 않는다고 해서 자신의 머리털을 쥐어뜯는 것과 마찬가지다. 대단히 어리석은 일이다.

5. 다른 사람과 사건으로 자신을 괴롭히면 당신의 행동 방식과 해야 할 일 등 정작 걱정해야 할 것에 신경 쓰지 못하게 된다. 감정을 적절하게 잘 다스리면 나쁜 일이 일어났다고 해서 지나치게 초조해하지도 않고 오히려 상황을 호전시킬 수 있을 것이다. 하지만 외부의 사건에 대해 지나치게 불안해하면 거기에 많은 시간과 에너지를 허비하게 되어 자신의 목표를 달성하기 위해 필요한 힘이 남아있지 않게 될 것이다.

6. 인생을 살다가 부딪히는 어떤 문제에 대해서도 100퍼센트 올바른 해결책이 있다는 생각은 어리석은 것이다. 이 세상의 어느 것도 흑백으로 가릴 수 있는 것은 거의 없으며, 몇 가지의 대안만 있을 수 있기 때문이다. 완벽한 해결책을 찾으려 들면 지나치게 경직되고 불안해져서 만족스러운 협상안도 무시하게 된다. 가장 좋은 프로그램을 보아야한다고 생각한다면, 이 채널 저 채널을 전전하다가 결국은 어떤 프로그램도 즐기지 못할 것이다.

7. 빠른 시간 내에 절대적으로 옳은 해결책을 찾아내지 못하면 큰 불행을 당할 것이라는 상상은 거의 현실로 일어나지 않는다. 임의로 옳음의 기준을 정하는 경우를 제외하고는 말이다. 배필을 잘못 만나 이혼을 하는 것이 큰 불행이라고 생각한다면, 실제로 그런 실수를 저질렀을 때 진심으로 불행하다고 느낄 것이다. 하

지만 그 실수를 큰 불행이 아니고 애석하고 단지 운이 나빴을 따름이라고 생각한다면, 실제로 잘못된 선택을 했을 때 그 후유증을 잘 소화할 수 있고 거기에서 교훈을 얻을 수도 있다.

8. 완벽주의는 자기 파괴적이다. 완벽에 가깝게 살아 왔다고 해도 이상적인 목표에 도달하기란 쉽지 않다. 인간은 천사가 아니기 때문이다. 우리가 내리는 결정이 항상 절대적으로 올바른 것은 아니다. 일시적으로 완벽한 경지에 다다랐다고 해도 그 상태를 계속 유지하기란 불가능에 가깝다. 어떤 것도 완전히 고정되어 있지 않다. 인생은 변화다. 좋든 싫든 불완전하고 잘못될 가능성이 있다는 현실을 받아들이는 편이 낫다. 이것을 인정하지 못한다면, 계속 공포와 두려움 속에서 살아갈 것이다.

로라의 예를 들어보자. 그녀의 가정은 가족 간의 우애가 깊다. 아버지는 다른 네 형제자매보다 그녀를 더 좋아했지만 엄마는 아빠와 반대라고 느끼고 있었다. 그러던 중 그녀가 20살이 되던 해에 아빠가 돌아가시면서 많은 액수의 보험금을 엄마에게 남기게 되었다. 그녀는 엄마가 이 돈을 평소대로 함부로 쓸 것을 생각하자 불안하고 화가 났다. 이미 로라의 많은 불만을 들은 나(엘리스)는 그녀의 불평이 계속될 기미가 보이자 그녀의 말을 끊으면서 말했다.

"엄마가 그 돈으로 무엇을 할지에 대해 당신이 왜 그렇게 초조해하나요? 결국 어머니의 돈이 아닙니까? 아버지가 그녀에게 물려준 돈입니다. 하수구에 돈을 버리든 무슨 일에 돈을 쓰든 그건 그녀의 권리입니다."

"예. 저도 알아요. 당연하죠. 하지만 아빠가 살아계실 때에는 항상 아빠가 전적으로 돈을 관리하셨거든요. 그런데 이제 욕심 많은 오빠, 언니들, 그리고 친척들이 손을 벌려도 거절하지도 못할 거예요."

"어떤 특별한 목적 때문에 당신도 그 돈의 일부가 필요한 것은 아닌가요?"

"아니요. 전 살만 해요. 직장도 좋고 진급의 기회도 많죠. 약혼자도 돈을 잘 벌고 집도 부자예요. 엄마 돈은 한 푼도 필요 없어요. 단 한 푼도."

"그러면 무엇이 문제죠? 그냥 엄마가 자기 돈으로 무엇을 하건 상관하지 말고 당신 일에만 신경 쓰는 것이 어때요? 그녀가 당신에게 어떤 조언도 요구하지 않은 것 같은데 그녀가 돈을 형제자매와 친척들에게 주어버린다고 해도 그건 그녀의 권리이니까요."

"하지만 나중에 돈이 필요하게 될지도 모르는데 어떻게 그렇게 돈을 막 쓴데요? 그들이 원하는 건 다 사주고요. 조만간 돈이 다 떨어질 거예요."

"그럴 지도 모르지요. 하지만 그건 그녀의 문제입니다. 게다가 당신은 이미 그녀에게 돈을 너무 빨리, 너무 많이 쓴다고 주의를 주었다면서요, 그렇지 않아요?"

"예. 아버지가 돌아가신 지 몇 주 후에 엄마가 돈을 펑펑 쓰는 것을 보고 말을 했어요."

"그랬더니 그녀가 뭐라던가요?"

"내 걱정이나 하라고 하더라구요."

"그런데요?"

"하지만 어떻게 그럴 수 있죠? 엄마는 아주 잘못하고 있어요. 내가 하지 말라고 할 수는 없는 건가요?"

"엄마가 잘못되고 어리석다고 가정해 봅시다."

"맞아요! 맞아요!"

"모든 사람들, 특히 당신의 형제들도 당신 생각과 같은지 모르겠군요. 하지만 제 정신을 가진 거의 모든 사람이 당신과 생각이 같다고 가정해 봅시다. 그래서요? 그녀는 잘못하고 있어요. 하지만 그녀도 잘못할 수 있는 권리를 갖고 있지 않나요? 당신이 엄마의 권리를 빼앗을 건가요?"

"하지만…… 하지만 잘못하고 있는 것이 옳다고요?"

"아니죠. 당연히 아닙니다. 그녀가 잘못하고 있으면 잘못한 거예요. 그러면서 동시에 옳을 수는 없죠. 엄마는 틀렸어요. 하지만 당신은 아직 내 질문에 대답하지 않았습니다. 엄마를 포함해 모든 사람은 잘못할 권리를 갖고 있지 않나요? 아니면, 할 수만 있다면 언제나 올바르게 행동하도록 강요하고 싶은 겁니까?"

"무슨 뜻이죠?"

"이렇게 말해 보지요. 인간이 나쁜 짓보다는 올바른 행동을 하고, 실수를 많이 하는 것보다는 적게 하는 것이 바람직하다는 점은 당신이나 나나 똑같은 생각일 거예요. 지금처럼 돈을 쓰는 것이 잘못되었다면 그렇게 하지 않는 것이 바람직하겠죠. 그러나 그녀가 고칠 생각을 안 한다면 당신의 형제나 가족들에게 계속 돈을 쓰겠죠."

"엄마가 계속 그래도 된단 말인가요?"

"그러지 말아야 하는 법은 어디 있나요? 엄마가 잘못 행동해서는 안 된다고 말은 할 수 있습니다. 하지만 엄마가 그렇게 하지 말아야 하는 이유가 어디 있지요? 엄마도 우리처럼 실수를 거듭하는 인간이 되어서는 안 된다는 법이 어디 있을까요? 당신은 엄마가 성인이 되길 바라세요?"

"그건 아니에요."

"아니라고 말은 했지만 진심인가요? 당신 생각에 따르면 엄마는 완전히 잘못하고 있어요. 엄마는 잘못해서는 안 되고 옳은 일만 해야 한다고 주장하고 있어요. 하지만 엄마는 돈을 잘못 쓰고 있고 앞으로도 계속 그럴 생각입니다. 이 상황에서 엄마는 잘못을 저지르면 안 되는 천사 같은 존재가 돼야 할 것 같군요. 당신은 엄마가 당신 방식대로 행동하기를 요구하고 있는 겁니다. 더 나아가 엄마가 당신처럼 행동해야 한다고 요구하고 있는 겁니다. 모두가 틀렸다고 해도 그녀 방식대로 행동할 수 있는 권리를 주지 않으려고 하고 있어요."

"엄마가 더 잘 행동할 수 있는데도요?"

"사람들이 올바르게 행동하는 것이 쉽다면 아마 그렇게 할 것입니다. 어떤 것을 잘못하고 있는 것은, 올바르게 행동하고 싶은데 그럴 수 없거나 올바르게 행동하고 싶지도 않고 그럴 생각도 없는 경우 중 하나일 거예요."

"무슨…… 무슨 말을 해야 할지 모르겠어요."

"조금 더 생각해 보십시오. 그러면 내 말의 요점을 알게 될 거예요. 그리고 당신이 그런 관점에서 생각해 보지 않았다는 사실을 알게 될 겁니다. 예를 들어, 당신이 엄마처럼 돈을 무분별하고 바보처럼 쓴다고 가정해 봅시다."

"엄마처럼 나도 잘못하고 있는 거죠."

"좋아요. 하지만 요점은 당신에겐 잘못할 권리가 없느냐, 입니다. 당신은 실수할 권리도 없다는 말인가요? 당신 엄마가 당신에게 와서 그런 식으로 돈을 쓰지 말라고 충고를 했는데도 여전히 바보처럼 돈을 쓰기로 작정했다고 가정해 봅시다. 다시 묻습니다. 당신은 당신 방식대로 행동할 권리가 없습니까? 실수할 권리가 없습니까?"

"무슨 말씀인지 알겠어요. 내가 아무리 어리석게 행동했다 할지라도 원하는 것을 할 수 있는 권리가 있지요."

"바로 그거예요. 하지만 이 점을 잊지 마세요. 엄마 같은 사람은 실수를 하면서도 자신이 잘못하고 있다고는 생각하지 않습니다. 나중에 깨달을지도 모르죠. 하지만 실수하는 그 순간에는 모릅니다. 나중에 실수임이 증명되지 않는다면 어떻게 배울 수 있겠어요?"

"저도 그렇게 생각해요. 그들의 잘못된 행동을 알 수 있는 방법이 따로 없는 것 같군요."

"없습니다. 그들은 남들이 지적해 주어야만 실수를 했는지 알겠죠. 하지만 그런 기회도 없다면 그냥 실수를 하는 것 외에 다른 방도는 없습니다. 나중에 지금을 되돌아보고 자신이 한 행동을 깨닫겠지요."

"하지만 나중에 실수였다는 사실을 안다는 것이 얼마나 낭비예요!"

"그렇습니다. 하지만 사람들은 다 그렇게 해요. 실수를 저지르고 나서야 그것을 인식하죠. 성인들은 틀림없이 다르게 행동하겠죠. 그러나 인간은 성인이 아닙니다. 게다가 실수에는 나름대로 장점이 있답니다."

"무슨 장점이요?"

"경험을 하게 해주죠. 실수가 아니라면 겪을 수 없었을 가치 있는 경험을 얻게 해줍니다. 사람들이 당신이 바라는 대로 실수를 하지 않고 행동했다면 아마 모든 이들의 자서전은 재미없을 거예요."

"그렇군요! 그들의 실패가 더 나은 삶을 만드는 밑거름이 되었다고 생각해요."

"아마 그럴지도 모르죠. 하지만 더 중요한 점이 있어요. 당신처럼 실수에 대해 주의를 넘어 비난을 해서 사람들이 실수를 덜 하게 된다면 과연 좋은 세상이라고 할 수 있을까요? 그건 독재체제와 다를 것이 없습니다. 예를 들어, 당신의 엄마가 돈을 함부로 쓰지 못하게 당신이 강요할 수 있고, 실제로 강요한다면 엄마와 수백만 명의 엄마 같은 사람들은 당신의 규칙을 좋아할까요? 예를 들어, 당신 엄마가 당신에게 일일이 직업, 결혼 상대, 매주 쓸 수 있는 돈 등을 지정해준다면 당신은 어떨까요?"

"기분 좋을 것 같지 않네요."

"제 생각도 그렇습니다. 하지만 당신의 제안이 바로 그런 식 아닙니까? 정확하고 실수를 전혀 할 것 같지 않은 소수의 사람들이 올바르지 못하고 실수를 잘 하는 다수의 사람들에게 이래라 저래라 하면서 참견할 수 있는 권력을 가진 사회가 된다고 상상해 보세요. 이런 독재 사회에서 살고 싶어요?"

"사람들에게 심각한 실수를 저지르게 해서 목적을 이루지 못하도록 하는 것이 민주주의를 위해 치러야 할 대가인양 말씀하시네요?"

"그렇지 않은가요?"

"그 점에 대해서는 생각해 본 적이 없어요."

"아까도 말했듯이 잘 생각해 보세요. 게다가 당신 엄마와의 문제의 또 다른 면을 생각해 보는 것이 좋겠습니다."

"어떤 면이요?"

"엄마가 어리석은 게임을 하면서 자신에게 상처를 주고 있는 상황을 당신은 바깥에서 지켜봅니다. 그러면서 엄마가 당신이 요구한 완벽주의 게임을 따르지 않기 때문에 계속 당신에게 상처를 주고 있다고 느끼고 있는 것이 아닌가 싶군요."

"엄마가 제 형제자매를 사랑하는 것만큼 나를 사랑해 주기를 원하고 있고 엄마의 돈 씀씀이를 구실로 엄마가 절 사랑하도록 강요하고 있다는 말씀인가요?"

"가능성이 있지요. 당신 관점에서 보면 당신 가족은 완벽하지 못해요. 특히 주로 당신을 좋아했던 아버지가 돌아가신 이후로는 더 그렇게 보입니다. 이제는 엄마가 돈을 더 잘 쓰게 돕는다는 구실로 당신 방식대로 하고 싶은 거예요. 엄마와 다른 가족과의 친밀한 관계를 깨뜨리고 당신이 생각하는 이상적인 상황을 만들고 싶은 거죠. 그런데 이런 이상적인 상황에 도달하지 못하고 엄마의 사랑을 얻지도 못하면 그런 현실을 거부하고 엄마가 잘못된 행동을 했다고 떼쓰듯 한탄하는 것입니다."

"하지만 엄마와 더 가까워지고 이제까지 받지 못했던 내 몫의 사랑을 되찾아오고 싶다는 건 자연스러운 거 아닌가요?"

"예. 자연스럽습니다. 하지만 그 욕구를 충족시키기 위한 수단이 이상합니다. 엄마가 당신의 형제자매를 사랑한다는 현실을 진심으로 받아들이고 당신 자신이 그녀에게 특별히 잘 해서 이 현실을 바꾸고자 노력한다면 아주 이성적인 접근 방법이라고 할 수 있죠. 하지만 엄마가 형제자매를 사랑하는 것에는 개의치 않는 척하면서 전혀 다른 문제를 가지고 엄마를 호되게 몰아치는 방법을 쓰고 있는 겁니다. 물론 당신이 엄마를 날카롭게 비판하면 당신이 원하는 사랑은 점점 더 멀어질 수밖에 없지요."

"제 식으로 엄마의 돈 씀씀이에 대해 엄마를 귀찮게 하면 엄마와 더욱 거리가 생기게 되고 엄마에게 다른 자식들을 더 사랑하는 것이 당연하다는 구실을 주게 된다. 이런 말씀인가요?"

"바로 그겁니다. 당신은 가정의 냉혹한 현실을 직시하고 참아내려 하지 않고 이렇게 생각했을 것입니다. '엄마는 부당해! 이렇게 해서는 안 돼!' 그 후의 행동이 엄마로 하여금 다른 형제자매에게 더 기울게 했을 것입니다. 당신이 현재 엄마의 잘못된 행동을 그대로 받아들였더라면, 그 상황을 바로잡을 만한 일을 할 수 있었을지도 모릅니다."

"오늘 상담에는 저에게 생각할 거리를 많이 주시는군요. 집에 가면 오늘 대화 내용을 조심스럽게 생각해 보고 선생님이 말씀하신 대로 내가 진짜 그렇게 해왔는지 곰곰이 생각해 보겠어요. 그리고 저의 완벽주의와, 제가 엄마의 돈 씀씀이를 받아들이지 않으려는 생각을 감추려고 했는지도 따져보아야겠군요."

"잘 생각해 보시고 내가 제안한 가설이 당신의 상황에 딱 들어맞는지 살펴보십시오."

로라는 심사숙고한 끝에, 엄마의 돈 씀씀이는 분명 잘못이지만 자신은 이것을 담담하게 받아들이지 않고 스스로를 괴롭히는 방향으로 몰아갔다는 결론을 내렸다. 처음으로 엄마도 실수할 권리가 있다는 점을 받아들이기 시작한 것이다. 이후 몇 달 동안 엄마와의 관계는 상당히 호전되었고 그 때문인지는 몰라도 엄마는 더 이상 함부로 돈을 쓰지 않았다. 더 중요한 것은 로라가 효율적으로 인생을 살게 되었고 약혼자와의 관계도 좋아지기 시작했다는 것이다. 이제까지 그녀는 약혼자의 완벽하지 못한 면에 대해 불만을 품어왔지만 이제는 덜 비판적으로 받아들이게 되었다.

다음은 완벽주의와 과대망상에 맞서고 즐겁지 못한 상황을 변화시킬 힘이 없을 때, 그 상황을 받아들일 수 있게 하는 몇 가지 일반적인 방법이다.

1. 흔히 그러하듯 사람들이 잘못된 행동을 할 때 정말로 이 문제로 고통받아야 하는지 자문해 보라. 그들의 행동에 대해 정말로 그렇게 많이 신경이 쓰이는가? 그들의 행동이 정말 당신의 인생에 영향을 미치는가? 당신이 그들을 변화시키기 위해 많은 힘을 쏟았다고 해서 변하기는 할까? 그 노력에 상당한 시간을 투자하길 원하는가? 실제로 그럴 만한 시간적 여유는 있는가? 당신이 이러한 질문에 진솔하게 그렇다고 대답할 수 없다면 타인의 단점을 걱정하기보다는 적절한 조언을 해주고 도움을 주는 편이 낫지 않을까? 상대방의 의사도 묻지 않고 조언하거나 도움을 주기보다는 요청이 있을 때 하는 것이 나을 것이다.

2. 타인이 변하도록 돕는 것이 가치 있는 일이라고 생각한다면, 필사적으로 매달리지 말라. 그들 자신이나 당신을 위해 그들이 다르게 행동하기를 원한다면, 넉넉한 마음으로, 비판하지 말고, 수용하는 태도를 갖는 것이 가장 좋을 것이다. 자신의 관점에서 벗어나 그들의 관점에서 보려고 최선을 다하라.

3. 사람들이 당신에게 역겹게 행동하더라도 그들을 비난하거나 앙갚음하지 말라. 좋든 싫든 그들은 자신들의 방식대로 행동한다. 따라서 그들이 절대로 해서는 안 된다는 믿음은 어리석다. 상대방을 친절하게 대할수록 더 훌륭한 모범을 보여주는 것이다. 그들이 나쁜 행동을 하지 못하게 생각해낸 계획이 건설적일수록, 그들에게 화를 내지 않게 될 것이다. 상대하기 힘든 사람들을 만났을 때 화를 낼수록 사태는 악화될 것이다. 그 대신 이렇게 말

하라. "이번엔 좀 힘들구나!" 그러면 최소한 화가 나지는 않을 것이고, 상황을 덜 짜증스럽게 만들기 위해 더 효과적으로 행동할 수 있을 것이다.

4. 끊임없이 자신의 완벽주의와 싸워라. 화가나 감독이라면 거의 완벽에 가까운 작품을 만들고 싶을 것이다. 당연하다. 하지만 당신은 결코 완벽해지지 않을 것이며, 다른 사람 역시 마찬가지다. 인간은 실수를 하게 되어있고 인생은 본질적으로 불확실하다. 확실성과 완벽을 추구하는 것은 이 불확실하고 완전하지 못한 세계에서 사는 것을 어린애처럼 겁내거나, 다른 모든 사람들을 뛰어넘어 왕이나 여왕이 되고 싶거나, 남들보다 절대적으로 우월하다는 점을 증명하고자 하는 데서 나오는 의식적이거나 무의식적인 충동이다. 확률과 우연의 세계에 살고 있다는 사실을 인정하고 남들보다 우월해서가 아니라 단지 존재하기 때문에 자신을 받아들인다면 이상 불안과 증오를 최소한도로 줄일 수는 없다. 한스 라이헨바흐(Hans Reichenbach)가 주장했듯. 확률과 우연의 세계에 살고 있다는 사실을 인정하고 남들보다 우월해서가 아니라 단지 존재하기 때문에 자신을 받아들인다면 이상 불안과 증오를 최소한도로 줄일 수 있다.

5. 문제와 난관을 해결하는 완벽한 방법은 존재하지 않기 때문에 타협안이나 합리적인 해결책을 받아들이는 편이 낫다. 주어진 문제의 대안을 찾기 위해 시야를 넓힐수록 최선의 해결책을 찾아낼 가능성은 높아진다. 충동적이거나 성급하게 선택한 것은 좋지 않은 결과를 낳을 수 있다. 잘 생각해 보고, 심사숙고해서 당신 앞에 놓여진 여러 가지 대안을 비교해 보라. 어떤 현상이

내포하고 있는 다양한 측면을 바라볼 때는 편견과 선입견을 최소화하려는 노력이 필요하다. 그러나 결국은 뛰어들어야 한다. 실험적으로 뛰어들되 성공이 보장되지는 않는다는 사실을 숙지하라. 실패하더라도 운이 나쁜 것이지 불행한 것은 아니다. 그리고 실패는 한 인간으로서 당신의 내재적 가치와 아무 상관이 없다. 인간은 주로 시행착오를 통해 배운다. 마음에 들지 않더라도 이 사실을 의연하게 받아들여야 한다.

6. 몇 가지 대안 중에서 선택할 수 있다면, 지금 선택되지 않은 대안이 앞으로 필요하게 될지도 모르니 항상 여지를 남겨두어야 한다. 오늘 택한 최선의 대안이 내일은 그렇지 않을지도 모른다. 자신의 욕구, 외부 조건 그리고 당신과 관계된 사람들 모두가 크게 바뀔지도 모른다. 대안을 선택할 때에는 이런 변화를 고려해야 한다. 조지 켈리가 주장한 지속적이고 건설적인 교정 프로그램을 채택할 수도 있고, 알프레드 코르지프스키의 말대로 처음 세운 인생 계획이 나중의 계획과 달라질 수도 있다. 따라서 목표 달성을 위한 실행 가능한 방법뿐만 아니라 목표 역시 그때그때 선택하는 것이 좋다.

19
타성을 극복하고 창조적으로 몰입하라

인생의 역경과 책임감에서 벗어나는 쉬운 방법은 없는 것 같다. 그러나 문명 세계에 사는 수백만 명의 사람들은 무위와 느긋함, 또는 수동적이고 그 무엇에도 얽매이지 않은 상태에서 최대의 행복을 누릴 수 있다는 열 번째 비합리적 믿음을 진심으로 믿고 있다. 이는 몇 가지 이유에서 비합리적이다.

1. 열심히 일하는 사이의 짧은 휴식을 제외하고는, 아무 일도 안하고 빈둥거릴 때 가장 행복하거나 살아 있다고 느끼는 사람들은 거의 없다. 계속 일이 있을 때는 피곤하고 긴장되지만, 계속 쉬고 있을 때는 쉽게 따분해지고 무기력해진다. 독서, 연극 또는 스포츠 관람 같은 수동적인 활동은 재미있고 긴장을 풀어준다. 하지만 계속해서 아무것도 먹지 않는 다이어트 같은 활동은 사람을 무기력하게 만든다.

2. 이지적인 사람들은 활기와 행복감을 유지하기 위해 적극적으로 몰입하려는 경향이 있다. 다소 복잡하고 집중력을 요하며 도전 의식을 불러일으키는 작업이나 흥밋거리가 아니면 의욕적으로 하지 않으려는 경향이 있다.

3. 어느 정도 행복은 외부의 사람과 사건, 혹은 니나 불(Nina Bull) 이 목표 지향적인 것이라고 말한 것에 몰입할 때 얻어진다. 자기 애나 열광처럼 불건전한 긍정적 감정뿐 아니라 극심한 불안이나 죄책감처럼 불건전한 부정적 감정은 사람의 혼을 빼앗고 긴장을 풀어주기 때문에 단점이 있어도 계속 추구한다. 그런 감정을 가진 사람들은 적극적으로 삶을 영위하고 불안감이나 열광적인 감정을 포기하지 않으려 한다. 열심히 몰두하는 것은 실제로 모든 형태의 활기 중의 한 요소인 것 같다.

4. 사랑받는 욕망과 반대되는 사랑하기와 사랑에 빠지는 것은 활기 찬 몰입의 중요한 형태 중 하나이다. 사실 몰입의 3가지 중요한 형태에는 (A) 사랑하기 또는 타인에게 몰두하기 (B) 사물을 창조 하거나 사물에 몰두하기 (C) 철학하기 또는 생각에 몰두하기 등 이 있다. 무기력하거나 수동적이거나 억압감을 느낄 때는 이 셋 중 어느 것에도 몰두할 수가 없으며 활기찬 생활이 불가능하다. 산다는 것은 본질적으로 막연한 행위, 목적 있는 활동, 사랑, 창 조 그리고 생각하는 것이다. 게으름을 피우거나 무기력하게 사 는 것은 이런 활동을 최소화시키는 셈이다.

5. 자기 훈련에 관한 설명에서 지적했듯 처음에는 활기차게 몰두하 는 활동에 참여하는 것이 어렵게 생각되고 벽에 기대앉아서 아 무 일도 안 하는 것이 더 쉽다고 여긴다. 처음에는 어렵겠지만,

계속 활동하면 빈둥거리는 것보다 그 활동을 더 즐기게 된다. 중단하지 않도록 계속하다 보면 노력할 만한 가치를 느끼게 된다.

6. 게으르고 수동적인 삶을 살면서 "흥미 있는 것이 하나도 없어"라고 말하는 사람들은 실패에 대한 두려움 같은 비합리적인 두려움을 피하려는 경우가 많다. 실패하는 것을 두려워하기 때문에 진심으로 하고자 하는 활동을 피하고, 피하는 것이 오랫동안 지속된 후에는 이런 활동에 흥미를 느끼지 못한다고 결론을 내린다. 그러다 인생이라는 공간을 한 군데씩 떼버리고 매사에 흥미를 잃는 상황까지 이르게 된다. 무감각하고 지루함을 느끼는 사람들은 두려움과 증오 같은 것에 몰두하는 이들보다도 훨씬 더 불행해한다.

7. 성취에 대한 자신감이나 자기 능력은 활동과 밀접한 관련이 있다. 과거 어떤 것을 잘했다는 사실을 이미 증명했기 때문에 그 일을 잘할 수 있다는 사실은 알고 있다. 한번도 걷기를 시도해본 적이 없는 사람은 잘 걸을 수 있을지 확신하지 못한다. 수영, 자전거 타기 등 그 무엇을 막론하고 근육 활동은 모두 마찬가지다. 이 사회는 중요한 프로젝트에서 성공해야 한다는 절박한 필요성을 강요한다. 우리가 갖고 있는 자부심이나 자신감은 대부분 성공하고자하는 욕구에서 나온 가짜 자부심이고 가짜 자신감이다.

내(엘리스)가 『심리치료의 이성과 감성』에서 지적했듯, 우리는 행동을 통해서 사랑을 쟁취할 수 있다는 점을 증명함으로써 성취에 대한 자신감과 사랑에 대한 자신감을 얻는다. 일이나 사랑을 잘할 수 있다는 사실을 알기 때문에 그 감정을 즐기며, 미래의 보상을 위해 노력하겠다는 동기를 부여받게 된다. 하지만 성취에 대한 자신감과 사랑에 대한 자신감을 자만심과 혼동하지 마라. 자만심은 분명히 존재하며 바람직하지 못한 상태다.

"나는 학교나 직장에서 잘할 수 있다는 자신감이 있다"라는 말은 대부분 진짜 잘한 결과를 보여줌으로써 뒷받침할 수 있다. 하지만 "나는 자신감으로 철철 넘친다"라는 말은(1) 실제적으로 모든 것을 잘하고, (2) 따라서 당신은 좋은 사람이고, (3) 따라서 당신은 즐길 권리가 있다는 뜻을 내포한다. 앞의 세 가지 중 뒤의 두 가지는 당신이 그렇다고 믿을 때에만 진실이다.

따라서 자만심이나 자존심보다는 일이나 사랑에 대한 자신감을 갖도록 최선을 다해야 한다. 이것들은 인간의 존재를 측정하는 척도이다. 하지만 너무 복합적이고 포괄적이어서 하나의 평가치로는 제시할 수가 없다.

인간은 어떠한 형태든 도전을 받아들이고, 할 수 있다는 자신감을 얻을 수 있는 다양한 과업을 시도하는 동물이다. 특히 실패에 대한 두려움으로 인한 무기력과 무위의 철학은 성취와 사랑에 대한 자신감의 발전을 저해한다.

8. 이 책에서 강조했듯 자기 파괴적인 행위 패턴을 없애기 위한 행동이 필요하다. 건강, 행복, 인간 관계를 방해하는 버릇을 바꾸고 싶다면 모든 생각과 행동을 총동원해서 이 버릇을 없애야 한다. 성장과 발전에는 시간과 노력이 필요하다. 활동을 안 할수록 욕구는 충족시키지 못할 것이다. 그리고 건강한 목표를 달성할 기회는 점점 멀어질 것이다.

9. 무기력은 스스로 성장하는 경향이 있다. 특히 불안감 때문에 활

동하기를 꺼려할수록 아무 일도 하지 않는 것에 익숙해진다. 그렇게 되면 일하는 것이 점점 힘들게 느껴진다. 예를 들어 말로는 글쓰기와 그림그리기가 하고 싶다고 하면서 행동으로 옮기지 않으면 않을수록, 일단 시작 자체가 더 힘들어진다. 그러다가 앞에서 말한 것처럼 전혀 흥미를 잃어버리는 경우가 많다. 일단 무기력한 상태에 빠지면 무기력이 무기력을 낳으면서 악순환이 이어진다.

많은 중요 부문에서 특히 창조적이고 열정적으로 몰두하는 활동은 행복한 삶을 지탱해주는 것 중 하나이다. 그렇지 않다고 생각한다면 무기력과 무위의 철학에 따라 살아라. 그러면 만족감을 잃게 될 것이다. 충만한 삶에 도움을 주는 행동은 다음과 같다.

1. 사람이나 사물에 열정적으로 몰두할 수 있다. 분명 사물이나 사상보다는 사람을 사랑하는 것이 좋다. 당신의 사랑을 받은 사람은 당신을 사랑하게 되고 서로 아름다운 관계를 유지하게 된다. 예술이나 직업에 몰입하는 것 같이 장기적인 활동이나 사상을 사랑하는 것 또한 큰 보상이 따르고, 사람을 사랑하는 것보다 오래 유지될 수 있고 다양하며 더 깊이 몰두할 수 있다. 이상적으로는 사람과 사물을 모두 사랑할 수 있다. 하지만 둘 중 하나만이라도 철저하게 몰입하면 좀더 깊은 즐거움을 얻을 수 있을 것이다.

2. 자아도취가 아니라 그 자체를 위해 몰두할 사람이나 대상을 찾으려고 노력하라. 자녀나 고아가 된 남동생을 사랑하면 숭고하고 훌륭해 보일 수도 있다. 또는 교육 부문, 심리학 또는 의학 분

야 같이 남을 돕는 직업에 몸 바치는 것도 마찬가지일 수 있다. 하지만 이기적으로 보일지도 모르지만, 동네에서 가장 매력적인 이성에 몰두한다든지 상대적으로 사회적 가치가 거의 없는 동전 모으기 같은 취미에 몰두할 권리를 갖는 것도 한 인간으로서 당연하다고 생각한다. 자신의 신념에서 나온 용기를 따르지 않고 자신이 얼마나 좋은 사람인지를 증명하려고 애쓰지 않는다면, 어떤 사람이나 대상을 깊이 사랑하지 않을 수도 있다.

3. 어떤 분야든 노력하려 한다면, 단순하거나 단기적인 일보다는 도전 의욕을 일으키는 장기적인 일을 선택하라. 대부분의 이성적인 사람들은 장기나 바둑 같은 것에 몰두하더라도 오랫동안 빠져들지는 않는다. 이런 것들은 단기간에 정복할 수 있고, 그다지 도전 의욕을 일으키지 않기 때문이다. 차라리 훌륭한 소설을 쓴다거나, 물리학에 뛰어난 공헌을 하겠다거나, 깊은 사랑을 얻고 계속 유지하겠다는 목표를 선택하라. 이러한 도전 목표는 수년 동안 그 매력을 유지할 것이다.

4. 몰두하는 행동이 빠른 시간 내에 발전할 것으로 기대하지 마라. 무력감, 실패에 대한 두려움, 또는 과제의 어려움 등 방해 요인이 있기 때문에, 일단 실험 삼아 억지로라도 어떤 분야에 뛰어들어, 그 분야에 몰입하고 매력을 느낄 때까지 적당한 기간 동안 매달려야 한다. 오랫동안 노력해 보지도 않고 인간 관계나 일을 즐길 수 없다고 성급하게 결론짓지 마라. 그렇게 했는데도 매력을 느끼지 못하면 다른 것을 찾아 보라.

5. 흥미를 가질만한 분야를 다양화시키거나 주 업무에 매달려야하는 상황이라도 보조적인 일을 동시에 해 보라. 영원히 한 가지

일만 하기는 힘들다. 항상 대안을 준비해 두라. 사람들은 지속적인 목표뿐만 아니라 다양성도 사랑한다. 그러므로 독서, 취미, 교제 대상을 다양하게 하면 똑같은 일을 계속할 때보다 더 활기찬 인생을 보낼 수 있을 것이다.

6. 무기력하게 만드는 주범인 비합리적 믿음을 찾아 도전하라. '내가 직접 하는 것보다는 남을 시키는 것이 더 쉽고 더 빠르잖아' 라거나 '소설을 썼다가 실패하면 창피하잖아!' 와 같은 생각을 자신에게 주입하면 무기력해지기 쉽다. 그렇게 하려는 일마다 방해하는 믿음을 찾아내서 극복하고, 나아가 적극적으로 활동하도록 격려하는 생각을 가져야 한다.

7. 결국 자신을 행동하도록 몰아붙이는 것이 좋다. 스스로가 용기 있는 행동을 하지 않으면 안 될 상황을 만들어라. 사무실에서 사장에게 반항한다거나, 매력적인 이성에게 같이 춤추자고 하거나, 출판사에 가서 당신의 아이디어를 책으로 내자고 제안해 보라. 계속 자신을 무슨 행동이든 하도록 몰아붙이다 보면 처음에는 힘들었던 일이 점점 쉬워지고 심지어는 즐거워진다.

8. 조지 켈리가 증명한 것처럼, 의도적으로 일정 기간 다른 역할을 맡아 억지로라도 해보라. 습관적으로 수줍거나 소극적인 경향이 있는 사람은 일주일 동안 아는 사람 중에서 가장 외향적이고 자기 주장이 강한 사람처럼 행동해 보라. 그러면 생각보다 쉽다는 사실을 알게 될 것이고, 그 다음에는 주저하는 성향이 줄어들 것이다. 할 수 없을 것이라고 생각되는 일을 억지로 하면 할수록, 자신도 할 수 있다는 사실을 증명할 것이다.

J. L. 모레노(J. L. Moreno)와 프리츠 펄즈(Fritz Pearls)는 심리 치료 과정에 역할 연기를 도입했다. 조지 켈리는 상담 때마다 반드시 역할 연기를 하라고 강조했다. REBT에서는 환자들에게 모험 시도, 부끄러움 없애기, 일상에서 벗어나 보기 등을 숙제로 내주는 것이 특징이다. 혼자서 정기적으로 역할 연기를 시도해 보라. 특별히 강력하게 자기 주장을 하는 훈련을 해보라. 평소에 감히 엄두도 내지 못했던 일을 해보도록 자신을 격려하라.

20
행복한 삶을 향한 합리적인 접근 방법에 대하여

이 책의 서문에서 약속했듯 REBT에 몇 가지 추가 내용과 지금의 모습을 갖기까지의 전 과정을 소개하겠다. 나(엘리스)는 1955년 1월에 이 시스템을 창안해 1956년 시카고에서 열린 미국 심리학협회 연례총회에서 그 첫 번째 연구 논문을 발표했다. 이후 REBT는 나를 비롯한 로버트 A. 하퍼, 윌리엄 너스(William Knaus), 제닛 L.울프, 맥시 C. 몰츠비 주니어, 레이몬드 디쥬세페, 러셀 그리거, 폴 우즈, 마이클 버나드, 도미니크 디마티아(Dominic Dimattia), 그리고 윈디 드라이든 등 동료들의 수년 간에 걸친 노력으로 많은 변화를 이루었다.

나는 REBT를 처음 시작할 때는 RT(합리적 치료법)이라고 명명했다가 1961년에는 RET(합리적 · 감성적 치료법)으로 바꿨다. 그러다가 1993년에 와서 이 방법이 독특하게 인지적이고 철학적일 뿐 아니라 대단히 정서적이고 행동적이라는 점을 인정하고 좀더 정확하게 표현할 수 있는 이름을 찾았고, 지금의 REBT로 정착된 것이다.

내가 REBT를 창안한 지 10년이 지날 무렵 인지치료와 인지행동치료의 다른 형태들이 부상하면서 REBT의 주요 방법을 사용하기 시작했다. 이 인지행동이론과 실제 중 몇 가지는 큰 인기를 끌게 되었는데, 그 중의 일부를 소개하면 조지 켈리의 선구적인 개인구념(個人構念)치료, 아론 벡의 인지치료, 맥시 C. 몰츠비의 합리적 행동치료, 아놀드 라자러스의 다원치료, 도널드 마이켄바움의 인지행동치료 등이 있다. 오늘날 짐작컨데 REBT와 여타 인지적 행동치료는 심리치료 중에서 가장 널리 쓰일 것이다. 이것들은 정신역학치료, 실험치료, 대인치료, 그리고 가족치료 같은 여러 치료에 통합되었을 뿐만 아니라 전 세계적으로 실시되고 있다. 오늘날 유행하는 자기 치료 관련 도서와 카세트 테이프 또한 수많은 인지적 행동 방식들을 채택하고 있다.

1961년 이 책의 초판이 발행된 이래 REBT 자체의 중요한 변화와 추가 사항은 내(엘리스) 책 *How to Stubbornly Refuse to Make Yourself Miserable About Anything-Yes, Anything*, *How to Keep People from Pushing Your Buttons*(아더 랑게와 공저), *Reason and Emotion*, *Better, Deeper, and More Enduring Brief Therapy*, *The Practice of Rational Emotive Behavior Therapy*(윈디 드라이든과 공저) 등에 서술되어 있다. 다음은 합리적인 삶을 증진하는 데 활용하는 방법이다.

절대주의적 생각에 의문을 품어라

REBT는 사람들이 수많은 비합리적, 비논리적, 미신적, 비현실적, 그리고 비실용적인 믿음을 배우고 만들어내며 굳게 지키고 자신을 파괴하는 데 사용한다는 점을 보여주었다. 하지만 시간이 흐르면서 비논리적이거나 비현실적인 생각은 정서적 불안 상태를 조장하고, 경직된 사고는 심각한 고통을 준다는 점을 지적한 바 있다. 다소 과장된 면이 없지 않지만 그런 면을 부정할 수는 없을 것이다. 따라서 "일을 완벽하게 해내지 못하면 잘릴지도 모른다"고 굳게 믿으면 걱정하고 불안해할 것이다. 하지만 어떻게 완벽하길 기대할 수 있단 말인가? 그리고 "해고당할지도 모른다"는 말은 진실이 아닐 가능성이 많지만, 일단 그렇다고 믿게 되면 단순히 걱정하는 차원을 넘어 과도한 근심 상태에 빠지게 될 것이다.

"일을 완벽하게 해야 해. 그렇지 않으면 해고당할 거야. 그러면 큰일이야"라고 독단적으로 믿게 되면 정서불안은 더욱 심각해질 것이다. 첫 번째 이유는 절대적으로 완벽해야 한다는 근거를 제시하지도 못하면서 그래야 한다고 믿게 되면 스스로를 궁지에 몰아넣고 일을 완벽하게 하기 위해 자신을 괴롭히다가 오히려 일을 엉망으로 만들어 버리기 때문이다. 두 번째 이유는 일을 완벽하게 하지 못하면 해고당할 것이라고 믿으면 더욱 불안해지며, 그러한 믿음은 가능성이 낮을 뿐 아니라 그 진위를 증명하기도 불가능하기 때문이다. 세 번째 이유는 해고당하면 큰일이라는 확신은 실직의 고통을 배가시키며 스스로를 더 필사적으로 일에 매달리게 만들기 때문이다. 이때 스스로 만들어낸 두려움에 지레 겁을 먹게 되지만 왜 그렇게 두려워하는지는 경험적으로 증명할 수가 없다.

우리는 거의 모든 노이로제 증상은 스스로에게 당위성을 강요하는 데에서 나온다는 점을 발견했다. 인간은 이 당위성을 스스로 만들어내어 다음과 같이 자신에게 강요한다. (1) "나는 무슨 일이든 잘 해야 해. 그렇지 않으면 형편없는 인간이 될 거야"라는 생각은 무기력, 자기 비하, 불안감, 걱정, 우울증을 낳을 수 있다. (2) "당신은 나를 친절하게, 공평하고 사려 깊게 대해야 해. 그렇지 않다면 당신은 아주 나쁜 인간이야"라는 생각은 분노, 불만, 그리고 지나친 적개심을 초래한다. (3) "상황은 늘 좋아야 하고 크게 힘들이지 않고도 원하는 것을 얻을 수 있어야 해. 상황이 나빠지면 견디기 힘들어"라는 생각은 불안, 기피증, 자기 연민 그리고 무기력을 낳는다. 이러한 당위성 강박증은 모두 증명할 수 없다. 모두 독단적이고 절대주의적이다. 어느 것이나 거의 예외 없이 불안감과 자기 파괴적인 행동으로 몰고 간다. 그래서 푸념하거나 비탄에 잠긴다. 자신과 타인 또는 세상이 제 마음대로 돌아가지 않는다고 푸념하는 것이 소위 말하는 노이로제의 중요한 현상이다.

그럴 때는 자신이 정해놓은 당위성의 내용에 재빨리 초점을 맞추도록 습관을 들여야한다(뉴욕의 앨버트 엘리스 연구소와 각 지부에서 그 방법을 제공하고 있다). 우울증이나 자기 파괴적 행동을 할 때마다 하나 이상의 당위적 기준이 있을 것이라 추정하고 그것을 찾아내서 없애야 한다.

나(엘리스)는 쓸데없이 자신을 불안하게 만들기 때문에, 반드시 없애야 할 몇 가지 중요한 비합리적 믿음을 최초로 설명했다. 아론 벡과 데이비드 번즈 같은 인지행동 치료사들도 환자들에게 이것들을 발견하고 논파하는 법을 알려주었다. 하지만 나중에 깨달은 바에 의하면, 거의 모든 비합리적 믿음에는 잠재적이거나 무의식적인 당위적 기준이 포함되어 있으며 원한다면 없앨 수 있다.

사람들이 흔히 갖고 있는 비합리적인 생각과 여기 수반되는 숨겨진 당위적 기준은 다음과 같다.

흑백론적 사고 : "이 일을 제대로 해내지 못하면 앞으로도 계속 실

패할 것이고 결국은 실패한 인생이 되고 말 것이다!" 숨겨진 당위성: "이 일만큼은 절대로 실패해서는 안 된다."

성급한 결론 : "사람들이 내가 테니스 시합을 해서 세 번 연속해서 지는 것을 보았기 때문에 내 실력이 형편없다고 생각할 것이다." 잠재적 당위성 : "나는 테니스를 칠 때 지면 안 된다. 내가 진 사실을 사람들이 알아서는 안 되고, 졌다고 나를 우습게 보아서도 안 된다."

추측 : "내가 사람들 앞에서 말하면 그들이 나를 비웃는다는 사실을 알고 있다. 그들이 내 말을 비웃고 있으며, 내가 말을 못하기 때문에 다시는 내게 연설을 부탁하지 않을 것이다!" 숨겨진 당위: "나는 항상 훌륭한 연설을 해야 하며 다른 괜찮은 이들보다 훨씬 더 잘해야 한다."

파멸 : "패를 잘못 써서 카드 게임을 망쳤다. 그들은 나와 다시는 게임을 하지 않을 것이다. 좋은 파트너들을 절대로 만날 수 없을 것이다." 숨겨진 당위: "게임을 망치는 일은 결코 해서는 안 되며 항상 게임을 가장 잘 하는 사람이 돼야 한다."

한탄: "돈이 없어 짜증난다! 사람들이 내가 가난하다고 생각할 텐데 그렇게 되면 큰일이다." 숨겨진 당위: "나는 돈이 많아야하고 내가 얼마나 부자인지를 사람들에게 보여주어야 한다."

완벽주의: "면접을 그럭저럭 잘했지만 한 가지 질문에 엉뚱한 대답을 했다. 결코 그 실수를 잊을 수 없으며 나 자신을 용서할 수 없다." 숨겨진 당위: "나는 언제나 면접할 때 완벽하게 해야 하며 단 한 번의 실수도 용납되어서는 안 된다. 면접관을 완벽하게 만족시켜야한다."

비합리적 믿음에 내포되어 있는 절대주의적 당위성과 비합리적 신념에 수반되는 불안감은 마음만 먹으면 언제든 발견할 수 있다. 그러므로 극심한 불안감에 시달리거나 자기 파괴적인 행동을 할 때마다 겉으로 드러나거나 숨겨진 당위성과 이와 유사한 독단적인 요구를 스스로에게 강요하고 있다고 추정하고 REBT의 구호를 외쳐라. "당위적 요구를 찾아라!" 이 단순하지만 뿌리 깊은 가이드라인은 문제를 일으킨 생각의 근원을 빨리 찾아낼 수 있도록 도와주고 해로운 절대주의적 사고를 없애는 데 도움을 준다.

자기 평가를 근절하고 무조건적 자기 수용(USA)을 성취하라

『신경증 환자와 함께 사는 법』과 이 책의 초판 등 REBT 관련 서적에서 우리는 자신이 한 일의 결과로 자신이나 자아를 평가하지 말라고 사람들에게 가르쳤다. 예를 들면, "나는 다른 사람에게 잘 해주니 좋은 사람이다"라거나 "나는 하는 일마다 제대로 못하니 멍청한 놈이다"라는 식으로 생각하지 말라는 것이다. 그 대신 자신들의 '선함' 또는 '인간적 가치'를 전적으로 살아 있다거나 존재한다는 사실에만 기초해서 판단할 수 있다. 그래서 "나는 인간이고 살아 있기 때문에, 선하다"라고 해야 옳다.

이는 인간의 가치에 대한 문제를 해결하는 데 실용적인 듯했다. 그런 생각을 가진 사람은 단지 자신이 살아 있다는 이유만으로 자신을 인정하고 결코 자신을 무가치하다고는 생각하지 않기 때문이다. 그러나 다른 책에서 지적했듯, 불행하게도 이 '해결책'은 그다지 좋지 않다. 일부 환자들은 이렇게 반박하기도 하기 때문이다. "단지 내가 살아 있다고 해서 선하다고 할 수 있습니까? 살아 있기 때문에 악하다고 해도 틀린 말은 아니지 않습니까?"

맞다. 생각할수록 살아 있으니 선하다는 말은 무의미하다는 생각이 점점 강해졌다. 이 말은 정의상으로는 옳지만 경험적으로 옳거나 그르다고 증명할 수 없다. 효과는 있지만 인간의 가치에 대한 문제를 해결하는 데 그리 좋은 생각이라고는 할 수 없다. 철학자 로버트 S. 하트만 (Robert S. Hartman)을 기리는 논문에서 이 문제를 더 자세하게 논의한 나(엘리스)는, 인간의 가치라는 전반적 개념은 칸트 식으로 말해 일종의 '물자체'라고 할 수 있다는 결론을 내렸다. 인간의 가치는 결코 증명할 수 없고, 그렇다고 해서 심리학과 철학에서 문제될 것은 없다. 다시 말해 인위적으로 정의를 내리는 경우를 제외하고는, 인간에게 가치를 매길 수 없으며, 자기 자신과 본질 또는 총체성을 평가하거나, 가치를 매기거나, 측정해서는 안 된다. 만일 그런 시도를 한다면 인간을 지나치게 일반화시키는 결과를 낳게 되고, 그런 평가, 자기 평가나 자아 측정을 하지 않으면 심각한 정서적 문제를, 전부는 아닐지라도 일부 줄일 수 있다.

REBT는 전반적으로 자신을 평가하고, 고정된 '자아 이미지'를 갖거나, 인간으로서의 자기 가치를 평가하고자 한다면, 이 책의 초판에서 제시했던 해결책을 사용해 보는 것이 낫다고 가르친다. 즉, "나는 내가 존재하고 살아 있기 때문이라는 이유만으로도 나 자신을 좋아한다. 아니 받아들인다는 표현이 더 나은 듯하다." 이런 해결 방법은 지금도 실용적인 듯하며, 거의 어떤 정서적 문제도 일으키지 않을 것이다. 다시 한번 말하지만, 효과가 있다!

하지만 더 좋은 방법은 당신 자신, 당신의 인간성, 그리고 자아의 평가를 거부하는 것이다. 이렇게 말할 수 있다. "내가 존재한다는 것은 경험적으로 증명할 수 있다. 내가 원한다면 계속 존재할 수 있다. 살아 있는 동안 어느 정도는 고통을 줄이고 장단기적인 즐거움을 늘리겠노라 선택할 수 있다. 좋다. 그러므로 나는 살아남아서 즐기기로 선택했다. 그러면 이 목표를 가장 효과적으로 달성할 방법을 찾아보자!"

이런 철학을 가지면 당신은 자신, 당신의 전체성, 당신의 인간적 가치를 평가하지 않을 수 있다. '당신'은 전반적으로 좋다, 나쁘다. 혹은 좋지도 나쁘지도 않다고 평가되지 않는다. '당신'에겐 일반적인 자아상이 없다. 하지만 '당신' 혹은 당신이라는 유기체는 분명히 존재한다. 이 유기체는 살아남아서 불필요한 고통보다는 즐거움을 추구하기로 한다. 결과적으로 당신은 즐겁게 계속 존재하기를 원하기 때문에 당신의 수많은 특징, 행위, 행동, 그리고 업적을 평가한다. 예를 들어, 당신이 자기 자신을 불의의 죽음으로 몰고 가거나 고통스럽게 살게 하는 행위는 어떤 것이든 나쁘다고 평가하고 즐겁게 장수하도록 하는 행위는 무엇이든 좋다고 평가한다. 자신의 행동에 대한 평가와 측정은 계속 이루어지고 중요한 것으로 간주된다. 하지만 당신 자신, 당신의 인간성, 당신의 총체성, 현재까지 지속되어 온 것들, 당신의 존재에 대한 평가와 측정은 배제한다.

지금까지 계속된 자기 평가를 중단하기가 어려울까? 아마 그럴 것이다. REBT에서 볼 때, 보통 사람이라면 자신의 행동, 행위, 특성뿐 아니라 자신이나 자아도 인식하고 평가한다. 당연히 자신을 평가하지 않으려는 노력은 상당히 어려울 것이다. 하지만 시도해 보라! 완벽하지는 않지만 분명히 할 수 있다. 게다가 이 어려운 위업을 완수하는 것은 재미있기까지 하다!

우리가 이 책의 초판에서 제시한 것처럼 REBT는 처음으로 자신이나 남이 한 일의 결과가 좋지 않다고 해서 자신이나 남을 비난해서는 안 된다는 점이 중요하다고 강조해왔다. 하지만 우리는 '비난하다'라는 단어에 한계가 있음을 깨달았다. "잘 못했다고 자신을 비난하지 마라"라는 말을 "사실은 잘 했기 때문에 잘 못했다고 말하지 않는 것이 좋다"라고 해석할 수 있기 때문이다. 하지만 사실은 잘 하지 못했을 것이다. 그러면 자신에게 거짓말을 하는 것이다. 혹은 당신이 잘 못했다는 사실을 인정하면서 자신에게 이렇게 말할 지도 모른다. "오! 내가 잘 못한 것 같군. 하지만 내 실수를 심각하게 받아들일 필요가 있을까? 내가 실수했다는 사실은 그다지 중요하지 않아." 어떤 경우든, 자신의 잘못을 바로잡거나 앞으로 다시는 실수를 하지 않기 위해 노력하지 않을 것이다.

물론, 앞으로도 실수를 반복하면 자신에게 불리하며, 실수를 최소화하기 위해 노력하는 것이 나을 것이다. 따라서 REBT는 현재 사람들에게 다음과 같이 전달하려 한다. "그렇습니다. 잘 하지 못했습니다. 계속 그렇게 행동한다면 계속 불행한 결과를 맞게 될 것입니다. 하지만 어떤 상황에서도 잘못을 저질렀다고 당신 자신, 전체적인 자아를 비난하지 마십시오. 아무리 많은 실수를 저질렀다고 해도, 어떤 식으로든 자기 자신을 비난하거나 사악하다고 여겨서는 안 됩니다. 당신의 행동이 어리석거나 비도덕적일 수도 있지만 그렇다고 해서 자신을 비난하거나 비하할 이유는 없습니다." 이는 비난의 대상이 자기 자신이 아니라 자신의 행동이라는 의미이다.

REBT의 자기 치료 양식 사용하기

1968년 뉴욕에 있는 앨버트 엘리스 연구소는 심리치료를 받는 환자와 일반 대중에게 REBT 자기 치료 양식을 사용하기 시작했다. 1970년대에 아론 벡, 도널드 마이켄바움, 맥시 몰츠비 주니어, 그리고 데이비드 번스 같은 인지행동 치료사들도 환자들에게 그들의 비합리적 믿음을 써보고 논리적으로 반박해 보도록 격려했다. 나아가 거기에 그치지 말고 비합리적 믿음을 대신할 이성적이고 적절한 논리를 갖춘 말을 생각해라고 주문했다.

우리는 이 방법을 지속적으로 활용해 당신의 비합리적 믿음(IBS)을 합리적 믿음(RBS)으로 바꾸라고 권고한다. 다음은 정기적으로 사용할 수 있는 REBT의 주요 자기 치료 양식 중의 하나다.

REBT 자기 치료 양식

앨버트 엘리스 연구소

이스트 65번가 4번지 #뉴욕 주 뉴욕 10021 #(212)535-0822

(A) 정서적 불안을 느끼거나 자기 파괴적으로 행동하기 직전에 일어난 선행 사건이나 생각, 감정

(C) 결과 혹은 조건 – 자신이 만들었지만 바꾸고 싶은 불안감이나 자기 파괴적 행위

(B) 믿음 - 결과(정서불안이나 자기 파괴적 행위)를 낳는 비합리적 믿음 이러한 선행사건(A)에 동그라미를 치시오.	(D) 동그라미 친 비합리적 믿음 각각에 대한 반론 예 : "왜 내가 완벽해야 하지?" "내가 나쁜 사람이라는 법이라도 있나?" "내가 인정받고 사랑을 받아야만 한다는 증거가 어디 있지?"	(E) 비합리적 믿음을 대신하기 위한 효과적이고 합리적인 믿음 예 : "완벽한 게 좋지만, 반드시 그래야 할 필요는 없다." "나는 잘 못하지만, 나쁜 사람은 아니다." "인정받고 사랑받은 게 좋기는 하지만 반드시 그래야 한다는 증거는 없다."
1. 나는 잘 하거나 아주 잘 해야 한다.		
2. 내가 약하거나 멍청하게 행동하면 나는 나쁘거나 무가치한 인간이다.		
3. 내게 중요한 사람들에게 인정받아야 한다.		
4. 내게 중요한 사람에게 사랑받아야 한다.		
5. 거부당한다면 나는 나쁘고 사랑할 수 없는 사람이다.		
6. 사람들은 나를 공평하게 대해주고 내게 필요한 것을 주어야 한다.		
7. 사람들은 내 기대 수준에 맞춰 살아야 한다. 그렇지 않다면 큰일이다.		
8. 비도덕적인 행동을 하는 사람은 정당한 대접을 받을 가치가 없는 형편없는 인간이다.		
9. 진짜 나쁜 일이나 대단히 까다로운 사람을 참을 수 없다.		
10. 내 인생에는 걸림돌이나 걱정거리가 거의 없어야 한다.		
11. 중요한 일들이 내 방식대로 돌아가지 않으면 짜증난다.		
12. 인생이 진짜 불공평할 때면 도저히 참을 수가 없다!		
13. 나는 즉각적인 만족이 아주 많이 필요하며 그것을 얻지 못했을 때는 불행하다고 생각해야 한다.		
* 그 밖의 비합리적 믿음들		

(B)정서적 우울증이나 자기 패배적 행위로 몰아가는 신념-비이성적 신념(IBS)	(D)동그라미 친 각각의 비이성적 신념(IBS)을 반박하는 논리적 주장	(E)내가 갖고 있는 비이성적 신념(IBS)을 대체할 효과적이고 이성적인 믿음(RBS)
이런 활성화시키는 사건들(A)에 해당되는 것들은 모두 동그라미를 쳐라.	예:"왜 나는 아주 잘 해야하지?" "내가 나쁜 사람이라는 것이 어디에 써 있어?" "내가 인정받고 호감을 사야 한다는 증거 어디 있어?"	예:"내가 아주 잘 하면 좋겠지만 꼭 그럴 필요는 없다." "나쁜 짓을 하긴 했지만 그렇다고 내가 나쁜 놈은 아니다." "남에게 인정받고는 싶지만 내가 인정받아야 한다는 증거는 어디에도 없다."

(F) 효과적이고 합리적인 믿음을 얻은 후에 경험하는 느낌과 행동

나는 자신에게 효과적이고 합리적인 믿음을 반복하여 현재의 나를 불안하게 하지 않고 미래에는 자기 파괴적인 행동을 줄일 수 있도록 노력할 것이다.

Joyce Sichel, Ph.D. and Albert Ellis, Ph.D. 100매 $10.00
Copyright 1984 합리적-정서적 치료 연구소 1000매 $80.00

비합리적 믿음에 대한 반론 연습

REBT는 사람들에게 자신들이 갖고 있는 비합리적 믿음을 찾아내 반론하라고 가르친다. 이를 구체적으로 연습하기 위해 뉴욕의 REBT 앨버트 엘리스 연구소에선 비합리적 믿음 반박(DIBs) 지도 양식을 사용한다. 내(엘리스)가 고안한 이 DIBs 양식은 다음과 같다.

자신의 합리성을 높이고 비합리적 믿음을 줄이고 싶다면, 매일 몇 분씩 시간을 내서 다음과 같이 자문하고 적절한 대답을 심사숙고해서 찾아보라. 각 질문과 대답을 종이 한 장에 쓰거나 녹음기에 질문과 대답을 녹음하라.

1. 내가 반론하고 없애고자 하는 비합리적 믿음은 무엇인가?

   대답 예 : 내가 진정으로 아끼는 사람에게 완벽하게 사랑받아야 한다.

2. 이 믿음은 정확한가?

   대답 예 : 아니오.

3. 왜 이 믿음은 부정확한가?

   대답 예 : 내가 진심으로 사랑하는 사람에게 완벽하게 사랑받아야 한다는 믿음이 부정확한 데에는 몇 가지 이유가 있다.

   a. 내가 사랑하는 사람이 나를 반드시 사랑해야한다는 우주의 법칙은 없다(그 사람이 나를 사랑해 준다면 좋겠지만).

   b. 내가 한 사람으로부터 사랑을 받지 못하면 다른 사람들에게서 받으면 되듯, 행복은 그런 식으로 찾을 수 있다.

   c. 내가 아끼는 사람들 중에 누구도 나를 아껴주지 않으면 우정이나 일, 책, 그리고 다른 것에서 즐거움을 찾을 수 있다.

   d. 내가 진심으로 사랑하는 사람이 나를 거부한다면 불행하겠지

만 그렇다고 죽는 것은 아니다!

e. 지금까지 사랑을 못 받았다고 해서 지금 반드시 사랑을 받아야 한다는 논리는 성립되지 않는다.

f. 절대주의적 당위성을 뒷받침하는 증거는 어디에도 없다. 결과적으로 사랑을 포함해 어떤 것을 반드시 가져야 한다는 증거는 없다.

g. 자신들이 갈망하는 사랑을 결코 얻을 수 없으면서도 여전히 행복한 삶을 사는 사람들이 많다.

h. 이제까지 살아오면서 나는 사랑을 받지 못했지만 행복하다는 사실을 알고 있다. 그래서 사랑을 받지 못하는 처지에서도 다시 행복할 수 있을 것이다.

I. 내가 진심으로 사랑하는 사람에게서 거부당한다면 내게 사랑스럽지 못한 면이 있다는 뜻이다. 그렇다고 해서 내가 무능하고, 쓸모없고, 사랑할 수 없는 사람이라는 말은 아니다.

j. 나에게 좋지 않은 특징이 너무 많아 내가 원하는 사람은 누구도 나를 사랑하지 않는다 해도, 자신을 비하하면서 열등하다고 평가할 필요는 없다.

4. 내 믿음이 진실이라는 증거가 있는가?

대답 예 : 아니다. 내가 어떤 사람을 진정으로 사랑하는데 그로부터 사랑을 받지 못한다면 나는 힘들고, 불편하고, 당황스럽고, 상실감을 느낄 것이라는 무수한 증거가 있다. 그러므로 거부당하지 않고 싶다. 하지만 아무리 불편하다 해도 공포로까지 이어지지는 않는다. 나는 여전히 당혹감과 외로움을 견딜 수 있다. 그런

감정이 내 인생을 화나게 만들지는 않는다. 거부당했다고 해서 내가 벌레 같은 인간이 되는 것도 아니다! 따라서, 분명히 내가 진정으로 아끼는 사람에게 완벽하게 사랑받아야 한다는 증거는 없다.

5. 내가 반드시 얻어야 한다고 생각하는 것을 얻지 못했을 때(내가 얻어서는 안 된다고 생각하는 것을 얻었을 때) 내게 일어날 수 있는 최악의 사건은?

   a. 사랑을 얻음으로써 받게 되는 몇 가지 즐거움과 이익을 잃게 될 것이다.

   b. 여전히 사랑을 원하는데도 찾을 수 없어서 당황스러울 것이다.

   c. 내가 원하는 사랑을 결코 얻을 수 없을 것이며 영원히 상실감을 느끼고 불리해질 것이다.

   d. 내가 거부당하면 남들은 나를 경멸하면서 쓸모없는 인간이라고 생각할 것이다. 그렇게 되면 나는 우울하고 불행해 질 것이다.

   e. 사랑하는 관계에서 느낄 수 있는 즐거움보다는 덜한 것으로 자위하겠지만 그것은 분명히 탐탁지 않을 것이다.

   f. 많은 시간을 외롭게 보낼 것이고 거기에 불행하다는 생각이 덧붙여질 것이다.

   g. 다양한 종류의 불행과 상실감이 찾아오겠지만 이 중 어느 것도 무섭고, 두렵거나 견딜 수 없다고 생각할 필요는 없다.

6. 내가 반드시 얻어야 한다고 생각하는 것을 얻지 못했을 때(내가 얻어서는 안 된다고 생각하는 것을 얻었을 때) 일어날 수 있는

좋은 일은 무엇인가?

a. 진심으로 사랑하는 사람이 나에게 사랑을 베풀지 않는다면 다른 사람의 사랑을 얻는 데 더 많은 시간과 에너지를 쓸 수 있으므로, 더 좋은 사람을 찾을 수 있을지도 모른다.

b. 일이나 예술 활동처럼 사랑이나 관계와는 거의 무관한 즐거운 활동에 몰두할 수 있을 것이다.

c. 자신에게 사랑 없이도 행복하게 사는 법을 가르치는 일은 즐겁고 도전 의욕을 일으킨다는 사실을 알게 될 것이다.

d. 내가 열망하는 사랑을 얻을 수 없을지라도 나 자신을 완전하게 받아들이는 철학을 체득하기 위해 노력할 수 있다.

당신의 비합리적 믿음 중에서 어느 하나를 골라 몇 주 동안 매일 몇 분씩 이 믿음에 대해 반박하라. 이 시간에 합리적으로 반박하는 데 열중하기 위해 자발적인 조건화나 자기 관리 방법을 활용할 수 있다. 독서, 음식, TV 시청 또는 친구 만나기 등 좋아하는 일상적인 몇 가지 활동을 골라라. 그 날 정해진 시간 동안 DIBs를 실천한 후에만 이 활동을 보상이나 강화로 사용하라. 정해진 대로 실천하지 못했을 때는 보상하지 않는다.

더 나아가 매일 정해진 시간 동안 DIBs를 실천하기로 했지만 실천에 옮기지 못한 날은 벌을 가하라. 싫어하는 음식을 먹거나, 당신이 싫어하는 행동을 하거나, 평소보다 30분 일찍 일어나거나, 지루하다고 생각하는 사람과 한 시간 정도 대화를 하는 등, 좋아하지 않는 일을 하도록 한다. 당신이 이 규칙을 제대로 지키는지를 감시하는 사람이나 집단을 섭외해 당신이 정한 벌을 주거나 보상을 하지 말라고 도움을 청한다. 물론 자기 강화 없이도 DIBs를 사용할 수도 있다. 일단 한번 해보라!

REBT 교육적 방법 사용

많은 면에서 REBT는 심리치료를 위한 의학적 모델이기보다는 교육적 모델의 성격이 더 강하다. 다음 장에서 지적하겠지만 이는 치료사와 환자 사이의 관계를 강조한다. REBT는 사람 중심의 치료법으로 피상담자가 상담할 때나 안 할 때를 막론하고, 아무리 나쁘게 행동할지라도 상담자는 그를 무조건적으로 받아들일 것을 강조한다. REBT는 에드워드 보댕이 주장한 상담자와 피상담자 사이의 협력 관계를 지지한다. 구조주의에 입각한 REBT는 사람들은 정서적 구조를 정돈하고 치료 여부를 떠나 자신을 바꾸려는 천성적인 경향이 있다고 주장한다.

하지만 REBT 이론은 현실적이고 다면적이다. 사람들은 자신들의 문제를 극복하기 위해 노력할 수 있지만 효율적으로 문제 해결의 통로로 향할 수도 있으며 타인에게서 적극적으로 자기 관리 방법을 배울 수 있다. 이미 시도되고 검증된 방법의 행동 지시적인 가르침을 더 좋아하는 경우가 많고, 자신의 힘으로 정서적, 행동적 문제들을 해결하도록 내버려두기보다는 그런 가르침을 받을 때 더 빨리, 더 잘 하기도 한다.

정서장애를 해소하는 이 두 가지 방법을 모두 인정하는 REBT는 환자와 다른 이들이 수많은 교육적 방법들을 자유롭게 활용할 수 있도록 언제든지 문을 열어두고 있다. 그래서 뉴욕의 앨버트 엘리스 연구소는 REBT의 개념과 방법을 반영한 수많은 팸플릿, 서적, 오디오 · 비디오 카세트, 차트, 게임, 컴퓨터 프로그램, 그리고 각종 자료를 발행하고 배포한다. REBT는 또한 그 원칙과 실천에 입각해 매년 많은 강의, 워크숍, 세미나, 고급 과정, 연수 코스, 마라톤 그리고, 여타 프레젠테이션 프로그램을 갖추고 있다. 다른 REBT 연구소와 프로그램은 세계 여러 곳에서 비슷한 내용을 제공한다.

연구 결과에 의하면, REBT 교육 프레젠테이션과 자료들은 사람들이 정서적으로 더 건강해지고 행복해지도록 도움을 준 것으로 나타났다. 그리고 우리는 이 중요한 자기 치료 분야에서 더 많은 일이 행해지기를 바란다. 이 책의 참고 문헌에 제시된 REBT 팸플릿, 서적, 카세트테이프를 이용할 수 있다. 앨버트 엘리스 연구소가 마련한 프레젠테이션 일정을 알고 싶다면 6개월분의 카탈로그를 무료로 신청해서 받아볼 수 있다.

뉴욕 10021-6593 뉴욕 시 이스트 65번가 45번지 앨버트 엘리스 연구소(AEI).
전화:(212)535-0822 팩스:(212)247-3587 E-mail:info@iret. org.

REBT 치료 과정에 참석하면 더 빠르고 철저하게 도움을 받기 위해 위에서 언급한 팸플릿, 서적, 그리고 기타 자료를 사용할 수 있다. 치료 일정을 잊었거나 상담 치료 자체에 거부감을 느낀다면 매 진료 과정을 녹음해두었다가 다음 진료를 받기 전에 몇 번 들어볼 수도 있다. 이렇듯 환자와 치료사 사이의 대화를 듣는 것이 교육적 효과가 크다는 사실이 밝혀졌다!

1960년대 이래 우리가 지적했듯이, 그리고 마틴 세리그만과 그의 동료들이 최근에 강조했듯이 REBT와 인지행동치료 교육 방식은 정규 교육 과정에서도 사용될 수 있다. 교육 가능 대상은 취학 전 아동, 고등학생이나 대학생, 그리고 대학원생들까지 광범위하다. 기업체, 지역 사회 센터, 협회, 종교 단체, 헬스클럽, 그리고 여러 다른 단체를 대상으로 교육할 수도 있다. 우리는 50년이 넘게 주로 치료사로 활동해 왔지만 심리치료의 미래는 정서 교육의 더 나은 방법을 얼마나 개발하느냐에 달려 있다. 대중 매체의 형태로, 개인과 집단을 가르칠 수 있는 프로그램은 전 세계의 모든 연령층이 이용할 수 있을 것이다. 적절하게 행해진다면 '정서 교육'이라는 단어가 심리치료를 대체할 수 있을 것이다.

REBT 교육 자료의 가치를 체험해 보라. 이 책에 포함된 자료를 이용하고 관심이 있거나 도움이 되는 자료를 찾아보라. 모든 REBT 프레젠테이션과 각종 자료가 모든 사람에게 적합한 것은 아니다. 자신에게 맞는 것을 찾아서 적극적으로 활용하라.

21

행복한 삶을 향한
정서적 행동적 접근 방법에 대하여

REBT는 1955년 처음 시작할 때부터 항상 인지적이고 정서적이며 행위적이었다. 이것은 수많은 여타 방법보다 훨씬 다양한 측면을 갖고 있다. 처음에 우리는 REBT의 가장 독특한 요소인 설득적이고 논리적이며 철학적인 측면을 강조하기 위해 합리적 치료(RT)라 불렀다. 하지만 이 책의 초판을 쓸 무렵에는 합리적·정서적 치료(RET)로 이름을 바꾸었다. 그 이유는 이 방법이 인지적인 접근뿐 아니라 중요한 정서적이고 행위적인 방법을 포함하고 있기 때문이다.

시간이 흐르면서 우리는 REBT의 정서적 측면을 초창기보다 더 많이 강조해왔다. 그래서 환자들이 아무리 무능하고 비도덕적으로 행동하더라도 그들을 인간으로서 무조건적으로 수용한다는 점을 의도적으로 보여준다. 칼 로저스는 이러한 자세를 '무조건적 긍정적 배려', 혹은 '무조건적 인간 수용'이라 했다. 우리는 경험적인 치료사들이 사용하는 수많은 정서적 활동을 받아들였고, 이런 면에서 위험을 감수하는 연습, 수치심을 없애는 연습, 그리고 그 밖의 독특한 정서적 연습 방법을 개발했다. 우리는 사람들이 불안, 우울증, 그리고 분노같이 혼란스러운 감정을 있는 그대로 받아들이거나 접촉하는 데 도움을 줄 뿐 아니라, 그들이 이 해로운 감정에 맞서 곰곰이 생각하고 감정을 표현하며 행동하도록 전문적으로 돕는다. 우리는 치료사의 입장에서 환자에게 따뜻한 감정을 품는 것도 괜찮다고 보지만, 환자들이 무조건적으로 자신을 받아들이거나 타인의 사랑을 받으려는 간절한 욕구를 없애는 데 방해가 되지 않는 한도에서만 허용돼야 한다고 생각한다. 우리는 늘 그랬듯 정면으로 강하게 돌파하는 대결 방식을 사용하는데, 특히 몇 가지 집단 치료 과정에서 그렇게 한다. 또한 환자들이 방어 수단으로 자신이나 타인에게 거짓말을 하고 있다는 사실을 지체 없이 환자들에게 말해준다. 그리고 환자들이 좀더 사교적이고 친밀한 인간 관계를 맺도록 하고 시간 관리와 사업 활동, 그리고 직장 생활을 좀더 단호하고 머뭇거리지 않으며 더 효율적으로 하도록 격려하곤 한다. 자신이 무능하다고 느끼는 사람들에게는 간혹 개인 치료와 집단 치료를 병행하기도 한다.

REBT에서 사용하는 대부분의 정서적이고 행동적인 방법들이 자기 치료의 차원에서도 쓰일 수 있는가? 분명히 그렇다. 치료사들은 자신들이 도와주어야만 성격의 변화가 이루어진다고 믿는 경향이 많다. 칼 로저스는 치료 관계를 통해서만 성격의 변화가 가능하다고 주장한다. 이 얼마나 이기적인가! 내(엘리스)가 1978년 미국 심리학 협회 학술대회에서 말한 바와 같이 수세기 동안 수백만 명의 사람들이 의사, 상담자, 그리고 치료사에게 받는 도움보다는 강의, 설교, 그리고 글을 통해, 지금은 비디오 · 오디오 카세트, 컴퓨터를 이용한 방법을 통해 더 많은 도움을 받아왔다. 따라서 자기 치료 자료를 우습게 보아선 안 된다!

이 장에서는 가장 유용한 REBT의 정서적 · 행위적 방법을 배울 수 있으며, 그 방법을 어떻게 인생에 효과적으로 적용할 수 있을지를 살펴보자.

건전한 감정과 불건전한 부정적 감정 구분하기

『신경증 환자와 함께 사는 법』의 초판과 이 책의 초판에서 유감스럽고 슬프거나 불행하다고 느끼는 것은 문제될 게 없지만 이런 감정이 지나치게 강하게 당신을 지배하면, 신경증 환자가 될 수 있다는 잘못된 주장을 했다. 이제 와서 깨달은 것이지만, 이런 감정을 느끼는 정도를 획일적으로 구분하면 오해를 불러일으킬 수 있다. 간절하게 원하거나 좋아하는 것을 얻을 수 없을 때 느끼는 예외적인 슬픔이나 불만조차도 건전한 감정이 될 수 있다는 사실을 지금에 와서 알게 되었다. 만약 어떤 사람과 단 둘이서 사막의 섬에 고립되어 있는데 그 사람이 당신과 일체 대화를 거부하거나 어떤 식으로든 당신과 관계 맺는 것을 거부할 때의 당혹감과 불행한 감정은 건강한 것이다.

하지만 극단적인 슬픔과 불행하다는 느낌은 좌절, 비탄, 수치심 또는 자기 비하와 같지 않다. 따라서 전자의 감정과 후자의 부정적인 감정을 구별할 수 있다. 99퍼센트의 불행조차도 1퍼센트의 우울증과 같지 않을 수 있다. 이런 감정들은 정서적 규모가 다르다. 우울증에 걸리면 거의 예외 없이 불안감과 상실감이 따라오지만 우울증에 걸리지 않더라도 불안감과 상실감을 느낄 수 있다. 또한 어떤 것을 간절하게 원하는데 얻을 수 없을 때의 당혹감, 슬픔, 그리고 불행한 느낌은 종종 건전한 감정이라고 보지만 좌절, 절망, 수치심, 그리고 자기 비하는 실질적으로 결코 건전하지 않으며 될 수 있는 한 최소로 만드는 것이 좋다.

말장난이라고? 그렇지 않다. 엄밀하게 용어를 정의해 보자면, 어떤 것을 아주 좋아하고 갈망하거나 원하는데 얻을 수 없다면 당혹감, 슬픔 그리고 비애라는 단어가 떠오른다. 따라서 '나는 정말로 학교에서 좋은 성적을 얻고 싶다'고 했는데 형편없는 성적을 받았다면, 당신은 보통 다음과 같이 결론을 내릴 것이다. '좋은 성적을 얻지 못했기 때문에 너무나 불행하다. 다음에는 좋은 성적을 받을 수 있는지 보자. 또는 아무리해도 좋은 성적을 얻을 수 없으니 성적에 상관없이 행복할 수 있는지 보자.' 이런 평가를 내린 결과, 당혹감, 유감, 그리고 슬픔을 느끼거나, 간혹 이런 감정을 강렬하게 경험할 수도 있다.

하지만 좌절, 절망, 수치심, 그리고 자기 비하는 전혀 다르거나 별개의 믿음에서 기인한다. 이를 테면, '반드시 절대로 학교에서 좋은 성적을 내야 한다'와 같은 믿음에서 말이다. 그런데 원하는 성적을 내지 못했을 때, 당신이 믿는 어리석은 당위성 때문에 논리적으로 다음과 같은 결론을 내릴 것이다. '내가 실패하다니! 너무 두려워! 내 실패를 도저히 참을 수 없어! 앞으로도 계속 실패할 거야. 그렇게 형편없는 점수를 받다니, 난 왜 이렇게 못났을까?' 이와 같은 비합리적이고 절대주의적인 믿음 때문에 우울하고, 비탄에 빠지며, 수치심을 느끼고 자신을 비하한다. 아무리 진심에서 나온 것이라 해도 그런 감정들은 보통 당신에게 해를 끼칠 것이므로 건강하지 못하거나 자기 패배적인 감정이라고 부를 수 있다.

문제점이나 역경(A)에 처했을 때 자연스레 우울해진다고 해서(C 정서적 결과) 이 우울한 감정이 정상적이거나 건전한 감정이라고는 할 수 없다. 역경이나 불행한 사태는 절대로 일어나서는 안 된다고 확고하게 믿었을 때(B) 쉽게 우울증에 빠진다고 해서, 바꿀 수 없는 비합리적 믿음을 믿을 수밖에 없다고는 말할 수 없다. 그러한 믿음을 찾아내고 받아들이며 줄일 수 있다. 그렇게 하지 않으면 건전하지 못한 부정적 감정을 계속 만들어낼 것이다.

예를 들어 좌절감은 보통 극단적인 불행, 무기력 그리고 제대로 업무를 수행하지 못하게 하는 건강하지 못한 감정이다. 그 때문에 역경이 불행을 초래했다고 오해하며, 그 상황을 바꾸는 데 써야 할 시간과 에너지를 불필요하게 소진시켜버린다.

REBT는 건전하고 불건전한 느낌과 행위에 대한 명확한 이론이다. REBT는 거의 모든 사람과 마찬가지로 당신이 활기차게 살아가고 행복함을 느끼며 고통으로부터 자유롭고 싶은 강렬한 욕구가 있다고 생각한다. 이런 기본적인 가치관을 갖고 있다면 욕구를 방해하는 생각이나 태도, 신념, 또는 철학은 비합리적이라고 간주한다. 마찬가지로 가치를 추구하는 데 걸림돌이 되는 감정과 행동은 불건전하다고 간주한다. 합리적 사고는 당신이 행복하게 살아가고, 선택한 가치를 추구하는 데 도움을 준다. 건전한 감정과 행동 또한 행복하게 살아가는 데 도움을 준다. 기본적 가치를 추구하는 데 비합리적으로 방해하는 대신, 어떻게 합리적으로 가치를 추구할 것인지를 분명히 함으로써 건강한 감정과 행동을 촉진할 수 있다.

무조건적인 자기 수용

자기 자신에게 줄 수 있는 중요한 정서적 도움 중 하나가 이 책에서 수차례 얘기한 '무조건적 자기 수용(USA)'이다. 우리는 치료사로서 거의 모든 환자들을 대할 때 이런 입장을 취한다. 그들을 완전하고 무조건적으로 받아들인다는 사실을 보여준다. 칼 로저스가 환자들에게 소위 무조건적인 긍정적 배려를 해주었듯이 말이다. 우리도 로저스처럼, 그들이 자기 파괴적인 행동을 하고 타인을 비도덕적으로 대한다는 사실을 유감스럽게 생각한다. 그래도 우리는 여전히 그들을 인간 자체로 받아들인다. 그들이 올바른 행동을 하든 안 하든, 혹은 사랑스럽거나 윤리적이든 아니든 개의치 않는다. 여느 때와 마찬가지로 죄는 미워하되 죄인은 미워하지 않는 기독교와 REBT 철학을 적용한다.

하지만 앞에서도 지적했듯이 환자 중 많은 이들이 처음에는 우리의 의도를 잘못 이해하고 자신을 잘못 받아들인다. 물론 REBT는 이러한 조건적 수용(또는 자존심)을 거부한다. 따라서 20장에서 언급한 것처럼 우리는 환자들에게 USA를 성취하는 방법 또는 철학적으로 성취하는 방법을 최선을 다해 가르친다. 따라서 우리는 무조건적 수용을 베풀고 가르친다.

마찬가지로 자기 자신에게 USA를 베풀고 가르칠 수 있다. 첫 번째 20장과 이 책 곳곳에 언급된 철학적 접근 방법을 활용하라. 두 번째로 잠시 후에 설명하려는 방법, 즉 REBT의 유명한 수치심 제거 연습 같은 자기 수용 연습을 하라.

수치심 제거 연습

REBT의 연륜이 길지 않던 1960년대에 나(엘리스)는 인간의 정서 장애 중 많은(전부는 아니지만) 장애의 근원이 수치심이라는 사실을 깨달았다. 당신은 당신과 당신이 속한 사회의 문화가 '잘못된', '비도덕적인', '어리석은' 것으로 간주하는 행동을 했을 때, 금세 애석하거나 후회한다는 건강한 감정을 느끼고 자신의 행동을 고치려고 애쓴다.

좋은 현상이다! 하지만 절대로 실수해서는 안 된다고 스스로에게 요구하는 경우 또한 많다. 그럴 때에는 수치심을 느끼거나 더 나아가 불안해하고 굴욕감을 느끼거나 좌절한다. 그래서는 안 된다! 수치심은 본질적으로 첫째로는 당신의 행동에 대한 심판이고, 둘째로는 행위자인 당신에 대한 심판의 결과이기 때문이다. 이는 당신의 행동뿐 아니라 당신 자체가 형편없고 무가치하다는 뜻이다.

내가 고안하고 유명해진 수치심 제거 연습은 자신을 비하하지 않으면서 나쁘거나 어리석은 행동을 계속 심판하기 위한 것이다. 이 연습으로부터 진정한 도움을 받기 위해서는 자신이 수치스럽다고 간주하는 것들을 의도적으로 뽑아내야 한다. 다시 말해 보통 철저하게 피하고 싶거나 그 행동을 하고 나면 가혹하다고 할 정도로 참담한 기분이 드는 행동을 골라서 하라는 것이다. 예를 들어 공식 행사에 희한한 복장을 하고 간다든지, 슈퍼마켓에서 큰 소리를 지른다든지, 낯선 사람에게 당신이 방금 정신병원에서 나왔다고 말하는 것이다. 어리석되 남에게 해를 주지는 않는 행동을 하라. 그러면 사람들을 화내게 하지도 않고 당신이 곤란한 상황에 처하지도 않는다. 하지만 이런 수치스런 행동을 하면서도 자신의 생각과 감정을 잘 관리해 지나치게 불안하거나 굴욕감을 느끼지 않도록 해야 한다. 다시 말해 남이 보는 데서 이런 어리석은 행동을 하되, 하는 도중에 참담하다는 생각을 지워버리는 것이다.

현재까지 수천 명의 사람들이 이 REBT 수치심 제거 연습을 실천에 옮겼으며 그 중 많은 사람들이 처음에는 진짜 난감했다고 고백했다. 하지만 아랑곳하지 않고 꿋꿋하게 연습하면서 합리적인 생각을 하자 대부분의 사람들이 이 경험으로부터 도움을 받았으며 많은 사람들이 자기 비하적인 태도를 고칠 수 있었다. 일단 한번 시도해 보고 이 연습이 당신의 태도를 변화시키는 데 얼마나 도움을 줄 수 있는지 직접 확인해 보라.

합리적 · 정서적 상상 연습

이 책의 초판에서는 간혹 상상 기법에 대해 이야기했다. 이를테면, 어떤 일을 할 수 있다고 상상해본다. 따라서 외모도 바꿀 수 있고 원하는 일을 할 수 있다고 생각하는 것이다. 이후 조지프 울프, 아널드 라자러스, 토머스 스템플, 조지프 코텔라 등 많은 사람들의 노력에 힘을 얻은 우리는 REBT에 상상 기법을 좀더 많이 사용해 왔다. 특히, 1971년 맥시 C. 몰츠비는 합리적 · 정서적 상상(REI) 기법을 창안했는데, 이는 상상 및 사고 방식과 정서적이고 대단히 자극적인 방법을 결합한 것이었다. 나(엘리스)는 이 방법이 가장 효과적인 REBT 기법 중 하나라는 사실을 알게 되었다. 특히 자기 치료용으로는 제격이라고 생각한다.

REI를 효과적이고 정서적으로 바꾼 나의 개작은 마이클 버나드(Michael Bernard)와 자넷 울프의 『치료사를 위한 REI 자료집 REI Resource Book for Practitioners』에 수록되어 있다. 이는 다음과 같이 사용할 수 있다.

1. 당신에게 일어날 수 있는 최악의 사건 중 하나를 상상해 보라. 예를 들어 중요한 프로젝트를 엉망으로 만들었거나, 당신을 좋아해 주기를 바라는 사람으로부터 거부당했다거나, 아주 건강이 좋지 않았을 경우 등이다. 이 불행한 사건이나 역경(A)으로 당신의 삶에 일련의 문제가 일어났다고 생생하게 상상한다.

2. 당신이 상상하는 불행한 사건이 실제로 일어났을 때 자주 경험하게 되는 불건전한 자기 파괴적 감정을 느껴본다. 그래서 걱정과 우울함, 분노, 자기 혐오나 자기 연민을 강렬하게 느껴본다. 기능 장애를 일으키고 행복을 파괴하는 감정(C1)과 접촉해서 진심으로 그 감정을 느껴본다.

"부당한 대접을 받았어. 그러니 엄청난 분노를 느껴야 한다"처럼 불건전한 감정을 규정하지 말라. 그 상황에서 분노 대신 공포나 좌절을 경험할 수도 있기 때문이다. 의무적으로 느껴야 한다고 생각하는 감정이 아니라 아무 전제조건 없이 저절로 나타나는 모든 감정을 느끼도록 하라.

3. 진짜 역경을 상상할 때 일단 불건전한 감정(C1)을 느끼면 이 감정을 1, 2분 동안 미루어 두었다가 다시 진심으로 느껴보라. 그리고 기능 장애를 일으키는 감정들을 건전한 부정적 감정(C2)으로 바꿀 수 있을 때까지 노력하라. 어떤 것이 느껴지는가? 불건전한 감정(C1)을 대신할 건전한 부정적 감정(C2)을 느낄 수 있을 것이다. 그래서 당신을 부당하게 대하는 사람들의 영상을 보고 화가 나면 그 행동을 한 사람에게 화를 내거나 비난하는 대신 행위 자체에 대해 불쾌감이나 유감을 표현하는 건전한 감정으로 바꿀 수 있다. 취업을 위해 중요한 면접을 제대로 못 봤다는 상상을 하면서 공포감을 느끼면, 면접을 제대로 못 보았을 때 공포감을 실망감으로 대신할 수 있다. 불행한 사태를 생생하게 상상할 때 느끼는 좌절감, 공포, 무가치함, 그리고 격분(C1) 등 기능 장애를 일으키는 감정 대신 슬픔, 후회, 걱정, 당황, 그리고 비애 같은 건전한 부정적 감정을 느낄 수 있다.

4. 자기 파괴적인 감정을 도움이 될 수 있는 부정적 감정으로 바꾸기 위해 상상하는 불행한 사건이나 역경을 바꾸어서는 안 된다. 부당한 대접을 받고 그로 인해 분노와 살의를 느끼는 상상을 한다면, 그 감정은 불건전하다. 그 감정은 당신을 괴롭히고 당신의 마음을 완전히 사로잡아 아마도 그 역경에 적절히 대처할 수 없게 만들 수 있다. 사람들이 그토록 부당하게 당신을 대한 것은 아니며, 그렇게 하게 된 선의의 이유가 있을 것이라고 상상함으로써 그들에게 화를 내지 말고 그들의 행동에 불쾌감을 드러내도록 하라. 그러나 이것은 REI를 정확하게 사용하는 방법이 아니다. REBT식으로 REI를 하려면 화가 나게 만든 정확한 이미지를 떠올려 자신의 감정을 건강한 것으로 바꿀 수 있도록 노력해야 한다.

5. 그저 불건전한 감정을 건강한 감정으로 바꾸기 위해 기분 전환, 바이오피드백 또는 명상처럼 주의를 다른 곳으로 돌리는 테크닉을 사용하지 마라. 부당하게 대한 사람들을 상상하고 그것에 대해 자신을 분노하게 만들 때, 휴식이나 명상을 통해 잠시나마 이런 분노를 없앨 수 있다. 그러면 사람들의 부당한 태도에 대한 믿음이나 철학을 바꾸려 노력하지 않을 수도 있다. "나를 이런 식으로 대접해선 절대 안 돼! 해서는 안 되는 행동을 하는 그들을 도저히 봐줄 수가 없어! 비난받고 영원히 처벌을 받아야 해." 이러한 생각은 비합리적 믿음이다. 기분 전환이나 명상 같은 인지적인 주의 전환 기법을 사용하여 증오심을 잠시 미뤄둘 수는 있지만 실제로 약화시키거나 소멸시킬 수는 없다. 다음에 또 부당한 대접을 받고 분노를 느끼게 되면 거의 예외 없이 원래 상태

로 돌아가게 된다. 잠시 기분을 전환하고 증오를 낳는 철학을 바꾸려고 노력한다면 괜찮다. 하지만 주의 전환 방법으로 끝나서는 안 된다. 진정한 합리적·정서적 상상을 계속하라.

6. 이를 위해서는 혼란스러운 부정적 감정(C1)을 건전한 부정적 감정으로 바꾸려고 노력해야 한다. 그 방법은 자신에게 확고하고 반복적으로, 합리적인 믿음이나 그와 비슷한 말을 자신에게 들려주는 것이다. 예를 들어, "그래. 정말 부당한 대접을 받았어. 아니기를 바랐지만 말이야. 하지만 그 행동이 바람직하지 않다고 해도, 그들이 꼭 나를 정당하게 대해야 한다는 법은 없어. 정말 너무해! 하지만 그들을 비난하지 않고도 그들의 행동을 미워할 수는 있어. 그 부당한 대접 때문에 쓸데없이 나를 괴롭히기 싫다면, 깊은 분노를 느끼지 않고도 왜 내가 그것을 부당하다고 생각하고 바꾸려 하는지를 보여줄 수 있을 거야. 내가 그럴 수 없다고 생각하면 할 수 없지. 그 사람들로부터 거리를 두어서 나를 계속해서 부당하게 대할 기회를 주지 말아야지."

7. 합리적·정서적 상상을 제대로 한다면 부적절하고 자기 파괴적인 부정적 감정(C1)을 건전한 감정(C2)으로 바꾸는 데에는 단 몇 분으로 충분할 것이다. 포기하지 말라! 계속 노력하라! 공포, 좌절, 분노, 자기 비하, 그리고 자기 연민 같은 파괴적 감정은 스스로 만든 것임을 기억하라. 그렇다. 범인은 바로 당신이다. 비합리적 믿음을 가진 당신이다. 따라서 언제든 이 감정을 적절한 부정적 감정으로 대체할 수 있다. 이 적절한 부정적 감정은 불행한 사건에 대처하는 데 도움을 주어 그것을 바꾸거나 행복하게 살게 해준다. 그러므로 자신에게 해로운 부적절한 감정 대신 건전

한 부정적 감정을 진심으로 느낄 수 있을 때까지 계속 노력하라.

8. 일단 불행한 사건에 대해 건전한 감정을 갖게 되면, REI를 통해 이차적 감정을 없앨 수 있다. 어떤 사람에게 화를 냈다는 데 죄책감을 느끼고 자신을 비하하면, 먼저 화를 내고 짜증을 내는 자신을 계속 생생하게 상상하면서 그 이미지를 보고 자기 혐오를 느끼면서 잠시 동안이나마 자신을 미워한다. 그 다음 자신에게 하는 말과 철학을 바꾸어 자기 파괴적인 분노에 대신 건전한 부정적 감정을 느끼게 된다. 예를 들어 분노의 감정을 계속해서 생생하게 상상할 때는 자신을 비하하지 말고 슬픔과 실망만 느끼도록 하라.

9. 언제든 REI를 통해 생생하게 상상한 불행한 사건에 대한 불건전한 부정적 감정 대신에 건강한 감정을 쉽게 만들어 낼 수 있다. 하지만 그것을 효과적으로 사용하기 위해선 바꾸고자 하는 불건전한 부정적 감정을 자주 반복해야 한다. 예를 들면 연속 30일 동안 계속하는 것이다. 그래서 여러 날 동안 당신을 부당하게 대하는 사람들을 생생하게 상상하고 분노 같은 파괴적인 감정을 실망과 유감 같은 건전한 감정으로 바꾸기 위해 노력한다면, 불행한 사건을 상상하거나 실제로 일어났을 때 불건전한 감정(C1)보다는 새로운 건전한 감정(즉, C2, 새로운 결과)을 훨씬 더 쉽게 느끼기 시작할 것이다.

10. 합리적·정서적 상상 연습을 반복하면 좋지 않은 사건이 일어났을 때 나타나는 불건전한 부정적 감정 대신 건전한 감정을 느낄 수 있도록 철저하게 훈련할 수 있다. 이 방법을 지속적으로 사용하면 습관적인 사고와 감정을 바꾸고 자신을 덜 불안하게

만들 뿐 아니라 결국 실제로 덜 불안해질 수 있다.

11. 정상적인 활동과 기능을 방해하는 특정한 감정을 극복하기 위해 몇 주에 걸쳐, 최소 하루에 한 번은 REI를 하겠다는 숙제를 자신에게 부과하라. 자신이 이 과제를 규칙적으로 수행하면, 독서, 음악 듣기, 조깅 또는 특별식 먹기 등 진심으로 좋아하는 일로 강화시킨다. 규칙적으로 REI를 하지 않으면 청소, 다리미질, 따분한 사람과 대화하기, 또는 그 밖의 싫어하는 활동으로 벌을 가한다(하지만 절대로 자신을 비난하지는 마라).

효과적인 합리적 자기 진술

1950년대에 REBT 치료사들은 환자와 친구들이 자기 자신에게 합리적인 말을 쉽게 하고 그 말이 진실이라는 사실을 알고 있으나, 여전히 진심으로 믿거나 느끼지는 않는다는 사실을 발견했다. 따라서 그들은 다음과 같이 자신에게 반복적으로 말할 수 있었다. "내가 이 시험을 좋은 성적으로 통과할 필요는 없다. 성적이 형편없이 나오면 좋지는 않지만 두렵지는 않아." 하지만 여전히 시험 자체에 커다란 두려움을 갖고 있다.

왜일까? REBT 이론에 따르면, 사람들은 합리적인 말을 여전히 가볍게 믿는 반면, 여전히 붙들고 있는 당위성과 두려움을 일으키는 생각을 확고하게 믿기 때문이다.

그래서 REBT는 비합리적 믿음이 가진 모순을 드러내기 위한 적절한 말을 생각해 보라고 조언한다. 그 말을 억지로라도 수없이 생각하고 스스로에게 말하라는 것이다. 다음과 같이 자신에게 강력하게 말할 수 있다.

"간혹 어리석은 행동을 하지만, 나는 결코 바보가 아니야."

"존(또는 조앤)의 관심과 사랑을 간절히 원하지만 그렇다고 반드시 필요하다는 것은 아니야! 그(또는 그녀)가 나를 싫어한다는 사실은 생각조차 하기 싫지만, 만약 그렇다 해도 즐겁게 살 거야! 정말이야! 그렇게 하기로 굳게 결심했다고!"

"가난하다는 건 대단히 힘들어. 하지만 두렵지는 않아! 돈이 없다고 해서 내가 가치 없는 인간이 되는 것은 아니야! 단지 좀 불편할 뿐이지!"

"맛은 좋지만 몸에 해로운 음식을 멀리하느라고 요즘 얼마나 힘든지 몰라. 너무해! 그걸 무척 좋아하지만 꼭 필요한 것은 아니지. 그걸 멀리하는 것은 정말 힘들어. 하지만 힘들다는 것이 꼭 불가능하다는 소리는 아니지! 힘들지만 할 수 있어!"

비합리적 믿음에 효과적으로 반론하기

앞서 지적한 것처럼 자신의 비합리적 믿음을 없애는 데 최선을 다하지 않고 가볍게만 반론하면, 그것은 완전히 근절되지 않고 여전히 당신을 사로잡고 있다가 해로운 행동을 유발한다. 비합리적 믿음에 효과적이고 단호하게 반론하는 몇 가지 방법이 있다.

효과적으로 녹음된 반박 : 카세트테이프에 주요한 비합리적 믿음 중 하나를 녹음하라. 예를 들어 "내가 지금 다니고 있는 단편 소설 창작반에서 가장 훌륭한 작가가 돼야 해. 그렇지 않으면 글쓰기를 일찌감치 포기하고 회계처럼 내가 잘 한다고 생각하는 분야에만 매달리는 것이 나아. 위대한 작가가 될 수 없다면 내 인생은 공허할 거야."

위의 비합리적 믿음에 단호하게 반론을 제기하라. 반론 내용을 잘

들어보고 그것이 건전하고 적합할 뿐 아니라 설득력이 있고 단호한지 살펴보라. 친구에게 들려주고 그 내용이 합리적인지, 설득력이 있는지 평가해 달라고 하라. 당신과 친구에게 그럴 듯하게 느껴질 때까지 계속해서 고쳐라. 거기에 그치지 말고 강력하고 설득력이 있다고 느껴질 때까지 계속 고쳐라.

 - 비합리적 믿음에 반론하는 역할 연극

 당신의 비합리적 믿음 중의 하나를 친구에게 말해 보라. 예를 들어, "짝사랑하는 사람에게 접근했다가 거부당할까 봐 겁이 나. 거부당한다는 생각만 해도 끔찍해." 친구가 당신의 확신을 깨뜨릴 때까지 당신의 비합리적 믿음을 효과적으로 반론하게 하라. 이런 역할 연극을 하는 동안 불안하거나 우울해지면, 당신이 자신을 어떤 말로 괴롭히는지 찾아내어 친구와 함께 그것에 반론해 보라.

 - 역 역할 연극

 친구와 입장을 바꿔보라. 예를 들면, "나는 반드시 사교적이어야 해. 그렇지 않으면 사람들은 날 바보같이 생각할 것이고 변변한 친구 하나도 없을 거야. 그런 내 인생은 얼마나 외로울까!" 친구에게 당신인 것처럼 연기하게 한다. 친구에게 비합리적 믿음을 굳게 믿어 당신이 아무리 열심히 설득해 그 생각을 버리게 하려 해도 포기하지 말라고 하라. 그러고 나서 친구에게 당신의 노력을 평가해 보게 하고 당신의 비합리적 믿음에 강력하게 반박해 바꿀 때까지 연습하라.

 당신의 합리적 믿음에 반대하는 논쟁 : 비합리적 믿음에 효과적으로 반복하는 REBT 방법을 따른 윈디 드라이덴은 사람들에게 합리적 믿음을 만들게 하되 당연시하지 않고 그저 가볍게만 믿도록 했다. 그 대신 합리적 믿음이 논리 정연하고 효과적이라는 굳은 확신이 생길 때까지 합리적 믿음에 대해 격렬하게 논쟁하게 했다.

그 결과, 스스로 합리적 믿음을 생각해 낼 수 있다. "좋은 애인이 될 가능성이 있는 모든 사람이 나와 관계를 지속시키기를 거부할지라도 즐겁게 살 수 있고, 결국 마음에 맞는 상대를 만나게 될 거야." 그럴 듯하게 들린다. 하지만 진심으로 이 말을 믿는가? 다음과 같이 자문하고 그에 대해 설득력 있는 대답을 함으로써 이 합리적 믿음을 시험할 수 있다.

질문 : 애인 없이도 남은 인생을 진정 행복하게 살 수 있을까?

대답 : 하늘을 날 듯 행복하지는 않겠지만 상당히 행복할 거야. 더욱이 내가 계속 찾아 나선다면 좋은 애인을 절대로 만나지 못할 것이라고 생각지 않아.

질문 : 하지만 절대로 만날 수 없다고 가정해 보자. 그런데도 여전히 행복할 수 있을까?

대답 : 그렇지 않아. 원하는 정도에는 미치지 못하겠지. 하지만 친구가 있잖아? 그리고 음악, 미술, 글쓰기, 등도 있어.

질문 : 이봐! 잠깐! 너 혼자서 말이야?

대답 : 그럼. 물론 그걸 애인과 같이 즐길 수 있다면 더 즐겁겠지. 하지만 내 인생을 가치 있게 만들기 위해 그런 걸 전부 함께 나눌 필요는 없어.

질문 : 전혀 필요 없다고? 정말이야?

대답 : 그럼. 정말이지. 인생을 애인과 함께 하기를 간절히 바래. 하지만 이 세상에 즐길 수 있는 것들은 너무 많아. 연애는 그저 원하는 정도야. 내가 어느 날 마음이 바뀌어 어리석을 정도로 애인이 꼭 필요

하다고 할 때까지는, 반드시 필요하다고는 할 수 없어.

숙제 부과하기

REBT는 처음부터 인지적 행위적 치료였다. 사람들이 자기 파괴적 철학을 재고할 뿐 아니라 이 비합리적 믿음에 대항하지 않는 한 자신을 바꾸기란 거의 불가능하다고 주장했기 때문이다. 행동치료는 1955년이 되어서야 출현했지만, REBT는 그 뛰어난 이론과 실천 방법을 도입했다. 이는 환자에게 인지적, 상상적, 감성적 숙제를 부과했기 때문이다. REBT는 여전히 사람들에게 자신이 갖고 있는 두려움에 대항하도록 설득한다. 이를 통해 새로운 종류의 생각을 실천해 볼 수 있고, 의도적으로 간혹 힘겨운 상황에 머물러 있을 수도 있다. 그러면서 자신이 힘겨운 상황을 견뎌낼 수 있음을 스스로에게 보여줄 수 있다. 자기 관리 기법이나 스키너가 조작적 조건화라 한 것을 활용할 수도 있다. 조작적 조건화란 합리적으로 행동하면 보상을 하거나 강화하고, 자신에게 해로운 행동을 하면 자기 비하는 아닐지라도 벌을 부과한다.

REBT는 또한 숙제 부과를 개발하고 체계화했고, 둔감화나 공개법을 개척했다. 따라서 사교적으로 행동하기가 두려운 사람에게는 점진적인 과제를 하도록 권한다. 첫째, 모임에 그냥 참석한다. 둘째, 반드시 그 모임에 나온 사람들 중의 한 사람이나 몇 명과 대화를 트도록 한다. 셋째, 그 중 한 사람과 친해지도록 노력한다. 넷째, 이 사람과 따로 만나기로 약속한다. 다섯째, 꾸준히 그 사람을 만나도록 노력한다, 등등.

자기 관리나 조작적 조건화를 사용할 때에는 B. F 스키너, 데이비드 프러맥, 로이드 홈(Lloyd Homm), 그리고 다른 사람들의 몇 가지 원칙에 따랐고, 행동뿐 아니라 생각, 감정 그리고 과제를 강화하고 벌칙을 부과했다. 그래서 자신의 비합리적 믿음에 반론하기를 열심히 하면 강화(섹스, 음식, 음악 또는 친구 만나기)하고 게을리하면 벌(집안 청소, 긴 리포트 쓰기, 당신이 경멸하는 일에 도움을 주기)을 주었다. REBT은 자기 강화나 상벌 약속을 자주 사용된다.

22
REBT의 원칙과 실천을 뒷받침하는 연구 자료

우리가 이 책에서 언급한 합리적인 생활의 이론과 실천이 좋게 들리는가? 당연히 우리 필자들에게는 그렇다. 50년 이상 환자들에게 REBT를 실천한 결과, 사실은 환자들이 자신들의 삶에 이러한 원칙들을 적용할 때 대부분은 확실히 불안감이 줄어들고 정서장애도 줄어든다는 것을 확신했다.

독자들도 마찬가지다. 이 책의 초판과 2판은 미국에서만 약 150만 부가 판매되었고 외국에서도 몇 십만 부가 판매되었다. 우리가 고안한 기법의 덕을 본 전 세계 사람들이 우리에게 수천 통의 편지와 전화, 감사의 인사를 받았다. REBT에 관한 수많은 책들과 카세트테이프도 비슷한 결과를 나타냈다. 그리고 헤아릴 수 없이 많은 사람들이 우리가 계획한 수천 건의 워크숍, 강연, 라디오와 TV쇼, 그리고 프레젠테이션에 도움을 받았다. 우리와 REBT를 활용하는 다른 치료사들은 전 세계적인 규모로 꾸준히 프레젠테이션을 하고 있다.

REBT는 간접적으로 훨씬 더 광범위한 영향을 주었다. 수천 건의 글, 책, 스트레스 훈련 과정, 그리고 그 밖의 유명한 프레젠테이션은 REBT의 원칙들을 모든 문명화된 국가의 시민들에게 전했다. 이런 REBT의 메시지를 마음에 새긴 다양한 연령층의 수백만 명이 도움을 받았다. 정말 대단한 일이 아닐 수 없다.

하지만 REBT를 선호하는 증거의 대부분은 여전히 일화를 제시하는 수준에 그친다. 전 세계 수백 만 명의 사람들은 자신들이 샤머니즘, 크리스천사이언스, 죽은 예언자와의 말, 독특한 중교와 종파, 광신교 등에서 큰 도움을 받았다고 자신 있게 단언한다. 하지만 문제는 이런 것으로부터 피해를 입은 사람은 또 얼마나 될 것인가, 라는 점이다. 그리고 도움을 받았다는 사람들 중에서도 얼마나 많은 사람들이 과학적인 근거를 가진 대안적 치료를 받았을까? 이 점에 대해서는 누구도 장담할 수 없다. 통제된 과학적 실험으로 이러한 연구 결과를 살펴보는 것도 좋을 것이다.

다행히 이 같은 노력이 정신치료 분야에서 이루어졌다. 특히 REBT와 이와 유사한 인지적 행동 치료(CBT)의 사용에 관한 많은 연구 결과들이 출판되어 왔다. 이런 연구들은 통제 집단에는 어떤 치료도 제공하지 않거나 다른 형태의 치료를 하는 반면, 실험 집단에게는 REBT를 사용하는 식으로 진행되었다. 거의 모든 연구 결과를 보면, REBT요법으로 치료 받은 사람들이 그렇지 않은 사람들보다 눈에 띄게 진척을 나타냈음을 알 수 있다. 이 연구를 요약한 내용이 P. 해즐러와 M. E. 버나드, L. C. 리온스와 P. J. 우즈, T. E. 맥거번과 M. 맥카시 등에 의해 출판되었다. 세인트존스 대학 심리학과 교수이자 뉴욕의 앨버트 엘리스 연구소의 전문교육부 국장인 레이몬드 디쥬세페는

최근까지 발표된 REBT 관련 연구 논문을 250편 이상 받았으며 지금
도 매년 더 많은 연구 결과가 발표되고 있다고 한다.

또한 천여 건의 다른 연구물들이 발표되었는데, 그 내용은 REBT
를 모델로 한 다양한 유형의 인지적 행동 치료(CBT)가 다른 형태의
치료와 치료 받지 못한 환자나 피실험자들에게 훨씬 큰 도움을 주었다
는 것이다. 이러한 연구 결과는 데이비드 바로(Bavid Barlow), 아론
벡, 주디스 벡, 데이비드 클락, 스티브 홀론(Steve Hollon), 마조리 웨
이샤(Marjorie Weichar) 등에 의해 출판되었다.

이 책에 언급된 자기 변화 방법의 효과를 보여주는 이 임상적 연구
외에도 수많은 현대 심리학 연구가들이 이런 테크닉의 효과를 뒷받침
해 주었다. 다니엘 콜먼이 지적한 것처럼, 사회심리학자과 교육자들은
정서장애가 있는 아동과 어른이 보다 효율적으로 배운다는 점을 증명
했다. 마틴 셀리그먼과 펜실베이니아 대학의 동료들은 REBT의 기본
원리를 단순한 형태로 만들어 수백 명의 학생과 그들의 부모에게 가르
쳐 치료와 예방 차원에서 대단히 좋은 결과를 얻었다.

REBT와 CBT를 이용한 치료와 교육이 효과적이라는 연구 결과는
많지만, 그 모두를 열거하면 그것만으로도 책 한 권이 될 것이다. 따라
서 그 중의 일부를 소개하기 위해 정신건강 국가 자문위원회의 기초
행동과학 특별 연구팀이 작성한 최근 보고서를 요약해 보기로 하자.
이 특별 연구팀은 지난 15년간 이루어진 중요한 심리학 연구물들을 검
토한 후, 많은 연구 결과가 이 책에서 주장하는 REBT 요법의 효과를
입증해 준다는 결론을 찾아냈다. 그 중 일부는 다음과 같다.

1. 사람들이 자신의 태도와 모순적인 행동을 할 때 긍정적인 평가를

받으면, 이런 태도는 변하기 쉽다.

2. 자신에게 설득력 있는 행동에 대한 상대적으로 적은 인센티브로도 태도를 바꿀 수 있다.

3. 바람직하지 못한 행동이 자신의 태도와 모순적이라는 사실을 깨닫게 하면 행동을 바꿀 수 있다.

4. 상업 집단과 사회 집단이 미치는 악영향에 제대로 저항할 수 있도록 하는 전략이 현재 행동과학 분야의 연구에서 등장하고 있다.

5. 동료 집단의 악영향은 긍정적인 동료의 영향으로 중화될 수 있다.

6. 사람들의 무의식적 믿음과 편견은 그것을 바꾸기 위해 대단히 쉽게 드러낼 수 있다.

7. 우울증에 걸린 사람들은 '내 상황은 도저히 가망이 없어!' 와 같이 의식적, 무의식적 부정적 신념을 가지며, 이를 겉으로 드러내 바꿀 수 있다.

8. 인지적 행동치료는 정서장애를 일으키는 사람의 자기 패배적 태도를 적나라하게 드러내 그것을 바꿀 수 있는 방법을 가르친다.

9. 실패한 경험으로 좌절한 아이들은 스스로를 무능력하다고 생각하기 때문에 무력감을 느낀다. 이런 아이들은 자기 자신에 대한 부정적인 생각을 바꾸어주고 무능력하다는 느낌을 덜 느낄 수 있다.

10. 무슨 일이 있어도 이상적으로 행동해야 한다는 확신을 가진 사람은 종종 자기 자신을 불안하고 우울하게 만든다.

11. 고정관념과 지나치게 일반화된 생각은 정상적인 사고 패턴에서 비롯된다. 정상적인 사고 패턴은 사회를 효과적으로 바라보는 데 도움을 주는 경우가 많지만, 또한 위험한 편견과 편협한 시

각을 갖게 하기도 한다.

12. 사회적으로 비난받는 집단에 속한 사람들도 상당한 기지를 발
    휘해 자신을 인정할 수 있다. 타인이 자신을 비난한다 해도 자
    부심을 잃지 않는다.

거듭 강조하지만 이들 자료는 사회심리학자, 교육심리학자, 그리고 다른 분야의 심리학자들의 연구이고, 자신들의 방법이 매우 효과적이라는 점을 강조하기 위한 특정 심리치료사들의 편향된 견해라고만 치부할 수는 없다. 이 책에서 지지하는 이론과 실천을 뒷받침하는 일반 심리학 연구가 점차 늘고 있다는 데 대단히 기쁘다.

23
정서장애의 가능성을 낮추기 위한 심오하고 합리적인 철학을 획득하라

　　REBT의 궁극적 결과-또는 최고의 해결책-는 먼저 분명하게 정서장애를 덜 일으키고 결국에는 정서장애의 가능성을 낮추도록 돕는 것이다. 정말 그럴 수 있을까? 그렇다. 하지만 쉽지는 않다.

　　신경증이나 정서장애를 덜 일으키는 것은 비교적 간단하다. 이 책에서 제시한 것처럼, 당신 자신이 세 가지 중요한 당위성을 통해 극심한 불안감, 좌절, 분노, 그리고 무가치하다는 느낌을 만들어낸다는 사실을 인식해야 한다. 이 당위성이란 첫째, "나는 유능하고 사랑받아야만 한다!", 둘째, "다른 사람들은 반드시 나를 친절하고 공평하게 대해야만 한다.", 셋째, "내 삶은 편안하고 즐거워야만 한다"라는 것이다. 그렇다면 당신은 단호하고 효과적으로 이 당위성과 여기에서 비롯된 자신과 타인, 그리고 세상을 비난하는 행동에 반론을 제기한다. 그리고 확고하고 꾸준하게 이러한 당위성에 반하는 행동을 하기 위해 REBT의 다양한 정서적 연습과 행동적 연습을 한다.

자기 파괴적인 비합리적 믿음에 반하여 확고하고 꾸준하게 생각하고 느끼고 행동할 때, 효과적인 새 철학(E)을 갖게 된다. 이는 정서장애를 줄이고 보다 자아성취적이고 사회적으로 성공한 인생을 살아가는 데 도움을 준다. 좋다! 하지만 선천적으로, 그리고 후천적으로 오류를 저지를 수 있는 인간이기 때문에 파괴적인 생각과 감정, 행동으로 쉽게 돌아간다. 그렇기 때문에 일시적으로 얻어진 효과적인 새 철학으로는 부족하다. 가능하면 더 오래 지속되고 더 안정된 정신 상태를 이루기를 원한다. 즉 정서장애를 일으킬 가능성을 낮추고자 하는 것이다.

이를 위해서는 효과적인 새 철학(E)이 확고하고 심오해야 할 것이다. 대단히 심오해서, 첫째, 오늘부터 정서장애를 덜 일으키게 하고, 둘째, 앞으로는 거의 장애를 일으키지 않게 한다. 셋째, 다시 불안하고 좌절한다 해도 그 정도를 낮추고, 넷째, 아무리 고통스러운 역경이 닥쳐도 다시 정서장애를 일으키는 경향이 줄어들 것이다. 다섯째, 살아가는 동안 더욱 행복하고 더욱 자아를 실현할 수 있게 한다. 이 얼마나 대단한 일인가!

어떻게 하면 정서장애와 관련된 문제를 좀더 좋게 해결할 수 있을까? 뿌리 깊은 합리적 인생 철학을 획득하라. 그리고 유지하고 수정하라. 끊임없이 생각하고 또 생각하라. 언제 어떤 상황에서도 유용한 만병통치약을 찾으려 하지 마라. 그런 것은 없다. 모든 것은 변한다. 당신이 살고 있는 물리적, 사회적 조건도 변한다. 문화와 기술도 변한다. 물론 당신도 마찬가지다.

따라서 궁극적인 답은 없다. 모든 다른 치료 방법처럼 REBT 역시 마찬가지다. 인간으로서 당신은 구조주의자이다. 당신은 대개 자신의 가치와 목표를 창조하거나 타인으로부터 받아들이기로 한 것을 자신에게 맞게 창조적으로 적용한다. 당신의 목표와 당신이 사는 사회의 목표를 달성하는 데 도움을 주는 좋은(또는 합리적) 해결책과 방해가 되는 나쁜(또는 비합리적) 해결책을 의식적이고 무의식적으로 구축한다. 이 책은 합리적인 방법으로 행복하게 살겠다는 당신의 목표에 도움을 주고 비합리적 방법을 최소화하는 법을 제시하려 한다. 인간이 하는 모든 노고처럼, 여기에도 한계와 약점이 있다.

합리적 삶에 대한 다양한 해결책들이 수세기에 걸쳐 철학자, 종교 지도자, 심리학자, 그리고 다른 사상가들에 의해 제시되었다. 그중 많은 이들이 긍정적 사고나 긍정적 시각화의 형태를 취하고 있다. 이런 종류의 효과적인 새 철학(ES)은 부분적으로는 옳다. 인간으로서 부정적인 사고로 자신에게 해를 끼칠 수 있지만 그 대신 더 긍정적으로 사고함으로써 건설적으로 자신을 도울 수 있기 때문이다. "도저히 내 감정과 욕구를 통제할 수 없어서 철저하게 그것들에게 휘둘린다"라는 부정적인 생각을 "대부분의 내 감정과 욕구를 통제하고 바꿀 수 있어 더 행복하게 살아갈 수 있다"라는 긍정적인 생각으로 바꿀 수 있다. "사는 게 힘들고 앞으로도 계속 비참하게 살 것 같다"라는 부정적인 생각을 "사는 게 간혹 힘들기는 하지만, 또 한편으로는 아주 즐겁고 앞으로 훨씬 더 즐겁게 살 수 있을 것 같다"라는 긍정적인 생각으로 바꿀 수 있다.

긍정적인 시각화와 더불어 긍정적인 사고는 당신의 목표 달성에 도움을 주고 당신의 인생을 개선하는 데 필요한 합리적인 말과 이미지를 창조할 수 있게 한다. 하지만 거기엔 한계가 있고 간혹 위험하기도 하다. 그것을 비현실적이고 지나치게 낙천적으로 사용하기 쉽기 때문이다. 따라서 긍정적으로 자신에게 말할 수 있다. "나는 원하는 어떤 것도 이룰 수 있어!" 하지만 당연히 그럴 수 없다. "모두 다 잘 될 거야"라고 생각할 수도 있다. 하지만 유감스럽게도 그렇지 않다.

더욱이 긍정적 사고는 저변에 깔려있는 부정적 사고를 은폐하거나 완전히 없애지 못하는 경우가 많다. 예를 들어 자신에게 이렇게 말할 수 있다. "내가 이 과정을 계속 듣고 숙제도 꾸준히 하면, 이 과정을 통과할 수 있다. 그래! 할 수 있어!" 이 생각은 "나는 이 코스를 통과할 수 없어. 내가 무슨 짓을 하더라도 나는 낙제할거야!"라는 부정적인 생각보다 훨씬 많은 도움을 줄 것이다. 다시 말하지만 긍정적인 사고는 부정적인 사고보다 훨씬 '합리적'이고 더 좋은 결과를 가져오는 경우가 자주 있다.

하지만 긍정적인 사고와 긍정적인 시각화를 주장하는 대부분의 사람들은 부정적 사고 밑에 깔려있는 중요한 당위성을 드러내거나 반박하지 않는다는 사실을 깨닫지 못한다. 따라서 "나는 이 코스를 통과할 수 없어, 내가 무슨 짓을 하더라도 나는 낙제할 거야!"라고 자신에게 말할 때 이 말 속에는 숨겨진 요구사항이 있다. "나는 반드시 이 코스를 통과해야만 해. 모든 사람들에게 내가 얼마나 대단한 사람인가를 보여주어야 해. 내가 실패한다면 큰일이야. 쓸모없는 인간이 될 거야."

대개 이러한 숨겨진 요구사항 때문에 좌절하고 다음과 같은 잘못된 결론을 얻게 된다. "나는 이 코스를 통과할 수 없어. 내가 무슨 짓을 하더라도 나는 낙제할거야!" 저변에 깔려 있는 당위성을 직시하고 정확히 반론하지 않으면 긍정적 사고는 효과를 발휘하지 못할 것이다. "하지만 내가 실패한다고 가정한다면. 아냐! 그런 일은 절대 일어나서는 안 돼! 얼마나 끔찍할까! 나는 완전히 멍청이가 될 거야"라고 자신에게 계속 말하는 한 대단히 부정적인 생각도 계속 지니고 있는 셈이 기 때문이다.

그래서 긍정적인 사고가 자주 효과를 보이긴 하지만 절대주의적 당 위성을 찾아내고 버릴 수 있을 만큼의 효과를 보이지는 못한다. 긍정 적이고 현실적으로 사고하더라도 심오하기보다는 가벼운 합리적 사고 를 하는 경향이 많다. 그렇게 되면 그리 좋지 않은 결과를 얻을 수밖에 없다. 그래서 당신이 다음과 같이 비현실적으로 믿는다고 가정해 보 자. "내가 이번 면접에서 탈락하면 절대로 좋은 직장을 얻지 못할 것 이고, 항상 면접을 엉망으로 보다가 결국은 접시 닦기 신세를 면치 못 할 것이다." 현실적으로 자신에게 말한다면 훨씬 큰 도움이 될 것이 다. "내가 이 면접에서 떨어지면 다른 기회도 많이 있으니 좋은 직장 을 얻을 기회는 아직 있을 것이다. 사실, 내가 이번의 실패를 교훈 삼 으면 다음 면접 때에는 더 능숙하게 할 수 있고 결국은 면접의 전문가 가 될 수도 있겠지."

이렇게 현실적이고 합리적으로 대처하는 자기 진술은 훌륭하다. 하 지만 다시 한 번 말하지만, 다음과 같이 저변의 비합리적 믿음을 은폐 시킬 수 있다. "내가 얼마나 훌륭한 사람인지 보여주기 위해서는 이 면접에 반드시 붙어야 해. 내가 얼마나 능력 있는 사람인지 알리기 위 해서는 좋은 직장을 얻어야 해. 그렇지 않으면 나는 아무것도 아니 야." 진심으로 이런 기본적인 당위성을 갖고 있다면, 현실적이고 합리 적인 진술조차 그리 큰 도움이 되지 못할 것이다. 그런 진술들이 정확 하다는 확신을 갖지 못한 채 여전히 자신을 불안하고 우울하게 만들 것이다.

이 모든 것에서 얻을 수 있는 교훈은? 자신의 힘으로 효과적인 새 철학을 구축하라는 것이다. 하지만 먼저 밑에 깔려있는 비합리적 믿음을 인식하고 적극적으로 거기에 반론할 수 있는 심오하고 합리적인 견해를 구축하고 창조하라. 둘째, 당신을 더욱 유능하고 행복한 사람으로 만들고 유지시키는 합리적 믿음으로 비합리적 믿음을 대신하라.

다음과 같은 특징들을 가진 심오한 합리적 철학을 만들어내고 계속 수정하는 편이 좋다는 뜻이다.

1. 명확하고 확고한 욕구와 소망을 품되 절대주의적 당위성은 없는 것.
2. 현실적이고 사실적이되 과장되거나 지나치게 일반화되지 않은 것.
3. 논리적이고 건전하며 합리적인 것.
4. 대개 자신의 목표와 사회의 목표를 달성하는 데 도움을 주는 것. 당신과 당신이 속한 사회 집단이 심각한 곤경에 빠지지 않게 해주는 것.
5. 융통성 있고, 개방적이며, 가변적인 것.
6. 두려워하거나 자신과 타인, 그리고 세상을 비난하지 않는 것.

앞의 대목을 따라 노력하고 놀라울 정도로 정서장애가 줄어들고 이에 도움이 되는 심오하고 합리적인 철학을 획득하기 위해 어떤 일을 할 수 있을까?

1. 이 책에서 서술했던 정서장애의 이론과 치료 방법을 세심하게 고려해 보라.

2. 실험적으로 몇 개를 시도해 보라. 그렇다. 실험적으로!

3. 쉽게 포기하지 마라. 꾸준히 노력하라.

4. 그 방법을 적극적으로 사용하라.

5. 계속 전진하라. 다양한 종류의 효과적인 새 철학을 고안하고 사용하라. 하지만 거기에서 멈추지 마라. 다음 단계를 시도하라. 심오하고 합리적인 철학을 체득하는 것이다. 여기서 우리는 잠시 주저했다. 이유는 이미 밝혔다. 당신은 영원히 변화하는 사람이자 구조주의자, 즉 창조자다. 오늘 창조한 것을 분명히 내일 바꿀 것이다. 그러는 것이 낫다! 당신 또는 그 누구에게도 궁극적인 해답은 없다. 그러면 우리가 어떻게 오늘부터 영원히 따를 수 있는 완벽한 자기 치료 계획을 말해줄 것인가? 그럴 수 없다. 누구도 못한다.

하지만 지금까지 우리와 수많은 다른 치료사들 및 연구원들의 임상 결과는 바람직한 방향을 가리키고 있었다. 그것은 아마도 더 나은 결과를 낳게 해 줄 것이다. 마지막으로 당신 자신이 정서장애를 덜 일으키고 정서장애의 가능성을 낮출 수 있는 몇 가지 심오한 합리적 철학을 권해 줄 것이다. 우리가 하는 말이 모두 영원불멸의 진리라고는 할 수 없다.

심오한 합리적 철학에 대한 다음의 제안을 직접 실험해 보고 어떤 효과를 가져다 주는지 살펴보라.

선택과 의지력의 자유

유전적 형질과 살아가면서 일어나는 수많은 사건들을 선택할 수는 없다. 타인에게 영향을 미칠 수는 있어도 타인을 좌우할 수는 없다. 하지만 열심히 노력하고 실천하면 자기 자신의 생각, 감정, 행위를 통제할 수 있다. 자신의 목표와 목적을 결정할 수 있고, 인생에 의미를 줄 수 있으며 원하는 것과 원하지 않는 것을 알 수 있다.

자기 자신을 바꾸고 통제하기 위해서는 의지뿐 아니라 의지력도 필요하다. 의지력은 (1)할 일(혹은 하지 않아야 할 일)에 대한 결정과 (2) 그 일을 하겠다는 결심, (3) 그 일을 하는 방법과 관련된 적절한 지식습득, (4) 결심과 지식에 대한 행동, (5) 지속적인 결정, 결심, 적절한 지식습득, 그리고 행동으로 이루어진다. 의지는 행동할 때 비로소 완성된다. 행동이 없다면, 의지력도 없다.

유연한 사고

정서장애와 행동장애—심각한 불안감, 좌절, 분노, 무가치하다는 느낌, 자기 연민—을 통제하고 제한할 수 있다. 이는 절대주의적 당위성을 주장하는 것이 아니라 욕망과 선호하는 것이라는 면에서 생각할 때 가능하다. 많은 것을 신중하고 진지하게 받아들이는 것이 좋으며, 많은 프로젝트를 중요하게 생각하되 두려워하지 않는 것이 좋을 것이다. 확신감이나 완벽하다는 느낌이 없어도 편안하게 살 수 있다. 과잉 일반화에 대한 성향을 조심하고 열린 마음을 갖도록 노력하며 편견을 줄여야 한다.

무조건적 자기 수용

나는 오류를 저지를 수 있는 인간으로 나를 받아들일 것이다. 앞으로도 무수한 잘못과 실수를 저지를 것이다. 나는 주로 개인적인 목표와 목적을 선택하고 거기에 도움이 되는 생각, 감정 그리고 행동만 좋은 것으로 평가하고, 개인적인 목표와 사회적인 목표를 방해하는 것은 나쁘다고 평가할 것이다. 나는 나 자신, 본질, 개성, 혹은 존재를 전반적으로 평가하지 않을 것이다. 무조건적 자기 수용(USA)을 통해 내 행동이 옳든 그르든, 타인이 나를 인정하던 하지 않던, 일관적으로 더 좋은 행동을 하고 사람들과 잘 지내도록 노력할 것이다. 이것은 인간으로서 나의 가치를 증명하기 위한 것이 아니라 나의 능력과 즐거움을 높이기 위함이다.

무조건적 타인 수용

다른 사람의 행동이 마음에 들지 않아도 그들을 무조건적으로 받아들일 것이다. 나는 그들이 오류를 저지를 수 있는 인간임을 인정하고 인간 자체를 비난하지 않을 것이다. 나 자신에게와 마찬가지로, 죄는 미워하되 사람은 미워하지 않을 것이다. 나는 사람들이 그들의 잘못된 행동을 고치도록 도울 것이고 고치려 노력하지 않는다면 멀리할 수도 있다. 하지만 그들에게 반드시 변해야 한다고 주장하거나 변하지 않는다 해서 원한을 품지 않을 것이다. 나는 사람들이 공정하고 정당하게 행동하도록 돕겠지만, 반드시 공정해야 한다고 주장하지는 않을 것이다.

좌절감 인내

인생은 수많은 문제와 역경, 불행, 그리고 부정의로 가득하며 상당 기간 지속되는 경우도 있음을 인정할 것이다. 가능하면 이런 문제를 바꾸도록 최선을 다할 것이고, 불가능하다면 좋아하지는 않더라도 있는 그대로 받아들일 것이며, 그 차이를 아는 지혜를 갖기 위해 최선을 다할 것이다.

두려움 반대

인생에 있어서 대단히 나쁜 것들을 두렵거나 끔찍하다고 정의하지 않을 것이다. 어떤 것을 두렵다고 주장할 때, 그것이 심한 지진이나 처참한 전쟁이라면 대단히 나쁘거나 파멸과 같다는 생각이 정확할 것이다. 하지만 두려움에 빠져서 힘겨운 상황을 한탄하고, 너무나 나빠서 절대로 존재해선 안 된다고 생각하거나 완전한 파멸을 초래하리라고 생각하는 경향이 있다. 따라서 더 이상 한탄하지 않고 최악의 불행에도 잘 대처할 수 있도록 나를 돕는 것이 좋을 것이다.

마찬가지로 역경을 견딜 수 없다는 말은 그 때문에 다시는 행복해질 수 없거나 죽을 것 같다는 뜻을 암시한다. 그러나 나는 죽지 않을 것이며 여전히 어떤 종류든 행복을 찾을 수 있을 것이다. 내가 두려움을 걷어내고, 더 이상 한탄하지 않고, 더 이상 견길 수 없다는 생각을 그만 한다면, 실제보다 더 극심한 불안감을 만들지도 않을 것이며, 불안에 적응할 수 있는 내성을 키우고, 인생의 길목에 나타나는 불행한 사건에 좀더 효과적으로 대처할 수 있을 것이다.

불안감을 줄이겠다는 도전 수용

인간의 한계와 오류성 때문에, 다른 이들 또한 완벽하지 않기 때문에, 그리고 인생의 길목에는 항상 위험과 불운이 도사리고 있기 때문에 다시는 불안해하지 않을 수는 없을 것이다. 역경을 헤쳐나가기 위해 최선을 다 할 때에도, 간혹 공연히 자신을 괴롭히는 유혹에 빠지는 성향이 있다. 다음 두 가지는 내가 직면한 가장 큰 도전 과제다. 하나는 심오하고 합리적인 철학을 확립하고 유지하기 위해 계속 노력하는 것이고, 다른 하나는 역경이 시련을 주고 나 스스로 역경을 만들 때마다 이 철학을 효과적으로 사용하고 필요하다면 고치는 것이다.

　불행한 일들이 일어나면 일어나는 대로 내버려 두라. 사람과 사물이 나를 괴롭히면 그대로 내버려 두라. 나이를 먹거나 육체적 질병과 고통이 내 육신을 괴롭히면 그대로 두라. 진정으로 마음을 파고드는 상실감과 슬픔을 그대로 느껴보아라. 그것이 무엇이든 간에 나는 여전히 내 감정을 창조하고 다스린다. 머리와 몸에서 피가 흐를지라도, 활을 맞지 않겠노라 결심할 수 있다. 인생의 폭풍 속에서 안식처를 찾아낼 것이다. 간혹 안식처를 구하지 못한다 해도 한탄하거나 푸념하지는 않을 것이다. 내 목표는 살아가는 것이다. 이 생이 내 유일의 인생이 되리라. 나는 살아 있다는 사실에 환희를 느낀다. 살 수 있는 한 살아남아 행복을 누릴 것이다. 그것이 무엇이든 간에. 이것이 내가 상대할 수 있는 최대의 도전이다. 나는 진심으로 열정적으로 그 도전을 받아들일 것이다!

　마지막으로 REBT에서 살펴보았듯, 합리적인 삶은 자신에게 주어진 단 한 번뿐인 인생을 즐겁게 살아가겠노라 결심한다는 의미다. 당신은 이러한 목표들을 선택하고 당신의 인생에 의미를 부여한다. 다시 말해 자신이 선택하거나 사회로부터 영향을 받은 방식으로 인생에 의미를 만들어내는 것이다. 완전한 자유 의지는 없지만 선택의 가능성은 많다.

부끄러움 없이 자신의 욕망을 충족하려고 애쓰고 깨우친 자기 이익을 위해 노력할 수 있다. 하지만 사회 집단에서 살기로 했다면, 알프레트 아들러가 말했듯 당신의 이익은 당신이 속한 집단의 다른 구성원들의 생존과 행복에도 도움이 돼야 한다. 건전하고 행복하게 자기 자신에게 열중하고 타인과 교류하고 사랑할 수 있다. 합리적인 삶은 개인의 이익이자 사회적 이익이다. 둘 중의 하나가 아니다.

합리적인 삶은 또한 당신의 한계를 현실적으로 받아들이는 의미이다. 당신은 인간에 불과하다. 초인이 아니다. 조상을 선택하지 않았다. 따라서 건전한 생각과 감정, 행동을 저해하는 생리적 성향이 있을 수 있다. 그래도 자신을 도울 수 있다. 그러나 완벽하게 그러한 성향을 극복하지는 못할 것이다. 그런 경우에는 물리치료나 정신치료 등의 도움을 받을 수 있다. 모든 수단을 동원해 이러한 가능성들을 찾아보고 완벽하게 이용하라.

심리치료도 생각해 보라. 이 책에 나오는 대부분의 환자들은 지적이고 교육받은 사람들이다. 방문하기 전 우리가 쓴 책을 먼저 읽고 온 사람들도 있었다. 그럼에도 혼자 REBT를 배우는 데 어려움을 느껴 오랜 상담을 하고서야 효과를 보았다. 당신도 그럴 수 있다. 이 책에서 제시한 방법을 실행하기가 힘들다면, 되도록 능력 있는 치료사나 상담자, 특히 REBT나 인지행동치료 훈련을 받은 사람을 찾아 함께 노력해 보라. 전문가의 도움은 큰 도움을 주고 시간도 절약할 것이다.

우리가 강조했던 건강한 생각이 존재의 전부도, 궁극적인 목표도 아니다. 하지만 정서적으로 만족하고 좋아할 수 있는 행동을 하는 데 큰 도움을 준다. 기억하라. 당신의 감정과 행동은 생각에 막대한 영향을 준다. 그러니 현재의 즐거움과 장기적인 즐거움을 높이기 위해 신중하게 생각하고, 느끼고, 행동하는 것이 좋다. 이 세 가지가 곧 당신의 인생이다.

우리 필자들이 원하는 것은 당신이 더욱 합리적이고 더 행복한 인생을 살아가는 데 성공하기를 진심으로 바라고 기원한다.